国家社会科学基金项目（09AZD003）阶段性成果

本书获得杭州师范大学人文振兴计划之社会学学科建设出版经费资助

杭州市哲学社会科学重点研究基地"杭州师范大学社会建设和社会治理研究中心"资助

当代农民思想变迁与农村和谐有序发展研究

（新疆篇）

朱俊瑞　赵定东　龚上华 等著

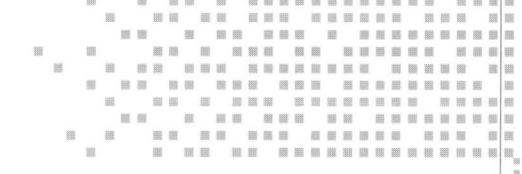

中国社会科学出版社

图书在版编目(CIP)数据

当代农民思想变迁与农村和谐有序发展研究. 新疆篇/朱俊瑞等著. —北京：中国社会科学出版社，2017.4
ISBN 978-7-5161-9533-8

Ⅰ.①当… Ⅱ.①朱… Ⅲ.①农民—思想史—研究—新疆—现代 ②农村—社会发展—研究—新疆—现代 Ⅳ.①B26②C912.82

中国版本图书馆 CIP 数据核字(2016)第 326893 号

出 版 人	赵剑英
责任编辑	冯春凤
责任校对	张爱华
责任印制	张雪娇

出　　版	中国社会科学出版社
社　　址	北京鼓楼西大街甲 158 号
邮　　编	100720
网　　址	http://www.csspw.cn
发 行 部	010-84083685
门 市 部	010-84029450
经　　销	新华书店及其他书店
印　　刷	北京君升印刷有限公司
装　　订	廊坊市广阳区广增装订厂
版　　次	2017 年 4 月第 1 版
印　　次	2017 年 4 月第 1 次印刷
开　　本	710×1000　1/16
印　　张	16
插　　页	2
字　　数	263 千字
定　　价	59.00 元

凡购买中国社会科学出版社图书，如有质量问题请与本社营销中心联系调换
电话：010-84083683
版权所有　侵权必究

目　录

- 序 …………………………………………………………………（1）
- 一　总　论 ………………………………………………………（4）
  - （一）研究问题的提出 ……………………………………（4）
  - （二）本书研究的意义 ……………………………………（5）
  - （三）本书调研方法及进程 ………………………………（6）
  - （四）本书研究样本概况 …………………………………（7）
- 二　新疆农民思想中的利益观念与农村和谐治理 ……………（13）
  - （一）当今新疆农民利益思想变迁的经济文化基础 ……（14）
  - （二）新疆村民的个体化和原子化成为乡镇秩序治理的社会基础 …………………………………………………（37）
  - （三）新疆农民利益意识的引导 …………………………（51）
- 三　新疆农民思想中的民主意识与农村基础秩序 ……………（62）
  - （一）新疆农民的平等意识与基础秩序完善 ……………（66）
  - （二）新疆农民民主意识与政治制度化 …………………（83）
  - （三）新疆乡镇政权建设意识与治理效能 ………………（102）
- 四　新疆农民民族意识与区域社会稳定 ………………………（114）
  - （一）新疆农民民族意识强弱程度方面存在差异 ………（124）
  - （二）新疆农民的国家认同意识呈现出多重性 …………（140）
  - （三）影响新疆民族团结和社会不稳定的国际因素 ……（144）
  - （四）影响新疆民族问题产生的国内根源 ………………（150）
  - （五）新疆农民民族思想教育的基本策略 ………………（154）
- 五　新疆农民合作意识与农村有序发展 ………………………（161）
  - （一）新疆农民思想中的合作制度性思维 ………………（165）

（二）新疆农民精神共同体建设问题 …………………………（178）
　　（三）通过合作组织建设来重新聚合农民迫在眉睫 …………（200）
六　新疆农民思想变迁的逻辑与思想引导路径的创新 …………（212）
　　（一）新疆农民思想变迁及其逻辑 ……………………………（212）
　　（二）影响新疆农民思想变迁的主要因素 ……………………（220）
　　（三）新疆农民思想引导的路径创新 …………………………（226）
参考文献 ……………………………………………………………（232）
后　记 ………………………………………………………………（240）

序

中国发展的问题，归根结底是中国农村发展的问题；中国特色社会主义道路建设的问题，归根结底也是中国农村如何坚持社会主义特色的问题。众所周知，思想引导工作是经济工作和其他一切工作的生命线，是团结全党全国各族人民完成各项任务的中心环节。党提出的建设社会主义新农村的重大目标是今后农村发展的方向和中心任务，思想政治工作在这一目标的实现中起着不可忽视的作用。

农村思想政治工作是党的思想政治工作的重要组成部分，是推动社会主义新农村建设的有力保证。农村思想政治工作成效如何，将直接影响到党的路线方针政策在农村的贯彻落实，影响到农村的和谐稳定以及社会主义新农村建设的进程。新中国成立特别是改革开放以来，我国的农村已经从封闭发展走向开放发展，从单一发展走向多元发展，从稳定发展走向快速发展，从对政府的依附性发展走向政府引导、自主独立的发展道路。农民是否真正达到了实现农村经济社会有序发展所必需的思想转变要求呢？学界和政府都在力图给出答案。

毛泽东同志在新民主主义革命时期就曾指出："掌握思想教育，是团结全党进行伟大政治斗争的中心环节，如果这个任务不解决，党的一切政治任务是不可能完成的。"在构建社会主义和谐社会、全面建设小康社会以及社会主义新农村建设进程中，更需要思想政治教育为其提供思想保证、价值观念、舆论环境、文化条件，打好社会基础和群众基础。

目前我国正处在机遇和矛盾并存的关键时期，农村社会结构发生了深刻的变化，开放性和流动性大大增强，农民有了很多对社会的新认识，农村复杂性也明显增强。面对农民这个庞大群体，只有首先建设和谐农村，才可能很好地建设社会主义和谐社会。因此，在这种社会转型期，尤其需要通过思想引导工作在思想多样、多变、多元中统一他们的思想,在各种社会矛盾交叉多变条件下凝结力量,为建设和谐社会提供精神保障。

随着农民收入的大幅提高,农民生活水平和质量已实现了本质性飞跃,农民思想变迁呈现出多维性,特别是在当前整个中国社会发生深刻变革的大背景下,农村社会各个阶层的政治、经济利益诉求日益强烈,各种社会矛盾显性化,农村加快发展面临困局。要全面建成中国特色的社会主义农村,就必须有效化解各种潜在的社会风险,调节冲突,实现社会各层面的和谐,构筑安定和谐的农村社会发展局面。在这个意义上说,从更高的思想理论层面建构农村和谐有序发展的长效机制就成为学界必须研究的一个问题。

朱俊瑞教授主持的国家社会科学基金重点项目成果分为三本专著出版,分别为《当代农民思想变迁与农村和谐有序发展研究(浙江篇)》、《当代农民思想变迁与农村和谐有序发展研究(江西篇)》和《当代农民思想变迁与农村和谐有序发展研究(新疆篇)》,共计60多万字,采用了大量的问卷调查,组合了政治学、社会学、历史学、经济学等不同学术背景的成员,分析到位,相信能为该领域的研究提供更广阔的思路。

向朱俊瑞教授及其团队表示祝贺。

是为序。

李培林

2016 年 10 月 19 日于北京

思想意识是社会实践主体对自身及其周围事物发展变化的一种思想认识。农民思想引导工作是党和政府进行农村全部工作的重要组成部分，也是建构农村和谐有序局面的基本保证。

自党的十六大以来，党和政府对如何构建社会主义和谐社会的认识不断深化。2005年党中央明确提出构建"民主法治、公平正义、诚信友爱、充满活力、安定有序、人与自然和谐相处"的社会主义和谐社会的总目标；2006年中央1号文件又提出了"生产发展、乡风文明、村容整洁、管理民主"的新农村建设的整体目标；党的十七大又具体提出"把城乡社区建设成为管理有序、服务完善、文明祥和的社会生活共同体"的重要任务；2008年党的十七届三中全会作出了《关于推进农村改革发展若干重大问题的决定》。可见，中国社会的和谐有序发展是构建中国特色社会主义的题中之义和更高要求，体现了中国共产党崇高的执政治国理想和理论创新精神；而农村社会的和谐有序发展更是构建中国特色社会主义的重要任务之一，这是中国社会的基本国情所决定的。

我国农村政治、经济、社会、文化发展已处在新的历史基点上，取得了国内一致认同并为世界所瞩目的巨大成就，农村社会也在沿着和谐有序的道路发展前进。随着市场经济的纵深推进和农业产业结构调整步伐的加快，从全国总的情况看，广大农民的思想观念出现了许多积极的变化，一些落后的、保守的传统观念逐步更新，一些适应时代发展要求的新思路、新观念、新意识逐步确立：一是市场意识取代小农思想，涌现一大批以市场为需求、追求经济效益的"特色专业户"、"农民企业家"[1]；二是创业意识取代保守思想，最明显的表现就是"打工经济"和"凤还巢"现象；三是科技意识取代迷信思想，广大农民群众能够自觉相信科学，抵制迷

---

[1] 具体见秦刚：《社会主义思想道德建设》，青岛出版社1997年版；张乐天等：《当代浙北乡村社会文化变迁》，上海远东出版社1995年版；王新林：《论农民两种生产积极性及其意义》，《长白学刊》，1994年第1期等相关论述。

信，科学技术在农民致富中的贡献率日渐提高[①]；四是平等观念取代服从意识，农民群众对某些政策的弊端，对部分基层干部不得体的言行不再忍让、盲从，群众上访、民告官时有发生。但是，当前农民群众思想观念出现以上新变化同时，也还存在着一定的矛盾和不足：一是理想信念时有波动，市场经济浪潮汹涌，一切朝"钱"看思想严重，理想信念有所淡化；二是价值取向趋向多样，青年农民普遍不够安分[②]；三是道德观念新旧交织，环保、公德、仁爱意识较淡薄，文明、健康、节俭、正确的婚育观、消费观也有待形成，社会公德、家庭美德和职业道德等意识有待完善，不赡养老人、遗弃女婴的现象仍有发生；四是心理趋向表现失衡，公益事业难办，少数农民对兴办社会公益事业不积极、不主动，"等、靠、要"思想严重，农村农户之间、区域之间贫富差距拉大，仇富心理普遍存在。特别是诸如农村家庭之间贫富差距拉大、人口无序流动、农村结构分化加剧、群体性事件和突发性事件不断增加、公民权益诉求缺少合理有序的渠道、文化价值观出现混乱以及医疗卫生、子女教育、社会保障等公共物品和服务等问题越来越尖锐和迫切，严重影响着构建和谐有序的农村社会的进程[③]，成为当前亟待探讨的重大理论课题和实践问题。

新疆是中国一个多民族的边疆自治区，总面积166万平方公里，约占中国国土总面积的六分之一，为中国最大的省级行政区，目前，全疆共有85个县市、858个乡镇（其中42个民族乡）、9586个村[④]。在这片广袤的大地上，生活着47个民族，其中世居的民族有维吾尔、汉、哈萨克、回、

---

① 具体见刘文良：《精神生态与社会生态：生态批评不可忽视的维度》，《理论与改革》2009年第2期；韩洪涛：《简论西方社会的精神共同体思想》，《郑州大学学报》2010年第4期；刘志伟、费美娟、孙金荣：《2006年山东省农民精神文化生活调查和需求预测》，《山东农业大学学报》2007年第2期。

② 具体见赵长太：《马克思的需要理论及其当代意义》，河南人民出版社2008年版；胡海波：《中华民族精神家园的生命精神》，《东北师范大学学报》2008年第3期；张雅静：《居民休闲：从"政治附属"到"精神支撑"——改革开放前后我国居民休闲生活的嬗变及启示》，《科学社会主义》2009年第5期等的相关论述。

③ 关于全国农民思想在当代的变革情况主要是参考了如韦广榜：《村域社会基础秩序建构与欠发达地区村民自治的发展》，《河池学院学报》2010年第6期；方学军：《农民工精神文化消费实证研究》，《农业经济》2011年第10期等文章。

④ 阿不都热扎克·铁木尔、董兆武、刘仲康：《2004—2005年：新疆经济社会形势分析与预测》，新疆人民出版社2004年版，第242页。

蒙古、柯尔克孜、锡伯、塔吉克、乌孜别克、达斡尔、塔塔尔、俄罗斯等13个。全区总人口为1925万人，少数民族人口占59.39%①。与新疆城市和内地发达乡村比较，新疆乡村经济水平、市场化程度较低，生产方式单一，市场开放度低，贫困乡村的比例大，生活水平低，脱贫任务繁重，南北疆社会发展不均衡，农业经济与牧业经济之间的差异大。从民族构成看，少数民族乡村比例大，占90%以上。如何在边疆多民族地区扩大经济总量和发展农村是当代中国农村社会建设的重要课题，既是推动农村社会经济发展的重要内容和保障，更是体现民族区域自治制度优越性的客观要求。解决好新疆农村和谐有序发展问题，使新疆与全国同步实现全面的小康社会，不仅对新疆稳边、兴边、固边，而且对于我国经济的发展和社会的可持续发展都有十分重要的意义。

---

① 金云辉主编：《中国西部概览·新疆》，民族出版社2000年版。

一 总 论

（一）研究问题的提出

新疆农民思想观念研究是一个学界近年来有所忽视的领域，从目前所能查阅到的资料看，相关成形的研究几乎没有。但众所周知，思想引导工作是经济工作和其他一切工作的生命线，是团结全党全国各族人民完成各项任务的中心环节。党提出的建设社会主义新农村的重大目标是今后农村发展的方向和中心任务，思想政治工作在这一目标的实现中起着不可忽视的作用。农村思想政治工作是党的思想政治工作的重要组成部分，是推动社会主义新农村建设的有力保证。农村思想政治工作成效如何，将直接影响到党的路线方针政策在农村的贯彻落实，影响到农村的和谐稳定以及社会主义新农村建设的进程。在这个背景上说，农村经济社会和谐有序发展是实现中国特色社会主义的重要战略选择，农村经济社会和谐有序发展的关键是中国农民思想的引导与重构问题。新中国成立特别是改革开放以来，我国的农村已经从封闭发展走向开放发展，从单一发展走向多元发展，从稳定发展走向快速发展，从对政府的依附性发展走向政府引导、自主独立的发展道路。农民是否真正达到了实现农村经济社会有序发展所必需的思想转变要求呢？学界和政府都没有给出相关的答案。

随着农民收入的大幅提高，农民生活水平和质量已实现了本质性飞跃，农民思想变迁呈现出多维性，特别是在当前整个中国社会发生深刻变革的大背景下，农村社会各个阶层的政治、经济利益诉求日益强烈，各种社会矛盾显性化，农村加快发展面临困局。要全面建成中国特色的社会主义农村，就必须有效化解各种潜在的社会风险，调节冲突，实现社会各层面的和谐，构筑安定和谐的农村社会发展局面。在这个意义上说，从更高的思想理论层面建构农村和谐有序发展的长效机制就成为学界必须研究的一个问题。为此，本研究主要从调查样本概述、新疆农民思想中的利益观念与农村治理、新疆农民民主意识与农村基础秩序、新疆农民民族意识与区域社会稳定、新疆农民合作机制与农村有序发展和新疆农村和谐有序治理秩序的路径建构等六个方面展开分析。

（二）本书研究的意义

毛泽东同志在新民主主义革命时期就曾指出："掌握思想教育，是团结全党进行伟大政治斗争的中心环节，如果这个任务不解决，党的一切政治任务是不可能完成的。"在构建社会主义和谐社会、全面建设小康社会以及建设社会主义新农村建设进程中，更需要思想政治教育为其提供思想保证、价值观念、舆论环境、文化条件，打好社会基础和群众基础。目前我国正处在机遇和矛盾并存的关键时期，农村社会结构发生了深刻的变化，开放性和流动性大大增强，农民有了很多对社会的新认识，农村复杂性也明显增强。面对农民这个庞大群体，只有首先建设和谐农村，才可能很好地建设社会主义和谐社会。

因此，在这种社会转型期，尤其需要通过思想引导工作在思想多样、多变、多元中统一他们的思想，在各种社会矛盾交织多变条件下凝结力量，为建设和谐社会提供精神保障。这一工作的意义主要体现在以下几方面：一是思想政治工作为推动生产力的发展提供了精神动力。通过思想政治教育可以使人们更了解发展的世界，更加准确理解深化经济体制改革，并且通过培养劳动者的思想品质，调动他们掌握专业技术知识的自觉性和积极性，这样就更有利于科学技术转化为生产力，有助于农村经济更快的发展。二是思想政治工作给农民在追求经济进步中指明了方向。农民受实际条件及文化程度的限制，易受功利实用主义的影响，将更多的注意力集中到眼前利益，价值观和道德观还有待提高。在建设社会主义新农村的今天，只有很好地克服存在的问题，加强对农民道德素质和社会主义主导价值观的培养，才能促进农村经济更快、更好的发展。目前，随着经济和社会的发展，提高人的精神生活质量已成为当今社会发展和人的全面发展的重要课题，人的全面发展不仅需要充足的物质生活，精神生活的满足程度也是一个不可忽视的指标。社会主义社会就是要使人们在改善物质生活的同时，充实精神生活、提高生活质量。而当今大多数农民群众，精神生活还相对匮乏。只有给他们提供更多的适合农民特点的精神养料，才能改变这种状况。通过农民思想变迁研究，可以为丰富农民群众的文化知识和精神世界、陶冶农民群众的情操、从而提高其文化素质和道德素质提供学术支持。

农村建设是涉及农村经济、政治、文化、社会的综合性工程。在这一进程中，农民是新农村建设的中坚力量，是农村生产关系中的主导力量，党中央在新世纪提出的新农村建设这一伟大工程要想取得成效，需要寄希望于广大农民主观能动性的发挥，需要农民积极参与、积极配合，形成合力为其服务。然而，农民主体性的充分发挥离不开思想政治工作的开展来增强他们的凝聚力。另外，社会主义新农村建设的主要目标是更好地实现人的现代化，对农民的科学文化素质教育和思想道德引导就是实现这一目标的根本途径。因此，思想引导工作可以确保社会主义新农村建设目标的顺利实现，并为其他工作的开展奠定了思想基础。更为重要的是中国农民的内在思想诉求是党中央农村政策制定的重要依据，也是影响中国农村和谐有序发展的基本因素。农民思想观念的实际状况深深支配着农民行为和党的农村政策的有效性，影响着农村和谐社会建设的程度，也影响着农民对中国特色社会主义理论在农村的认知程度。因此，从农民思想变迁的角度探索农村发展道路是一种新视野。实现中国农村社会的加快发展与和谐有序发展道路是本书的基本出发点和逻辑归宿，这也赋予了本书特殊的研究意义和价值。

（三）本书调研方法及进程

2010年7月9日至25日，由朱俊瑞教授率领，赵定东、王光银、龚上华、宋桂全等一行5人，根据事先规定的调研计划，采用了汉、维两种文字问卷，对新疆维吾尔自治区伊犁哈萨克自治州所属的伊宁县、特克斯县、察布查尔锡伯族自治县的农民和新疆生产建设兵团所属的农四师62

团、66团等地区的种地工人①进行了抽样调查。

在当地有关部门的密切配合下，调研团队深入到英塔木乡、察布查尔镇等乡镇的村庄、牧区以及工地和新疆建设兵团第62、66兵团农场的多个下属连队，掌握了大量的第一手资料。

本次调查我们主要采取问卷法、结构式访谈法和非参与式观察相结合的方法。问卷法涉及大量样本，有助于对新疆农民的思想观念进行全局性的把握；结构式的访谈可以为新疆农民思想观念变迁的内在机制提供一个个真实的生活故事；非参与式观察的方法使本书有机会记录了新疆农民社会生活的一个个片断，这三者的结合使得本书的调研活动从深度和广度上都基本达到规范研究的要求。

在为期16天的时间内，本课题组5人向外发放了问卷800余份，其中汉文问卷600多份，维吾尔文问卷200多份，回收问卷750份，有效问卷451份②。调查对象涉及汉族、维吾尔族、哈萨克族、锡伯族、东乡族、回族等多个民族。个案访谈方面，我们深入到村干部和农民家庭当中进行入户访谈，共取得个案访谈案例80个。除此之外，我们还走访了与村镇密切相关的州、县、乡镇政府等权力机构，并与其负责人进行了广泛的交流和探讨。整个行程我们共整理文字材料6万余字，视频资料6个多小时，照片300多张。

（四）本书研究样本概况

1. 样本统计基本情况

关于本次调查的样本概况主要从有效问卷的民族、政治面貌、文化程度、性别和年龄等方面展开描述。需要说明的是由于新疆地域多民族、多

---

① 新疆生产建设兵团体制十分特殊，从事生产的职工虽然主要是从事与其他地方的农民相同的种地工作，但在兵团称之为工人，他们在退休后享受如同城市单位职工一样的退休金。本文称之为"种地工人"。与地方农民相比，由于他们普遍文化程度较高，也比较有组织性，故本次调查特别选择了两个团场作为本课题研究的研究材料。

② 在新疆由于农民文化程度普遍性较低，特别是很多少数民族农民根本不识字，导致问卷调查十分困难，即便是一对一辅导填卷，由于语言不通及农民自己的农活很多等原因，虽然当地政府组织得很好，但农民还是有些不耐烦，漏填或重复填写的很多，故出现不少废卷。这是本次调查有效问卷回收率偏低的根本原因。

语言、多宗教的特殊性，本次调查主要是在当地政府和军队武装部的帮助下完成的。特别由于我们的调查时间正是农民夏收的季节，在调查中集中村民填写问卷和访谈有明显的困难。

表1　　　　　　　　　　民族成分构成状况

		频率	百分比	有效百分比	累积百分比
有效	汉族	246	54.5	61.0	61.0
	维吾尔族	78	17.3	19.4	80.4
	其他民族	79	17.5	19.6	100.0
	合计	403	89.4	100.0	
缺失	系统	48	10.6		
合计		451	100.0		

需要说明的是，其他民族包含了汉族、维吾尔族之外的哈萨克族、锡伯族、东乡族、回族等多个民族，由于他们人数不多，收集到的调查样本十分有限，故没有将他们的民族一一列举出来。有些遗憾的是样本中汉族的比例有些偏大，占据了被调查对象的54.5%。

表2　　　　　　　　　　政治面貌构成状况

		频率	百分比	有效百分比	累积百分比
有效	中共党员	103	22.8	35.2	35.2
	非中共党员	190	42.1	64.8	100.0
	合计	293	65.0	100.0	
缺失	系统	158	35.0		
合计		451	100.0		

需要说明的是，本次调查的新疆农民没有中共党员之外的其他党派，非中共党员和缺失的人数统计主要是共青团员和非党派。在表2中中共党员占了被调查农民的22.8%。

表3　　　　　　　　　　文化程度构成状况

		频率	百分比	有效百分比	累积百分比
有效	小学及其以下	96	21.3	24.9	24.9

续表

		频率	百分比	有效百分比	累积百分比
	初中	117	25.9	30.4	55.3
	中专或高中	76	16.9	19..7	75.1
	大专及以上	96	21.3	24.9	100.0
	合计	385	85.4	100.0	
缺失	系统	66	14.6		
合计		451	100.0		

需要说明的是，新疆的农民文化程度不高，大专及以上主要指的是留在乡村工作的大学生村官和在乡镇政府工作的人员。

表4　　　　　　　　　性别构成状况

		频率	百分比	有效百分比	累积百分比
有效	男	305	67.6	75.5	75.5
	女	99	22.0	24.5	100.0
	合计	404	89.6	100.0	
缺失	系统	47	10.4		
合计		451	100.0		

性别构成状况中男性占了67.6%，这主要是我们在调研时的困境所致，因为在新疆很多少数民族女性不大外出活动，同时也有很多不识字，没有办法进行调查。

表5　　　　　　　　　年龄构成状况

		频率	百分比	有效百分比	累积百分比
有效	15~35	120	26.6	31.0	31.0
	36~45	153	33.9	39.5	70.5
	46~55	98	21.7	25.3	95.9
	56及以上	16	3.5	4.1	100.0
	合计	387	85.8	100.0	

		频率	百分比	有效百分比	累积百分比
缺失	系统	64	14.2		
合计		451	100.0		

总的来说，从上述关于调查样本概况的基本描述看，本次调查在样本量、样本的地域分布、样本年龄、民族、文化程度、政治面貌、性别等方面的分布都比较合理。为本书研究打下了准确、详尽的分析资料基础。

2. 取样地区基本情况

伊犁哈萨克自治州地处祖国西北边陲，成立于1954年，辖塔城、阿勒泰两个地区和10个直属县市，是全国唯一的既辖地区、又辖县市的自治州。全州总面积35万平方公里，人口440.8万人，有哈萨克、汉、维吾尔、回、蒙古、锡伯等47个民族成分，其中哈萨克族占25.5%，汉族占45.2%，维吾尔族占15.9%，回族占8.3%，蒙古族占1.69%，锡伯族占0.83%。

伊宁县位于新疆维吾尔自治区西部，天山西段，伊犁河谷中部。东临尼勒克、精河县，南隔伊犁河与察布查尔、巩留县隔河相望，西接伊宁市、霍城县，北靠库色木契克河与博乐、精河两县交界。县城在伊宁市西北18公里处，伊宁市至东五县的两条国道，从本县穿过。县境东西最长116公里，南北最宽95公里，总面积为6523平方公里。县城吉里于孜镇距乌鲁木齐市公路里程730公里，西距伊犁州首府伊宁市18公里，距霍尔果斯口岸90公里。国道218线和省道220线横穿辖区全境，县乡道路四通八达，交通十分便利。县辖18个乡、2个镇、5个地方国营农牧场。总人口405051人（2003年）。有维吾尔、汉、回、哈萨克等28个民族；人口较多的民族是维吾尔、汉、回、哈萨克和东乡族。县境内驻有自治州、伊犁地区、兵团农四师直属单位8个。伊宁县辖2个镇、16个乡（包括1个民族乡）：吉里于孜镇、墩麻扎镇、胡地亚于孜乡、吐鲁番于孜乡、喀拉亚尕奇乡、愉群翁回族乡、阿热吾斯塘乡、英塔木乡、巴依托海乡、维吾尔玉其温乡、萨木于孜乡、喀什乡、麻扎乡、温亚尔乡、阿乌利亚乡、曲鲁海乡、武功乡、萨地克于孜乡。县境内有青年农场、多浪农场、兵团农四师七十团、农四师拜什墩农场。这次我们调查的是愉群翁回族乡和英塔木乡。

察布查尔锡伯自治县是全国唯一的以锡伯族为主体的多民族聚居的自治县，位于新疆维吾尔自治区西部，伊犁河谷盆地伊犁河南岸和中天山西端。介于东经80°31′—81°43′，北纬43°17′—43°57′之间。东以塔尔德沟为界与巩留县为邻，西以中俄《伊犁界约》线为国界与哈萨克斯坦相接，南以乌孙山分水岭为界与特克斯、昭苏两县毗连，北隔伊犁河与伊宁市、伊宁县、霍城县相望。县境东西长90公里，南北宽70公里，总面积4430.24平方公里。察布查尔锡伯自治县辖2个镇、11个乡（包括1个民族乡）：察布查尔镇、爱新舍里镇、堆齐牛录乡、孙扎齐牛录乡、绰霍尔乡、纳达齐牛录乡、扎库齐牛录乡、米粮泉回族乡、坎乡、阔洪奇乡、海努克乡、加尕斯台乡、琼博拉乡。境内有良繁场、察布查尔奶牛场、平原林场、山区林场、六十七团、六十八团、六十九团。总人口164832人（2003年）。有锡伯、维吾尔、哈萨克、汉、回、蒙古等25个民族。这次我们调查的是察布查尔镇和加尕斯台乡。

特克斯县位于新疆维吾尔自治区西北部，天山山脉北麓的褶皱带，伊犁河上游特克斯河流域，特克斯—昭苏盆地东段。东和东北接巩留县、和静县，南与拜城县相连，西和西北与昭苏县、察布查尔县交界。县城特克斯镇距乌鲁木齐市公路里程852千米。有哈、汉、维、田、柯、蒙、锡等22个民族。地势南北高，东西低，南部是南路天山，北部是中路天山，中间是特克斯河谷平地，自西向东倾斜。特克斯河自西向东横贯全境。属温凉半干旱山区气候，昼夜温差大，年均气温5.3摄氏度，年均降水383毫米。特克斯县因为其独特的城市布局被称为八卦城。特克斯县辖1个镇、5个乡、2个民族乡：特克斯镇、呼吉尔特蒙古族乡、科克苏乡、齐勒乌泽克乡、阔克铁热克柯尔克孜族乡、乔拉克铁热克乡、喀拉达拉乡、喀拉托海乡。县境内有托斯曼牧场、萨尔阔布牧场、克孜勒布拉克牧场、喀拉达拉牧场、特克斯军马场、科克苏林场、农四师七十八团。这次我们调查的是特克斯镇和齐勒乌泽克乡。

农四师六十六团位于伊宁市以西20公里，霍城县境内，北依天山支脉，南傍伊犁河与六十八团相望。该团地处伊犁河谷，伊犁河从该团南面穿过，这里气候温和，土地资源肥沃，极适合农作物生长，日照年平均为

2700小时，年降水量达363毫米，总占地面积2.33万公顷，耕地面积为4.96千公顷，总人口2.5万余人，由汉、哈萨克、回、维吾尔等17个民族组成。

兵团农四师六十二团地处祖国西部边陲，紧靠新疆最大的陆路口岸——霍尔果斯，光照充足、水源丰富。全团总人口16621人，其中从业人员4188人，耕地面积0.66千万公顷，拥有8个工业企业。该团以农业为主，盛产小麦、玉米、高粱、棉花、大豆、油料等作物。为优化种植业结构，该团提出了建设"五大基地"即棉花、甜菜、畜牧、种植果林的发展战略。通过两年的努力，基地建设初具规模。团场还兴建了一批新型的工业合作企业，有洗毛厂、皮革厂、造纸厂等。六十二团宜农、宜牧、宜工、宜商，在沿边开放、发展多种经济中有着得天独厚的地缘和资源优势。

二 新疆农民思想中的利益观念与农村和谐治理

从全国的情况看，随着工业化、城市化和社会主义市场经济的逐步深入，农民利益意识发生了重大变化。中国社会转型中的城乡分离、结构变迁和体制改革同步进行，社会流动、社会分层加剧，使转型中出现的结构冲突、机制冲突、规范冲突、利益冲突、角色冲突和观念冲突更加复杂，但一切冲突的根源归根结底还是利益之间的冲突。同时，中国的农村已不再是孤立封闭的社会，农民的眼光和利益诉求早已超出村庄范围，原有封闭的村集体合作已远远无法满足其利益要求。农民利益诉求意识方面主要存在以下问题：农民渴望致富，但又存在自利的思想；农民小农意识的存在，农民利益诉求组织化程度不高，缺乏社会组织主体的培育，导致个体利益诉求的成本太高；农民利益诉求的方式存在非理性和过于简单的现象，缺乏制度化的诉求方式；农民利益诉求的模式没有整合整个社会的资源；农民利益诉求缺乏主动性且诉求渠道单一。[①] 从新疆的情况看，全国的情况在新疆都有反映，而且由于新疆的民族、宗教、地缘等因素导致的问题更多、更特殊。因此解决农民利益意识问题在新疆有极其重要的意义，如有助于保护农民利益、有助于"三农"问题的解决、有利于增强执政党在新疆的威信与公信力、有利于边疆的政治稳定及社会稳定等。如何正确判断新疆农村利益关系变化的新趋势，正确引导新疆农民利益意识的有序变化，实现新疆农村资源优化配置，从而实现新疆农村和谐治理，

---

① 具体见韦广雄：《"还社会于民"与社会基础秩序的建构》，《广西大学学报》（哲学社会科学版）2008年第3期；李友梅：《农村社会风险防范机制的建构依据及其运行困境》，《江海学刊》2010年第3期；朱玉春、唐娟莉、郑英宁：《欠发达地区农村公共服务满意度及其影响因素分析——基于西北五省1478户农户的调查》，《中国人口科学》2010第2期等文的分析。

是十分重要而紧迫的课题。

（一）当今新疆农民利益思想变迁的经济文化基础

总体而言，在我国经过三十多年不断的体制转换后，市场而不是计划指令在资源配置中居于基础性地位，而且随着个人主体利益地位的确立，个人之间的利益交换已经不再完全通过国家这个以往的利益交换器，特别是随着社会主义市场经济体制的初步建立及逐步完善，多元利益主体逐渐走向独立。对新疆农民而言，现代生活方式需求在未对边远、封闭的县域消费方式形成冲击时，当地还长期维持封闭的自然经济状况，即维持一种特殊类型的经济均衡状态，仅限于社会系统、经济系统、人口系统内部的循环。随着社会的发展，现代生活方式需求使传统生活消费方式发生改变，随即冲击其一成不变的社会结构和经济结构。市场经济的产生及形成过程带来了两个方面的利益重构问题：一是个体利益的生成以及满足个体利益的社会功能，二是个人利益与社会利益的关系复杂化。在利益的评价上出发点有两个：一是个人优先，二是优先考虑普遍的利益即社会利益。如何协调个人利益与社会利益的关系呢？利益思想变迁的基础又是什么呢？课题组在新疆的调查结果显示，村落集体化的历史记忆与城市个体化的现实冲突正成为新疆农民利益关系协调的经济文化基础。

其一，私有化的思想已经占据着主导性影响，人伦的"差序格局"正在转向利益的"差序格局"，对个体利益的追求成为主流。

众所周知，"差序格局"一词是费孝通老先生提出的，旨在描述亲疏远近的人际格局，如同水面上泛开的连晕一般，由自己延伸开去，一圈一圈，按离自己距离的远近来划分亲疏。他认为，中国乡土社会以宗法群体为本位，人与人之间的关系，是以亲属关系为主轴的网络关系，是一种差序格局。在差序格局下，每个人都以自己为中心结成网络。这就像把一块石头扔到湖水里，以这个石头（个人）为中心点，在四周形成一圈一圈的波纹，波纹的远近可以标示社会关系的亲疏。[①]

新疆作为一个多民族居住区，各族人民有不同的价值观、风俗习惯、

[①] 费孝通：《乡土中国·生育制度》，北京大学出版社1998年版，第326页。

道德、宗教、家庭结构和生活方式,在长期开发新疆这片热土中,新疆各民族文化相互辐射、相互影响、相互融合,逐步形成了以淳朴、互助互爱、安土重迁为基础的具有民族特色的利益文化。

以孝道思想为例。家庭养老是以个人终身劳动为基础,在家庭内部进行代际交换的反哺式的养老模式,受经济、文化等多种因素的影响。家庭养老目前是新疆各少数民族最主要的养老方式,也是新疆封闭落后的自然经济、绿洲经济、游牧经济及传统生活方式的直接体现。讲求孝道是新疆各少数民族传统养老文化的鲜明特点,是少数民族传统社会发展和家庭养老机制运行的精神支撑。

首先,传统的维吾尔族、塔塔尔族、乌孜别克族、哈萨克族、塔吉克族等各少数民族主要生活在沙漠绿洲或一望无际的草原中,各绿洲之间、草原之间交流非常困难,交通不方便,每一个绿洲、草原自成独立的生态系统和经济体系,商品经济不发达,受生产力发展的影响个人养老能力十分有限,只有靠家庭成员的共同努力,才能保证老年人的基本生活,因此家庭成员之间依赖性很强。

其次,沙漠绿洲和草原面积狭小、距离比较遥远、人烟稀少,同一个村、同一个阿吾勒[①]的人经常共同劳动,共同生活,是一个典型的熟人社会,如果父母被虐待或生活受到歧视,必然会受到社会舆论的遣责。孝敬父母是新疆各少数民族的传统道德观念和社会风尚,作为家长的父母具有至高无上的权力,父母对子女有抚养的义务,子女对父母有赡养、送终的义务,子女不能违背家长的意志,如果违背了就被认为违反家规[②],便会受到周围人的遣责和唾骂。沙漠绿洲、草原人烟稀少,父母独自生活很难适应,因此父母在世时,儿子一般不分家,并且要尽赡养的职责,否则会受到社会舆论的责备。这种舆论环境对子女的养老行为具有较强的约束力。

再次,新疆少数民族老年人口一般健康长寿,自理能力很强。传统家庭中老人不仅是被赡养者,更重要的是子女最重要的帮手,他们一般照顾小孩或照料家务,使得年轻人摆脱烦琐的家务,全心全意投入到生产中

[①] 哈萨克族最基本的社会生产组织,相当于户组、村。
[②] 新疆对外文化交流协会编:《柯尔克族民俗文化》,新疆美术摄影出版社2006年版,第88页。

去。这种代际互补关系和社会分工更加促进了孝敬父母这一养老传统的巩固和发展。

同时，新疆各少数民族部落、氏族、家族观念很强，一般家族被认为是整个部落和氏族的基础。家族成员往往居住在共同的地域或散居于附近的草原和绿洲中，相互交往比较频繁，家族成员之间具有较强的凝聚力和向心力。加上新疆蒙古族、哈萨克族、柯尔克族等主要少数民族普遍实行外婚制，习惯上禁止与七代亲属之间的通婚，而与七代内的亲属之间保持亲密的来往，在生产、生活方面合作密切。因此家族成员之间有相互帮助、相互支持和收养遗孤、照顾老人方面的历史传统，特别是家族中的老人经济困难或生活不便时，其兄弟姐妹有义务扶危济困；若老人被他人侮辱、欺负、侵犯或杀害时，家族成员有权进行干涉。如果有叛逆者，其他家族成员就和他断绝一切关系。因此新疆乡村传统孝道思想是一种亲缘、地缘和业缘关系构成的人伦"差序格局"。

但我们的调查发现，这种以乡村传统的亲缘、地缘和业缘关系构成的人伦"差序格局"正在转向利益"差序格局"，即转向以权和利来作为自己行为的主要依据。以农民最为看重的土地制度为例。众所周知，家庭联产承包责任制首先发端于1979年安徽凤阳县梨园公社小岗生产队的一份契约[①]，它在20世纪50年代到70年代至少20年间事实上形成了一种国家利益至上、个体利益为次的固定利益结构模式的革命性突破。至1982年1月1日中共中央发布了名为《全国农村工作会议纪要》一号文件后，家庭联产承包责任制合法化了。这个文件指出，"目前实行的各种责任制，包括小的包工定额计酬，专业承包联产计酬，联产到劳，包产到户、到组等等，都是社会主义集体经济的生产责任制"。这份文件第一次明确

---

① 1979年农历正月，小岗生产队20位农民代表全队20个农户聚集在社员严立华家秘密开会，商讨农业生产责任制问题，与会人员一致同意全队实行大包干到户并一致通过了三条规定：瞒上不瞒下，不许任何人向外透露；交粮油时该是国家的按时缴给国家，该是集体的按时留给集体；万一走漏风声，队长严宏昌由此坐牢，全队社员共同负责把他的孩子抚养到18岁。（中国革命博物馆藏品号GB54563）这份契约被学术界广泛称为农村家庭承包责任制的起源。它的产生有一些基本特殊背景，如农村人民公社制度严重约束了农民的生产积极性，导致了农村的全面贫困；1977年11月28日在当时安徽省委书记万里主持下的"省委六条"下发，触动了当时一些似乎不可动摇的原则，突破了长期无人逾越的禁区；还有1978年江淮大地遭遇百年不遇的大旱，农民生活陷入绝境等等。

肯定了包产到户和包干到户是社会主义性质的,也就是说家庭联产承包责任制作为中国体制转换的起点,同时也作为协调农村利益关系的新举措获得了合法性身份。此后家庭联产承包责任制在全国被逐渐推广,至1983年全国实行家庭联产承包责任制的基本核算单位已经达到98.3%,土地由原来集体所有、集体统一经营变为集体所有、农户承包经营,实现了农地所有权与使用权的分离。此外,1984年中央1号文件(即《中共中央关于1984年农村工作的通知》)和中央4号文件转发的农牧渔业部《关于开创社队企业新局面的报告》促使了农村产业结构的大调整,是农村工业进入全面发展阶段的里程碑。"能力和智慧"逐渐成为调节农村利益关系的内在机制,在一定程度上也调动了广大农民的生产和经营积极性及创造性。新疆的农村经过30多年的变革,农民思想发生了哪些变化呢?下列的数据可能有一些说明性。

表6 您认为50年代初的土地私有制、后来的人民公社化和现在的土地集体所有、家庭承包这三种方式哪种更好?

		频率	百分比	有效百分比	累积百分比
有效	私有好	104	23.1	23.4	23.4
	人民公社好	25	5.5	5.6	29.0
	集体所有、家庭承包制好	306	67.8	68.8	97.8
	说不清楚	10	2.2	2.2	100.0
	合计	445	98.7	100.0	
缺失	系统	6	1.3		
	合计	451	100.0		

从上表看,认为土地私有化好的已经占据23.1%,而认为人民公社好的占5.5%,认为土地集体所有好的占67.8%。说明经过30多年的农村改革,新疆农民的思想已经发生了实质性变化,但历史的记忆仍有很大的市场。这个结论在下列数据中也能看到。这与农民有着较强的可塑性有关。

在新中国成立后很长一段时期内,农民容易在日常生活中与1949年前相比较。由于中国农村长期贫穷落后,广大人民群众日夜盼望着早日过上衣食富足的生活。在人民公社化运动前有些农民已经自发组织了各种形式的合作社，在一定程度上提高了农业生产率和农作物单位产量，使农民生活水平有了较大的提高，这虽然不能使农民彻底抛弃传统的封建落后思想，但却开始怀疑、并抛弃旧社会中的种种旧观念。在经济生活改善的同时，农民在政治上翻了身，不再受到压迫。农民在党的领导下，在新的社会中看到了自己的力量，由此改变了以往对自己命运的看法，对党在公社化运动中所倡导的社会主义、共产主义有着美好憧憬，相信经过自己的努力就能过上美好生活，便积极响应党开展人民公社化运动的号召。社会主义优越性的初步体现使农民普遍存在一种对党的感恩心理，同时也使他们认识到中国共产党确实在为他们谋福利，相应地，就会更加相信党的能力，遵从党的路线方针和听从党的指挥、号召，接受党对他们进行思想教育。同时长期的革命战争，使党对农村农民有着深远的影响。

新中国成立后，党开展了各种广泛的社会运动，广大农民思想淳朴，观念单一，无论在合作化运动中，还是在公社化运动中，农民的各种行为都处于集体的支配之下。农民本来就单一的精神世界进一步整齐划一，农民的思想就更加不可能分化，对于党所倡导的思想观念，例如集体主义、大公无私、革命英雄主义等精神，农民易于认同。这样党就能按照理想的模式来教育、塑造人民公社所需要的农民。

但改革开放以来，市场经济促使了一些变化。主要表现在两个方面：从思想意识上看，趋利是市场经济的天性，不可避免地在社会生活中表现出来；小农意识则是我们这个农业大国根深蒂固的思想意识。市场经济的趋利性和小农意识的结合，衍生了许多思想"怪胎"，容易使他们更多地只为个人眼前利益精打细算，漠视长远利益和他人、集体、国家利益，个别人为了一己之利，完全不顾道德、法律和纪律约束，尔虞我诈，不择手段，对社会风气产生极其恶劣的影响。从生产方式上看，市场经济要求的社会化大生产与传统的一家一户的农耕方式有着深刻的内在矛盾。传统农耕方式制约了现代农业的集约化、规模化生产，使得农民改进生产方式的激情和动力明显不足，现代农业的客观要求与农民自身发展能力不强的强烈反差，使得农民群体表现出对新的发展形势的不适应，也导致农民群众集体主义意识日益淡化。

表7　您认为您所在村的承包地应该不应该每隔几年按照人口进行一次调整？

		频率	百分比	有效百分比	累积百分比
有效	应该	310	68.7	69.5	69.5
	不应该	91	20.2	20.4	89.9
	说不清楚	45	10.0	10.1	100.0
	合计	446	98.9	100.0	
缺失	系统	5	1.1		
合计		451	100.0		

列举这个数据的目的主要是考察新疆农民对土地的重视程度。新疆土地广博，一般情况下，农民对土地数量的敏感度不那么强烈，但从上表可以看出，有68.7%的被调查对象主张土地每隔几年按照人口进行一次调整，说明农民对土地很在意。可能的因素有两个：一是新疆农民对土地仍然存在很大的依赖性；二是农民的职业分化在新疆还不明显。这在表8和表9、10、11中也可以看出端倪。

表8　您认为您的承包地被政府征用对您是好事还是坏事？

		频率	百分比	有效百分比	累积百分比
有效	好事	258	57.2	58.5	58.5
	坏事	75	16.6	17.0	75.5
	说不清楚	108	23.9	24.5	100.0
	合计	441	97.8	100.0	
缺失	系统	10	2.2		
合计		451	100.0		

这个数据同表7一样，主要是为了说明新疆农民对土地利益的关心程度，在表中有57.2%的被调查者认为承包地被政府征用是好事，只有16.6%的被调查者明确表示反对，这与后文表28的结果基本相同。

表9　　　　您是否赞成在现有的土地集体所有、家庭承包
政策下对土地经营权实行自由流转？

		频率	百分比	有效百分比	累积百分比
有效	赞成	287	63.6	65.5	65.5
	不赞成	107	23.7	24.4	90.0
	说不清楚	44	9.8	10.0	100.0
	合计	438	97.1	100.0	
缺失	系统	13	2.9		
合计		451	100.0		

与表8相同，本次调查农民对土地经营权自由流转的看法主要是为了考察农民的土地利益意识，也就是在市场化改革30年后农民的思想观念到底有什么变化。表9显示，63.6%的被调查者表示赞成在现有的土地集体所有、家庭承包政策下对土地经营权实行自由流转，说明农民的土地意识已经从土地生存转向了土地利益。

表10　　　　假如允许土地自由流转，您会做出哪种选择？

		频率	百分比	有效百分比	累积百分比
有效	转出使用权	93	20.6	21.4	21.4
	转入使用权	172	38.1	39.5	60.9
	保持现状	170	37.7	39.1	100.0
	合计	435	96.5	100.0	
缺失	系统	16	3.5		
合计		451	100.0		

表10显示的是，假如允许土地自由流转农民的选择动机。调查结果显示，将转出使用权的占20.6%，而将转入使用权的占38.1%，保持现状的占37.7%，说明农民对土地利益的重视程度仍然十分高。关于这个结果的发生原因将在后文进一步探讨。

表 11　　　　　　　您在从事农业之外，还从事什么别的工作？

		频率	百分比	有效百分比	累积百分比
有效	务工	171	37.9	40.6	40.6
	个体	98	21.7	23.3	63.9
	经商	51	11.3	12.1	76.0
	其他	101	22.4	24.0	100.0
	合计	421	93.3	100.0	
缺失	系统	30	6.7		
合计		451	100.0		

从上表可以看出，农民对土地有一定的矛盾心理，一方面主张自己占有多的土地，另一方面主张自己的土地被政府征用或转让。为什么会发生这种状况呢？我的认识是利益特别是个体利益的追求是农民思想观念发生变化的出发点。也就是说私有化的思想已经占据着主导性影响，人伦的"差序格局"正在转向利益的"差序格局"。因为在土地成为稀缺资源及土地收成效率不高的背景下，农民所占有的土地被政府征用或转让可能带来更大的经济效益。这与表11农民在从事农业之外还从事什么别的工作调查结果是相吻合的。

从新中国成立以来的农民思想发展动向看，在改革开放前农民思想具有典型单一性。在改革开放前特别是新中国成立初期广大农民虽然受到了新民主主义和社会主义革命的洗礼，精神面貌焕然一新，但中国长期的封建传统在广大农民的心理上积淀成的清官思想、权威崇拜、从众意识等复杂的小农意识并没有根除，深重地影响了农民的思想行为。也就是说广大人民群众虽然政治地位发生了变化，但小生产者的个人崇拜心态和人身依附的观念并没有得到消除，长期以来党对农民的思想教育在这方面也缺乏充分的认识和有针对性的教育和解决措施。

特别是在新中国成立初期，党致力于为农民谋福利，长期受到旧中国剥削和压迫的中国农民便把对"青天大人"的期盼转嫁到党和党的干部身上。人民公社化运动是由中共中央和毛泽东倡导的，在短短几个月内调动千军万马进行这场大规模的经济政治运动，与广大群众中普遍存在的个人崇拜等心理密切相关①。在人民公社兴起的过程中，有些农民虽然怀疑这种做法，但在当时的政治氛围压力下，很多人都怕惹火烧身，只好明哲保身、随大流；而各行各业如火如荼的"大跃进"景象更是强烈地激发了广大干部农民的积极性，人民由兴奋变得盲从，加剧了在公社化运动中的随波逐流，加剧了为人民公社化运动推波助澜。此外，新中国成立初期农民文化水平的低下，给党的思想教育工作带来很多困难。很多农民对社会主义、共产主义都只有模糊的了解，仅限于"三十亩地一头牛，老婆孩子热炕头"的水平，并不能很好地理解党所教育的思想、观念的实质，在思想认识上的鉴别能力有限，在实际生产和生活中易于误解、甚至歪曲某些基层干部的思想工作。更何况，在传统中国，农民缺乏科学知识的教育，而在人民公社化运动中却又纷纷盲目抛开传统，过度迷信科学，在当时过热的宣传下相信科学无所不能，即使对某些"科学"的做法产生怀疑，往往也会怀疑自己而相信权威。在这种背景下，农民思想具有单一性。但在改革开放30多年来，正如上文所指出的，农民思想发生了很多变化，多元性是一个主要特征。

根据我们的调查，产生目前变化的原因很多。

首先是农民自身原因。我们知道，引起农民思想变化的原因，除了农民群众思想、文化素质难以适应农村改革发展的新形势外，还有一个值得我们重视的新情况，这就是随着城乡二元格局的打破，农民当中的优秀人才通过各种渠道流动到农村以外，造成传统村落的整体素质下降，有的地方甚至出现人才"空心村"，导致农民在激烈竞争和快速发展面前缺乏应对能力，产生消极无为、悲观失望的心态。

其次是涉农政策。近年来，国家涉农政策的不断调整变化，从根本上改变了农民群体的利益格局，不同农民群体之间的受益程度差异引发一些思想波动。比如，因国家惠农政策调整，原来隐藏在农村中的人地矛盾进一步凸显出来，引发部分农民对土地承包30年不变政策的异议。还比如，一些地方在土地征用中，同样是修路征地，同一村庄相邻地块的两家农民，一家的地被征用修高速公路，一家的地被征用修环城公路，因征地价

---

① 张湛彬等主编：《"大跃进"和三年困难时期的中国》，中国商业出版社2001年版，第10页。

格的标准不一样，导致相邻地块的征地补偿相差悬殊，从而引发被征地农民强烈的思想抵触。部分政策之间的相互矛盾，也往往使农民群众对政策理解发生困惑和无所适从。此外，还有施政行为原因。当前，面对农民群众思想心态的复杂多变，客观要求各级党委、政府贯彻落实涉农政策要更加谨慎、细致，更加人性化。但实际上有些基层干部却存在着用惠农政策代替细致的思想工作的倾向，采取简单生硬的施政方式，甚至不进道理乱施政，往往是"好心不落好"，"费力不讨好"；有的基层政府为片面追求地方经济利益，不惜大搞政绩工程，有的甚至批准上马一些对当地环境有污染的企业，这种只顾自己"乌纱帽"的短期行为，让农民看在眼里、气在心上，甚至造成群体上访的恶性案件；一些乡镇干部处理农民与村干部的矛盾时自觉不自觉地偏袒村干部，也容易引发农民产生"官官相护"的心态；一些村干部"占着茅坑不拉屎"，面对矛盾纠纷不及时处理，也往往激化矛盾，加重农民群众的不满情绪。

再次是宣传教育方式问题。目前一些领导干部仍然认为农村思想宣传工作仅仅是宣传部门或者宣传委员的事情，缺乏全员进行思想宣传工作的"大宣传"理念，导致不能形成各方面齐抓共管的合力，也没有把对农民宣传思想教育视为政府应当提供的公共服务。在基层，经济建设是中心，计划生育是国策，信访工作是一票否决等，而思想宣传工作在许多地方没有明确的任务指标，致使思想宣传工作无论内容、形式，还是阵地、手段，都远远不能满足农民群众不断增长的精神文化需要。

其二，由血缘、姻缘、友缘所连接成的非正式制度特别是家人与亲属的作用在生活上作用大于诸如村干部等正式制度的作用，在其他方面，作用最大的是诸如村委会等正式制度。

在传统的新疆农村，新疆的个人生产能力十分有限，只有与周围人和睦相处才能克服困难，战胜和征服自然。新疆各族人民特别强调团结合作，一贯将帮助别人、热爱公共事业、遵行礼仪、不侵占他人财物、珍惜友情、不做乡里相亲所厌恶的事等视为每一个人应具备的美好品质。如维吾尔族人作为一个重感情、尊礼仪的民族，特别强调邻居之间的和睦相处，邻里之间有什么事，大家互相帮助。若孤寡老人去世，全村居民把他一起埋葬；若身体稍有不适，邻居立刻前来照顾；肉孜节、古尔邦节拜访老人，对残疾的老人不乏怜悯与相助①。互相帮助被哈萨克人看作是美德，如果谁拒绝帮助有困难的人，那么他就失去了被别人帮助的权利，同时还会被同部落的人看作是破坏礼俗的人。哈萨克族生活的草原上，一旦有人遭受水灾、火灾、风灾、雪灾等自然灾害而生活困难时，部落的人都要根据自己的经济情况尽力给予资助，捐赠衣服、粮食、牲畜或毡子、用具等等。拒绝资助的人，则会被全部落的人歧视或侮骂。如果有人欠了债务无力偿还，得了疾病无力医疗，全部落均会协助帮忙，有人出人，有物出物。如果有人无力承担牧业生产、剪毛、打草、筑圈等生产活动时，则邻居都会主动协助②，且不要任何报酬。塔吉克族人口虽少，但民族的凝聚力很强，家庭成员相亲相爱，非常和睦，代际关系十分融洽。如果老人遇到盖房、修水渠、搬家、春耕等大事，亲邻都会前来协助，一旦家庭劳动力不够，亲朋好友就帮他干活、代牧，不计任何报酬③。柯尔克孜族人讲团结和睦和互助，在社会上，同一个部落或氏族，尤其是同一个"阿寅勒"④内的牧民之间有相互照顾、相互救济的义务。"阿寅勒"成员中如有不愿帮助的，那么他将会受到社会舆论的谴责。新疆各族人民的这种互助思想增强了新疆乡村内部的亲和力。

　　新中国成立以来直到改革开放，新疆同全国一样，正式制度在各方面对农民发挥着最大的作用。当时由于全国政权建设和形势需要，很大部分部队军人转业为政府的干部，可以说当时从中央到地方以及基层的主要领导大多是经过长期的革命战争洗礼后脱下军装从政的军队干部。在崇尚英雄的时代，他们回到农村后自然有很高的地位，对农村的影响重大。他们大多文化水平较低，但惯于做思想工作；工作方法粗暴但简单有力。军人有冲天的干劲，艰苦朴素，不怕困难，积极贯彻执行党的各项方针政策。长期组织严密的军营生活、一往无前的顽强战斗精神、高度集体观念，使

---

　　① 何星亮：《新疆民族传统社会与文化》，商务印书馆2003年版，第166—244页。
　　② 贾合甫·米尔扎汗：《哈萨克族文化大观》，新疆人民出版社2001年版，第111—113页。
　　③ 新疆对外文化交流协会：《塔吉克族民俗文化》，新疆美术摄影出版社2006年版，第58页。
　　④ 柯尔克孜族部落或氏族成员共同居住并共同生产劳动的基层单位。阿寅勒一般由5~10户组成。

他们在农村管理中驾轻就熟地贯彻组织军事化、行动战斗化、生活集体化,"永远听党的话、听毛主席的话",以高度政治觉悟贯彻政治挂帅,鼓足干劲力争上游,敢想、敢说、敢干,发挥独创精神,雷厉风行不断革命,以大公无私带头树立共产主义风格。这种准军事化的管理,保障了党对农民的思想教育的强有力的实施[①]。

在农村担任思想教育工作的基层乡、村、队各级干部也发挥着重大的作用。这些干部大部分是领导选拔的,因为强调阶级成分,他们都是文化水平低但觉悟较高的贫农、下中农和又红又专的建设社会主义积极分子。这种选拔方式适合中国农村的传统,以及自上而下组织政权的需要,下级组织要不折不扣地执行上级的路线、方针、政策,服从上级命令。在基层中,党支部的权力极大,可以对基层的其他组织下命令,干预或直接参与其活动,甚至可以直接支配大队里的资源和人力,保证了党在不同时期对农民的思想教育的顺利完成。如在人民公社的兴起中,很多乡、村、队干部是经过多次的运动筛选才确定的,一批以服从为主旨的乡、村、队干部成为农民思想教育的主要承担者,党和政府的意志、理想目标通过这批干部而得以实现,党的思想教育任务也借助于他们而具体得以落实。大队支部书记、大队长和其他干部队伍保持相对稳定,这有利于他们积累丰富的经验,保持思想教育长期有效地持续进行,但同时又造成了对农民思想教育方式方法的僵化、呆板,缺乏创新和活力。

但在对农民的思想教育中,有不少的基层干部忽视客观规律,贪多求快、急于求成、好大喜功。政治上获得了解放的人民群众尤其基层干部迫切希望以较快的速度来发展生产,满足物质文化生活上的需要。

在新疆广大农村,改革开放后其村干部的主要角色是进行生产上的管理,这也是村干部的传统角色。亲人与家人的作用巨大是因为在较大的行政村,村内各姓之间的通婚现象比较普遍,以一人为主,便可将娘家、婆家、叔伯、表亲等联系在一起,形成一个较为广阔的能量网、信息网,从而能以较低的交易成本解决所面临的困难,这在我们的调查和学界已有的调查中都有体现,见表12、13、14:

[①] 朱永红:《1956年至1966年党在农村中的阶级路线》,《中共党史研究》1995年第5期。

表12　　　　　新疆24个县被访户农牧民寻求帮助的主要对象　　　　　单位:%

	村干部	家人和家属	邻居和朋友	银行	其他
生产上遇到困难首先找谁	75.5	11.9	2.0	0	10.6
生产上帮助最大的人	50.7	35.6	2.4	4.8	6.5
生活上遇到困难首先找谁	30.5	50.3	12.0	0	7.2
生活上帮助最大的人	18.1	74.4	2.6	1.0	3.9

资料来源：张正河：《中国牧区村庄决策权研究——以新疆和甘肃为例》，《管理世界》2004年第1期，第72页。

表12是张正河2004年对新疆农村基层进行的调研结果之一，其调查范围涵盖了北疆、东疆、南疆的24个县市：伊犁州的新源县、特克斯县、巩留县；塔城地区的乌苏市、沙湾县、裕民县；博州的博乐市、温泉县；阿勒泰地区的阿勒泰市、富蕴县、哈密地区的哈密市；吐鲁番地区的吐鲁番市；昌吉州的昌吉市、阜康市、玛纳斯县、呼图壁县、吉木萨尔县、奇台县；阿克苏地区的温宿县、库车县、拜城县；巴州地区的焉耆县、博湖县、和静县。这个调查比本课题组的调查范围要广，研究的中心问题和调查开展的时间也不一样，但相关的调查结果却很相近。

从社会学的角度出发，任何一个社会都需要有动力机制与稳定机制，市场机制是现代各国经济发展的首选动力机制，而社会保障则充当着稳定机制。改革开放以来，农村社会结构发生了不少变化。市场经济要求形成全国城乡统一的社会主义市场体系，突破城乡分割封闭的格局，从而使农民进入市场，参与流通，接受市场竞争的冲击。但农民面临着双重风险，一是在农业生产中面临自然灾害的风险；二是在市场竞争中面临优胜劣汰的风险。正在经历从封闭、传统的农村自然经济、半自然经济中逐步转变过来的农民，在市场大潮与传统文化的冲突中，农民的思想变化成为自然的理由。

表13　　　　您认为邻里之间的矛盾和纠纷怎样解决比较好？

		频率	百分比	有效百分比	累积百分比
有效	双方和平私了，有利于维护邻里关系	244	54.1	55.6	55.6

续表

		频率	百分比	有效百分比	累积百分比
	通过法律手段，使问题得到公正合理的解决	75	16.6	17.1	72.7
	通过村干部或其他中间人解决	118	26.2	26.9	99.5
	其他	2	0.4	0.5	100.0
	合计	439	97.3	100.0	
缺失	系统	12	2.7		
	合计	451	100.0		

调查结果显示，54.1%的被调查者认为邻里之间的矛盾和纠纷应该通过双方和平私了来解决，16.6%的被调查者认为邻里之间的矛盾和纠纷应该通过法律手段来解决，说明中国传统的邻亲关系仍然在新疆存在。几千年的农业文明，加上儒家文化的熏陶，使广大农民往往习惯于消极的、被动的、无主体的文化模式，对各种革新充满排斥和恐惧，这种经验式的文化模式凭借着经验、传统、常识、习惯而自在自发地生存与活动；同时也形成了以人情对抗法治和契约的农村习俗，儒家文化的主要因素是天然情感和宗法观念的血缘关系，这种人情式的交往模式不仅深深存在于农村社会经济发展中，而且也存在于农村社会民主政治建设中。家庭、家族、村落、乡里等不只是一种自发的社会单位，更是强有力的文化规范体系和行为调节体系，发达的乡村伦理规范、习惯、风俗等形成了一个无治、长老统治的礼治社会。我国传统文化部分内容由于具有较强可塑性，通过改造和创新，可将其消极成分转化成促进经济发展的积极因素，以适应农村现代化的要求。如"忠、信、诚、义"等处世为人理念对市场经济条件下建立交易者之间的信任、降低交易成本有积极作用；父慈子孝等家庭伦理关系对市场经济下减少"边缘人群"的数量与社会安全成本具有积极作用；"内省"、"克己"等道德修养的观念，对规范市场经济主体的行为起到一定的积极作用；注重集体观念是现代市场经济的重要价值支撑。

表14　　您认为当今发家致富最需要的是什么？

		频率	百分比	有效百分比	累积百分比
有效	个人的本领	230	51.0	51.9	51.9
	亲戚朋友的帮助	19	4.2	4.3	56.2
	政府的帮助	191	42.4	43.1	99.3
	其他	3	0.6	0.7	100.0
	合计	443	98.2	100.0	
缺失	系统	8	1.8		
合计		451	100.0		

调查结果显示，51%的被调查者认为当今发家致富最需要的是个人的本领，4.2%的被调查者认为当今发家致富最需要的是亲戚朋友的帮助，42.4%的被调查者认为当今发家致富最需要的是政府的帮助。与表12、13比较，可以看出，在不同的事务上，新疆的农民对正式制度和非正式制度的运用采取不同的策略。

"非正式制度"一词是1993年由道格拉斯·C.诺斯在他的《制度变迁的理论》一文中首次被提出的，在这之前的1981年，诺斯在《经济史的结构与变迁》一书里曾指出："制度是一系列被制定出来的规则、守法程序和行为的道德伦理规范，它旨在约束追求主体福利或效用最大化利益的个人行为。"[1] 在1990年的《制度、制度变迁与经济绩效》一书中诺斯又指出：制度界定限定了个人的选择集。一个社会的制度主要功能在于——通过建立一个人们交往的稳定的结构来减少不确定性。但是，制度的这种稳定性决不意味着它们不变化，从惯例、行为规范到成文法、普通法和个人之间的契约，所有这些制度不断地演进着，从而不断地改变着对人们来说可能的选择[2]。在《制度变迁的理论》中诺斯对"制度"给出了最详尽的解释：制度是人们所发明设计的对人们相互交往的约束，它们由正式

---

[1] [美] D·C.诺斯:《经济史中的结构与变迁》，罗华平等译，上海人民出版社1994年版，第51页。

[2] [美] 道格拉斯.C.诺斯:《制度、制度变迁与经济绩效》，刘守英译，上海三联书店1990年版，第43页。

制度、非正式制度和实施机制构成。非正式制度是指从未被人有意识地设计过的规则,是人们在长期交往中无意识形成的行为规则,主要包括意识形态、价值信念、道德观念、风俗习惯等,其中意识形态居核心地位。正式制度是指约束人们行为关系的有意识的契约安排,包括政治规则、经济规则和一般性契约。实施机制是指一国贯彻正式制度的体制安排。

在表13和表14的数据中,新疆农民认为邻里之间矛盾和纠纷的解决通过双方和平私了的占54.1%,通过法律或村干部调节的占42.8%;认为当今发家致富最需要的是个人本领的占51%,靠政府帮助的占42.4%。这个数据很有意思,按照常规,在市场化社会里,邻里之间的矛盾和纠纷通过法律或村干部调节是最好的路径,但调查结果是很多人认为应该是双方和平私了;发家致富最需要的应该是亲朋好友等组合的网络关系,但更多的人认为是个人本领。这与新疆农村特殊的社会文化传统有密切关联。

众所周知,新疆自古以来就是宗教比较盛行、各种宗教并存、宗教信仰比较复杂的地区。历史上除自然崇拜和萨满教之外,佛教、祆教、摩尼教、景教、天主教、道教和伊斯兰教都曾在新疆地区传播和流行。各种宗教传播的时间、分布范围并不相同,对新疆各民族的影响也不尽相同。新疆宗教总体情况的最大特征是多种宗教并存。在信教民族占多数人的村落,宗教的影响无所不在,特别是宗教所联接成的各种正式与非正式关系在一定程度上代表着正式制度的效用。据张正河的调研[①],由于新疆的民族区域自治法中规定阿訇不能担任政府工作,所以新疆农村基层并没有表现出宗教主导性,但是,20世纪80年代末、90年代初以后,因为党的基层组织建设不牢固,民族村民在生活、生产中更愿意相信宗教领袖。这个现象的发生一方面是由于党的基层政权在20世纪末出现了真空,即隐退在农村社会中;另一方面,则是由于家族人多势众和对非理性的潜意识的遵从,这种非理性的遵从与宗教是密切相关的,伊斯兰宗教文化既重视家庭和家族,平日又重视宗教类活动。在新疆这个以信仰伊斯兰教为主的地区,宗教组织广泛存在于县、乡、村中,这种情况主要出现在以维吾尔族和回族为主的地域里,伊斯兰教对他们的精神生活的影响是巨大的,伊斯

---

① 张正河:《中国牧区村庄决策权研究——以新疆和甘肃为例》,《管理世界》2004年第1期。

兰教以清真寺为聚居点，通过有规律的宗教仪式，严格界定教民行为正确与否。关于这个问题后文还将重点阐述。还有目前新疆农村自治制度的不完善也是一个因素。从新疆乃至全国看，20世纪80年代中国以村民自治为核心的农村治理改革，源于人民公社体制解体后农村社会广泛出现的权力真空。1982年通过的《中华人民共和国宪法》规定了村民委员会的自治体制；1987年全国人大又通过了《中华人民共和国村委会组织法（试行）》，1988年开始实施，标志着农户委员会的建设进入了制度化、法律化的轨道。根本法和具体组织法确立了农户委员会作为农户自治组织的法律地位。《中华人民共和国村委会组织法》的正式颁布，确定了农户委员会不是一级政权组织，而是农户自我管理、自我教育、自我服务的基层群众性自治组织，并要求实行民主选举、民主决策、民主管理和民主监督。于建嵘认为[①]，在文本制度上，村民自治是以确认和保护农户个人权利为前提的农村治理制度。目前中国乡镇村治体制是国家在市场经济背景下对农户个人权利承认和保护的制度性承诺，是一种基于市场、民主和法制理念的新的行政管理结构和农村治理方式，标志着国家行政化与乡村自治权的相对分离。换言之，农村治理应该是一种基于民主和市场的"合作"过程，是谈判而不是服从。在新疆宗教势力如此强大的背景下，农民的行为显然可以理解了。

其三，安土重迁的传统观念没有打破，单一的、同质的和稳定的传统农村社会关系网络没有发生明显变化。

传统的乡村社会关系网络构建，有三种主要途径：一是亲戚之间的社会关系，这是建立在严格的血缘关系基础的网络构建；二是近邻团转的社会关系，这是建立在地缘关系基础上的网络构建；三是朋友间的社会关系，这是建立在业缘或趣缘基础上的网络构建。无论哪种网络构建，只要相互之间往来，就会形成一种持续性的关系，你来我往，但并非瞬间结清关系，而是因事而来，因事再往，相互之间有着长久的预期，有着基于事务及基于信任和感情的互动，因此它是单一、均质和稳定的。我们的调查发现，随着农村家庭联产承包责任制的实行，乡镇企业的迅速发展，农村的所有制结构发生了变动，农民的社会流动加快，相互之间那种高度同质

---

① 于建嵘：《岳村政治》，商务印书馆2001年版，第78—89页。

化的状况已经不复存在，但在这种情况下，新疆农民安土重迁的传统观念没有打破，单一的、同质的和稳定的传统农村社会关系网络没有发生明显变化。见下表。

表15 您家中的住房面积，让您感觉如何？

		频率	百分比	有效百分比	累积百分比
有效	非常满意，较改革开放与新中国成立前觉得现在的住房很舒适	276	61.2	62.6	62.6
	怀念以前的大房子，不喜欢现在的居房	47	10.4	10.7	73.2
	尚且过得去，没大感觉	103	22.8	23.4	96.6
	其他	15	3.3	3.4	100.0
	合计	441	97.8	100.0	
缺失	系统	10	2.2		
	合计	451	100.0		

在生活质量的调查体系中，住房面积是一个重要的指标。特别是在乡村普遍城镇化的趋势下，农民对住房的满意度可以作为考察农民安土重迁传统观念变化与否的重要依据。

我们知道，从新疆的整体情况看，新疆的国土面积相当于欧盟15国面积总和的一半多，新疆从地理系统看由山地半荒漠系统、绿洲系统和盆地荒漠系统所组成，由于系统组合方式不同，形成了不同气候条件及不同自然资源的分布配合，于是构成各地区之间巨大的差异。

在新疆，人类的活动范围主要是在绿洲内，绿洲为物资流、能量流、信息流。商品活动是高投入、高输入、高输出并存，经济活动的极化性表现强烈，新疆87个县（市）串珠镶嵌在2万多公里的交通线上。县与县之间的平均距离为112公里；自治区首府乌鲁木齐市至各地州的平均距离为724公里，各经济活动区之间空间距离是经济发展十分重要的因素之一。空间距离的遥远和绿洲经济活动的集中性，决定了新疆经济发展的区域化表现非常明显。一个城市的发展必然对周围区域产生扩散作用，城市的教育文化、科学文化、思想观念会向周围的农村进行传播。由于新疆乡镇的规模都很小，基本不具备城市的功能，因此，各区域的工业主要集中在城市，乡镇企业不发达。而农村经济的发展围绕乡镇经济的发展而发展，没有一种统一的经济发展模式可以适合所有地区，各区域有强烈的独立性，因此，农村工业化生成很慢。没有工业化的生成就不可能有城镇化的发展。加之新疆城镇基础设施建设存在严重不足，基础设施是满足城镇居住，实现公共服务和社区服务的物质载体，是城镇功能完善程度和发达程度的具体体现，因此，在新疆农村城镇化建设中基础设施投入与使用同全国其他省市相比还比较落后。这种局面导致新疆的农民观念相对于内地城市化高度发达的地域而言没有对市场化产生明显的反映，进而遵守着安土重迁的传统观念。这在下表也能看出。

表16　　　　　您所在村庄或社区的环境给您的感觉如何？

		频率	百分比	有效百分比	累积百分比
有效	较以前的村容、公共设施，对现今环境觉得很满意	323	71.6	72.6	72.6
	更喜欢以前的乡村环境	39	8.6	8.8	81.3
	尚且过得去，没大感觉	61	13.5	13.7	95.1
	其他	22	4.9	4.9	100.0
	合计	445	98.7	100.0	
缺失	系统	6	1.3		
合计		451	100.0		

　　农民对自己居住的村落环境的指标评价和上表住房面积指标评价一样，主要是为了考察农民安土重迁传统观念变化与否，在一个应然性的判断中，一般而言，农民是否安土重迁，对村落环境的评价很关键。从表16可以看到，有71.6%被调查者对自己村落的环境是很满意的。这与表17~20的调查结果有惊人的相似。

表17　您对现居住地的交通是否满意？

		频率	百分比	有效百分比	累积百分比
有效	非常满意，比以前方便得多	208	46.1	46.4	46.4
	基本满意	187	41.5	41.7	88.2
	一般	27	6.0	6.0	94.2
	不满意	22	4.9	4.9	99.1
	极不满意	4	0.9	0.9	100.0
	合计	448	99.3	100.0	
缺失	系统	3	0.7		
	合计	451	100.0		

调查结果显示，46.1%的被调查者对现居住地的交通非常满意，41.5%的被调查者对现居住地的交通基本满意，二者相加，就有87.6%的被调查者对现居住地的交通满意。

表18　您对所居住的村镇的治安环境是否满意？

		频率	百分比	有效百分比	累积百分比
有效	非常满意	163	36.1	36.4	36.4
	基本满意	216	47.9	48.2	84.6
	一般	62	13.7	13.8	98.4
	不满意，喜欢原始淳朴的氛围	4	0.9	0.9	99.3
	极不满意	3	0.7	0.7	100.0
	合计	448	99.3	100.0	
缺失	系统	3	0.7		
	合计	451	100.0		

在新疆，治安环境是一个比内地更为重要的评价指标。调查结果显示，36.1%的被调查者对现居住地的治安环境非常满意，47.9%的被调查

者对现居住地的治安环境基本满意,二者相加就有84%的被调查者对现居住地的治安环境满意。

表19　　　　　您对您所在村镇的绿地面积是否满意?

		频率	百分比	有效百分比	累积百分比
有效	非常满意	163	36.1	36.4	36.4
	基本满意	143	31.7	31.9	68.3
	一般	92	20.4	20.5	88.8
	不满意	42	9.3	9.4	98.2
	极不满意	8	1.8	1.8	100.0
	合计	448	99.3	100.0	
缺失	系统	3	0.7		
合计		451	100.0		

在新疆,由于气候等特殊原因,绿地面积犹如治安环境一样是一个比内地更为重要的评价指标。调查结果显示,36.1%的被调查者对现居住地的绿地面积非常满意,31.7%的被调查者对现居住地的绿地面积基本满意,二者相加就有67.8%的被调查者对现居住地的绿地面积满意。

表20　　　　　您对所在村镇的空气质量是否满意?

		频率	百分比	有效百分比	累积百分比
有效	非常满意	135	29.9	30.1	30.1
	基本满意	192	42.6	42.8	72.8
	一般	79	17.5	17.6	90.4
	不满意	31	6.9	6.9	97.3
	极不满意	12	2.7	2.7	100.0
	合计	449	99.6	100.0	

		频率	百分比	有效百分比	累积百分比
缺失	系统	2	0.4		
合计		451	100.0		

当初设计这个指标主要是基于全国农村工业化的一个基本事实。调查结果显示，29.9%的被调查者对现居住地的空气质量非常满意，42.6%的被调查者对现居住地的空气质量基本满意，二者相加就有72.5%的被调查者对现居住地的空气质量满意。

对现居住地的交通、对所居住的村镇的治安环境、对所在村镇的绿地面积、对所在村镇的空气质量等指标的评价分析主要是为细化农民安土重迁观念分析。总的来说，是最终为说明表21做出铺垫。

表21　　　　　　　　　您是否愿意一直住在这里？

		频率	百分比	有效百分比	累积百分比
有效	愿意	229	50.8	51.8	51.8
	不愿意	53	11.8	12.0	63.8
	看具体情况而定	160	35.5	36.2	100.0
	合计	442	98.0	100.0	
缺失	系统	9	2.0		
合计		451	100.0		

思想道德作为社会意识，是依赖于社会存在而存在，随着社会存在的变化而变化的。社会主义市场经济体制的建立，使农村的经济结构、利益关系、生活习惯都发生了深刻的变化，随之农民的思维方式、价值观念、道德准则、行为规范等也发生了深刻的变化。面对汹涌而来的市场经济大潮，作为占我国国民总数80%以上的农民，不可避免地要受到影响和冲击，这种影响和冲击在思想道德方面，体现为新与旧的交织，精华与糟粕并存。一方面趋时赶新，另一方面又因循守旧；一方面渴望变革，另一方面又求稳怕乱等等，瞻前顾后，十分复杂。表21的调查结果显示，

50.8%的被调查者愿意一直住在自己所在的村落，这个结果是我们当初没有预料到的。因为我们在新疆调查时看到农民在农村的生活并不是很好，那为什么又是这种结果呢？一个可能的解释是新疆农村城镇建设中存在着问题。结合学界对新疆城镇化的研究成果[①]，我们认为以下几个因素是主要原因：

第一，新疆农村发展水平较低，没有形成规模化的经济区域。现阶段农村城镇化建设需要规模经济，而新疆农村几乎没有产业支撑，农业产出效应没有在真正意义上发挥作用，农业仍然处于弱势地位。第二，有些地区不从实际出发，缺乏科学规划，盲目攀登，一哄而上，乱铺摊子，结果"有场无市"，造成资源浪费、空亏财力和农民怨恨。有的不重民意，不按经济规律办事，搞"政绩工程""形象工程"；有的仅靠动员行政力量，搞小城镇经济建设，忽视了市场机制的运作，结果成效不大；有的光顾眼前利益，单纯算经济账，忽视经济、社会和环境的协调发展，不注重社会效益、生态效益和长远利益，对小城镇的健康、可持续发展造成隐患。第三，在新疆农村城镇化发展中，人口和经济分散造成了交流上的相对封闭，使生产要素流通困难。第四，由于区域分散性新疆城市经济占总体经济的比重过小，加之长期存在着产业结构的不合理，本地产品质量差，加工程度低，缺乏市场竞争力，没有规模化经济致使新疆经济增长有着严重不稳定性。第五，从新疆目前状况分析，农村人口不能有效地向城市转移，北疆地区外来劳动力虽然比较多，但多数没有城镇户口，居住以租房为主，因此这只是"劳动力"个人转移，不会带动人口的规模进入，农民没有进城。第六，新疆高素质人才稀少，人才流失严重，财力有限。由于种种原因，至今有许多城镇农村居民不懂汉语，到2007年还有15%的人群处于半文盲状态，目前新疆少数民族当中能运用双语的人数仅占20%，语言交流是新疆经济发展与城镇化建设缓慢的因素之一。第七，农村城镇化基础设施落后，到目前为止南疆及北疆偏远地区仍不能摆脱缺

---

① 具体请参阅热依汗·吾甫尔：《新疆农村城镇化建设探讨》，《现代商贸工业》2009年第1期；孙兰凤：《新疆农村小城镇建设和发展研究》，《新疆大学学报》2005年第4期；冯海发：《农村城镇化发展探索》，新华出版社2004年版；刘文柱、王贵荣、章剑：《新疆城镇化与区域经济发展战略布局研究》，《新疆调查》2007年第8期；陈元：《中国农村城镇化问题研究》，中国财政经济出版社2004年版等著作和论文。

电、断水的困扰。第八，当前许多城镇的工业小区和商业小区建设规划尚未纳入小城镇建设的总体规划之中，小区建设起点低、项目杂，基础设施薄弱，与小城镇建设不相匹配，不能为小城镇聚集技术、资金、商品、市场、能源、交通、通讯、人力等要素提供足够的"服务半径"，以致城镇小区对乡镇企业和农民的吸引力不强，农村工业空间上比较分散，致使农民离农不离村，甚至乡土都不离。

（二）新疆村民的个体化和原子化成为乡镇秩序治理的社会基础

文化基础设施建设是文化发展的基础，是文化建设的硬件。新中国成立后，根据当时的历史条件，中央政府特别重视农村广播网、电话网及电影队的建设。1955年，毛泽东就提出要发展农村广播网，组织电影放映队，并提出"在七年内，建立有线广播网，使每个乡和每个合作社都能收听有线广播"，"在七年内，完成乡和大型合作社的电话网"。[1] 到1956年，全国2/3的县（市）有了有线广播站，装设喇叭51万多只，其中80%装在农村[2]。与此同时，中国电影放映技术取得重大突破，许多流动放映队活跃在农村，丰富了农村文化生活。1956年后，随着高度集中的计划经济体制的建立，广大农村社员"组织军事化、行动战斗化、生活集体化"，农民的休闲时间和方式由集体统一调配和规范，开会、看电影、听广播成为其主要的文化活动形式，通过广播、电话、电影等各种途径来实现对农民的宣传与教育等。这些形式推动了农村文化建设的进程。

家庭联产承包责任制确立后，农民的独立性、自主性大大增强。个体在集体主义掩盖下逐渐被解放出来，个人利益首次得到肯定。但与此同时，这种变化也使农民在国家、集体和个人利益关系认识上出现了偏颇，具体表现为：只管自己、不管集体；只要自己、不要他人；只讲索取，不讲奉献；利己主义功利主义倾向十分明显。至于集体主义、共产主义理

---

[1] 《毛泽东文集》（第六卷），人民出版社1999年版，第510页。
[2] 勒德行主编，秦英君、李占才副主编：《中华人民共和国史》河南大学出版社1993年版，第199—200页。

想、社会主义信念则很少记起。原因在于部分农民群体希望尽快获得实惠的愿望没有及时实现，心理上产生不平衡感，抵触集体公共生活，加上极少数农村基层干部的官僚作风，加剧了他们对社会不公的主观印象，对"共同富裕"的政策产生怀疑，甚至产生了对政府的不信任感和对立情绪。从这个背景上说，改革开放后实施的村民自治是在吸取人民公社失败的教训的基础上提出来的，是国家为了适应联产承包责任制改革后农村社会管理需要而选择的一种治理方式①，目的在于让村民对村庄的公共事务管理和村庄发展有更多的参与权、自主权和自决权，确保农民的利益主体地位不像在人民公社时期那样受到侵害，以此来提高国家对乡村社会的合法性建构。在实践过程中，村民自治被赋予了发展的要求，即村委会还具有带领村镇发展的职能和义务。但是，村民自治并没有真正确保农民的利益地位不受损害，其原因是很多的，农民的个体化和原子化是一个重要因素。

其一，休闲娱乐方式的单一化是导致农民个体化的一个重要根源。

近年来，对休闲行为的研究逐渐增多，大多数是针对高收入、高学历群体展开的。随着现代农村不断发展，一些学者也开始从不同的视角来考察农民休闲的发展。如有学者对社会主义建设中的农民休闲进行研究，认为传统价值观念、农村现有科技水平、农民生活质量以及农村特有的文化背景为当前农民休闲带来了困扰，而城乡一体化的趋势、新农村教育的深化、地方各级组织的渗透、农民休闲福利制度的实现、劳动本质意义的升华又能够使农民休闲在未来走向更大更多的可能②。蔡玲则是从个人与社会互动的视角来审视农民的闲暇生活方式，从农民闲暇时间、闲暇活动和闲暇心态三方面，对农民闲暇生活进行系统的考察③。马正幼基于闲暇阅读的视角，提出改善我国农民闲暇生活的对策④。我们在调查中发现，很多村民不愿意与人交往、交谈，甚至在村委会的围墙上也用大幅标语写着"把好自己的门、管好自己的人、做好自己的事"，公开号召村民之间不交往。在这种情况下，村民的休闲娱乐大多局限在家里，而且很单一化。

---

① 王春光等：《村民自治的社会基础和文化网络》，《浙江学刊》2004年第1期。
② 马惠娣：《休闲与生活满意度》，中国经济出版社2006年版，第135—140页。
③ 蔡玲：《农民闲暇生活的研究》，华中农业大学博士论文2008年。
④ 马正幼：《我国农民的闲暇生活现状与改善对策——基于闲暇阅读的视角》，《安徽农业科学》2007年第2期。

表22　　　　　　　　　您在休闲时是否喜欢看书看报

		频率	百分比	有效百分比	累积百分比
有效	不喜欢看书看报	305	67.6	67.8	67.8
	喜欢看书看报	145	32.2	32.2	100.0
	合计	450	99.8	100.0	
缺失	系统	1	0.2		
合计		451	100.0		

看书看报不同于看电视、听戏曲，它是通过文字阅读吸收外来信息，并与个人的感受产生共鸣或对个人感受影响，它不是感性的认知，更多是理性的思考。因此它是将村民与外界联系起来的重要途径，是避免村民个体化和原子化的重要手段。但从我们的调查来看，不喜欢看书看报的农民占67.6%。当然这里面的因素可能很复杂，如农民文化程度不高、缺乏可以阅读的书报、农闲时间不多等等，但从农村治理的角度而言，如果没有农民自我思想的觉醒，没有自我管理意识的形成，没有对外界事物变化的思考和感知，仅靠自上而下的灌输和引导也只能导致农村和谐治理的虚假性和外表性。

表23　　　　　　　　　您在休闲时是否喜欢看电视

		频率	百分比	有效百分比	累积百分比
有效	不喜欢看电视	138	30.6	30.8	30.8
	喜欢看电视	310	68.7	69.2	100.0
	合计	448	99.3	100.0	
缺失	系统	3	0.7		
合计		451	100.0		

电视作为我国普及率最高的大众传媒，是现代性传入乡村、影响乡村居民生活的一种最有效的途径。代表着城市文明的电视媒介让传统乡村的人们有更多机会了解外面的世界，感受到与自身生活相异的文化和生活方式。与表22不同，村民大多选择在休闲时看电视，其比例占到68.7%。很遗憾的是，我们的调查指标上没有列举电视的相关内容，但在我们的交

谈之中，发现村民喜欢看的电视节目也大多是连续剧之类，对于国家的大政方针和经济社会发展的政策之类的节目并不感兴趣，认为"不关我们的事"。当然这里我们不重点讨论这个问题，有关的内容将在后面部分重点探讨。

表24　　　　　　　　　　您在休闲时是否喜欢听广播

		频率	百分比	有效百分比	累积百分比
有效	不喜欢听广播	399	88.5	88.7	88.7
	喜欢听广播	51	11.3	11.3	100.0
	合计	450	99.8	100.0	
缺失	系统	1	0.2		
	合计	451	100.0		

农民休闲文化的繁荣在很大程度上应归功于大众媒体特别是电视的发展。20世纪七八十年代，一个300多人的村子也只有一台收音机，那也是全村人的一个重要休闲工具。随着时代的发展，科技的突飞猛进，电视不再被看作是奢侈品，它也进入了一般的农民家庭，并且不断升级换代。（虽然现在很多城市地区电脑已逐步普及，但它对于农民而言还仍是奢侈品。）电视对农民休闲模式的形成起着十分重要的作用。它把休闲带进家庭。现在人们在家就能享受到大量而多样化的娱乐休闲，既经济又方便。电视给农民介绍艺术、体育运动和旅游方面的情况，从而扩大了他们的视野。从只能听到声音的收音机到黑白电视机到彩色电视机再到数码液晶电视，大众媒介的快速发展丰富了农民的休闲娱乐生活，同时也对人们价值观念的转变起到导向作用。广播与电视不同，广播主要是通过听觉对农民的思想观念产生影响，相对于电视而言，它受到环境制约性较小，而且它的内容活泼，时政性强，与当地农民生活比较接近，也比较易于被当地农民所接受。但从上表看，新疆农民普遍不喜欢听广播，这一比例占到88.5%，根据我们在当地看到的情况，除去当地语言复杂、广播节目主持人缺乏外，一个很重要因素是当地农民没有听广播的习惯。虽然我们在各村都看到了广播设施，但大多是作为播放通知等工具。

二 新疆农民思想中的利益观念与农村和谐治理

表 25　　　　　　　　　您在休闲时是否喜欢上网

		频率	百分比	有效百分比	累积百分比
有效	不喜欢上网	368	81.6	81.8	81.8
	喜欢上网	82	18.2	18.2	100.0
	合计	450	99.8	100.0	
缺失	系统	1	0.2		
合计		451	100.0		

这个指标主要是为了考察农民在信息化时代是否善于接受新事物，没有考察农民上网的目的和上网浏览的内容。是否喜欢上网需要三个先决条件：一是是否有一定的文化程度，没有相关的文化程度无法上网；二是是否有一定的经济实力，没有相当的经济实力很难购买电脑等设施；三是是否有一定的特殊兴趣爱好。一般而言，农民很注重实用性，上网的目的大多是为了寻找相关农业信息，特别是与自己所从事的行业相关的商业和专业技术信息，在一定程度上它体现着农民的趣缘范围的大小。从上表看，农民大多不喜欢上网，其比例占81.6%，这一数据说明新疆的农民还未形成一定的趣缘群体。

表 26　　　　　　　　　您在休闲时是否喜欢打麻将

		频率	百分比	有效百分比	累积百分比
有效	不喜欢打麻将	435	96.5	96.7	96.7
	喜欢打麻将	15	3.3	3.3	100.0
	合计	450	99.8	100.0	
缺失	系统	1	0.2		
合计		451	100.0		

一般而言，打麻将是农民打发闲暇时间的最主要方式，相对于上述的上网、看电视、听广播及看书看报，打麻将还是一种消极的集体活动。在一般的分析中，往往将打麻将视为赌博、堕落的一种无聊活动，当然利用麻将赌博肯定需要制止，但除去赌博，其实打麻将还有很多正面的功能，诸如有利于加强村民之间的群体性联系、有利于互通信息、有利于村民心

态的放松等等。在本次调查中我们发现，村民不喜欢打麻将的占96.5%，说明作为"国粹"的麻将在新疆农村根本没有市场。

影响农民闲暇生活的限制性条件主要是经济因素、空闲时间和闲暇活动设施与场所。目前，多数农村基础设施不健全，各类文化设施稀缺，不能满足农民的需求。很多乡镇没有公共图书馆，学校没有运动场地，村庄没有文化活动室和娱乐设施。看电视成了广大农民的唯一消遣，而农村的电视信号不稳定，能收看到的电视节目非常有限。当然这里面有诸如民族习惯的差异等客观因素，但我们的观察发现，农民的日益个体化是根本原因。

其二，对土地的过度依赖也是导致农民个体化的一个重要根源。

在中国的历史上，土地是农民赖以生存的主要物质基础。但土地只是一种生产资料，它的保障性质是建立在土地经营基础上的。土地保障的基本内涵是利用土地自身的产出能力以及土地流转价格给予农民生存保障。而且土地保障与社会保障是两个不同的概念，二者的供给主体不同，社会保障的主体是政府，而土地保障的主体是农民自己；土地保障没有风险分担机制，更没有互助互济的功能，农民的生存保障完全依附于土地的经营情况，农民必须要自己承担所有的风险；土地保障不具有国民收入再分配的功能，而仅仅是农民租用了一种能够从事生产劳动的生产资料，这种生产资料能否为其带来收入保障，具有不确定性。长期以来，在土地投入成本增加和收入减少的双重作用下，土地收益出现负效益，人们已经意识到土地保障功能在逐渐弱化。此时，国家取消了农业税，减轻了农民的负担。更为有益的是，《物权法》的颁布使农民获得了对土地永久的承包经营权，所以强化土地保障功能是加强农村社会保障的一个很好的契机。但是，从群体性关系的建立和农村和谐治理的角度而言，过度依赖土地使得农民自我封闭化和个体化。

表27　您认为现在完全依靠承包土地从事相关生产能否过上好日子？

		频率	百分比	有效百分比	累积百分比
有效	能够	175	38.8	39.8	39.8
	不能够	185	41.0	42.0	81.8
	说不准	80	17.7	18.2	100.0

二　新疆农民思想中的利益观念与农村和谐治理　　43

续表

		频率	百分比	有效百分比	累积百分比
	合计	440	97.6	100.0	
缺失	系统	11	2.4		
合计		451	100.0		

表 27 的数据表明，农民并不认为完全依靠承包土地从事相关生产能过上好日子，其中认为能够依靠承包土地从事相关生产过上好日子的只占38.8%，而明确表示不能够依靠土地过上好日子的占41%，说不准的占17.7%。这说明土地提供的保障功能并不是农民依赖土地的根本原因。这在表 28 中也有相近的结果。

表 28　　如果条件合适，您是否愿意完全放弃您的土地承包权？

		频率	百分比	有效百分比	累积百分比
有效	愿意	157	34.8	35.4	35.4
	不愿意	229	50.8	51.6	86.9
	说不清楚	58	12.9	13	100.0
	合计	444	98.4	100.0	
缺失	系统	7	1.6		
合计		451	100.0		

从表 28 可以看出，农民对土地承包权有明显的矛盾心理，从调查数据上看，农民愿意完全放弃土地承包权的占 34.8%，而不愿意完全放弃土地承包权的占 50.8%，当然我们调查的前提是条件合适的情况下。这个数据说明农民土地意识的固化在一定程度上是被迫的。

表 29　　　　　　　　新疆农村基本情况

	2001	2002	2003	2004	2005	平均增速（%）
从事农业生产劳动力（万人）	321.0	326.0	330.9	339.4	344.1	1.8
农业劳动力的比例（%）	87.9	87.3	86.5	85.9	85.2	
农业产值（亿元）	348.8	362.8	482.8	515.0	595.8	14.3

续表

	2001	2002	2003	2004	2005	平均增速（%）
农业产值占总产值的比例（%）	23.4	22.5	25.6	23.3	22.9	
农民人均纯收入（元）	1710.4	1863.3	2106.2	2244.9	2482.2	9.8
农业收入所占的比例（%）	90.2	89.3	89.0	87.8	86.2	

资料来源：国家统计局，《中国统计年鉴》，《中国人口统计年鉴》，中国统计出版社2002—2006年版。

从上表可以看出：首先，乡村从业人员中，从事农业劳动的人数呈逐年增加趋势。从2001年的321万人增加到2005年的344.1万人，平均年增速是1.8%，但是从事农业劳动的比例是下降的。其次，农业产值是逐年增加的，而且增速是最大的，但农业产值所占的比例是减少的。再次，农民人均纯收入呈现快速增长趋势，增速是9.8%，虽然来自于农业的收入所占的比例呈现下降趋势，但农业收入仍然是农民收入的主要来源。

表30　　　　您现在的承包地和80年代刚分田到户时相比？

		频率	百分比	有效百分比	累积百分比
有效	增加	212	47.0	48.2	48.2
	减少	121	26.8	27.5	75.7
	几乎一样	107	23.7	24.3	100.0
	合计	440	97.6	100.0	
缺失	系统	11	2.4		
合计		451	100.0		

在中国其他地区的耕地面积减少的情况下，新疆土地种植面积却在增加，加之新疆人口相对较少，所以人均耕种的面积较大，这就使新疆农村土地经营更具规模。虽然农业生产成本近几年有所增加，但是新疆的农业具有规模优势，所以农民的纯收入是逐年增加的。除此之外，新疆农村乡镇企业数量少、规模小，农村从业人员从事非农劳动的比例非常小，所以农民的纯收入主要来自经营土地。

其三，对法律作用的过度依赖也是新疆农民个体化的一个重要外显形式。

对我国乡土社会利益纠纷调解的研究，学界已经出现了多种研究角度和研究层面。从学科的角度，出现了以社会学、法学、政治学、人类学的交叉学科为主，多学科分野的局面；从研究层面来看，可以分为制度层面和非制度层面，前者侧重从刚性的制度方面宏观地静态地分析纠纷的解决，后者则相反，侧重于从微观的动态的角度分析。其中，政治社会学、法社会学主要从制度层面分析国家政权在乡土社会的施行及国家法与地方法之间的关系；法人类学及社会学中的"过程—事件"研究视角，主要通过实地调查等手段从微观方面解析当事人的互动及其蕴含的深刻意义，来解读国家与社会、法与社会的关系。

一般来说，在农村解决利益纠纷的方式有"公力的调解"、"私力的调解"和其他三种。但无论采取哪种方式，影响纠纷解决的因素无非两个："一是规范，二是力量的对比。"[①] 规范是指判断纠纷是非的标准，包括法律、道德、习惯等；力量对比中的力量包括社会地位和社会关系，即从外部获得支持的能力，对财产等资源的占有或资源的动员能力、拥有的有关知识、经验和技巧，以及交涉能力、体力、忍耐力等生理因素或性格方面的素质等四个方面。对于本身具有"无讼文化"传统的新疆农民而言，目前对法律作用的过度依赖既是新疆农民个体化的一个重要外显形式，也是导致新疆农民个体化的一个重要根源。

表31　在当今农村社会，您认为对维持社会安定起主要作用的因素是什么？

		频率	百分比	有效百分比	累积百分比
有效	法律、法规	219	48.6	51.3	51.3
	农村的舆论	16	3.5	3.7	55.0
	村民自身素质	134	29.7	31.4	86.4
	村规民约	41	9.1	9.6	96.0
	村委会的职能	17	3.8	4.0	100.0

[①] 王亚新：《纠纷，秩序，法治——探寻研究纠纷处理与规范形成的理论框架》，载《社会变革中的民事诉讼》，中国法制出版社2001年版。

续表

		频率	百分比	有效百分比	累积百分比
	合计	427	94.7	100.0	
缺失	系统	24	5.3		
合计		451	100.0		

表 31 的数据表明,在新疆农民中,认为对维持当今农村社会安定起主要作用的因素是法律、法规的占 48.6%,认为是农村的舆论的占 3.5%,认为是村民自身素质的占 29.7%,认为是村规民约的占 9.1%,认为是村委会的职能的占 3.8%。我们在当初设计这个指标体系的时候,主要是考虑全国农村的一个基本情况,可以说,将影响农村社会安定的主要因素都概括进来了。从上述调查结果来看,新疆农民认为的主要因素就是法律,这是我们当初没有预料到的。

一个可能的解释是,农民大量外流、政府的不断"送法下乡"和外地人员的大量涌入使得村民之间的纠纷形态、纠纷主体和纠纷诉求的方式都发生了与农村传统文化不相适应的变化。传统维持社会安定的制度设计主要是针对传统自然经济或计划经济下简单的纠纷形态,是可以通过不具备各种专业知识的农村干部权威就能够平息的。而市场经济环境下,一制度往往显得力不从心。一方面,熟人社会的解体使居住在同一村落里的人职业、身份都日益复杂化,村民的个体化导致彼此互动较少,甚至"老死不相往来";另一方面,现代农民"他我"观念非常明确,房产权的私有化和权利意识的增强导致的邻里纠纷一旦发生就可能尖锐化,农民越来越诉求于维护自己实实在在的权利;而且,现代农民都具有一定的法律意识,在传统维持社会安定的制度设计发挥作用的过程中总是会将其与诉讼相对照。

表 32   当遇到劳动纠纷或其他侵权行为时,
您是否会借助法律手段维护自己的权利?

		频率	百分比	有效百分比	累积百分比
有效	是	421	93.3	96.8	96.8
	否	14	3.1	3.2	100.0

续表

		频率	百分比	有效百分比	累积百分比
	合计	435	96.5	100.0	
缺失	系统	16	3.5		
	合计	451	100.0		

表32与表13不同，表13的调查结果显示，54.1%的被调查者认为邻里之间的矛盾和纠纷应该通过双方和平私了来解决，16.6%的被调查者认为邻里之间的矛盾和纠纷应该通过法律手段来解决，说明中国传统的邻亲关系在新疆仍然存在。表32调查的是当遇到劳动纠纷或其他侵权行为时，农民是否会借助法律手段维护自己的权利，二者的性质不一样。表32的调查结果显示，当遇到劳动纠纷或其他侵权行为时，93.3%的被调查者会选择借助法律手段维护自己的权利，这说明法律已经在新疆农村发挥着主导性作用。

这个调查结果可能与我国30多年的改革所导致的利益矛盾性质变换有关。因为随着我国由计划经济向市场经济体制的转轨和不断变革，经济在快速发展，土地价值越来越高并越来越引起重视，而人口、资源、环境与发展问题也日益凸现，人地紧张关系已成为农村主要矛盾之一，加上"二元社会"结构下造成的城乡重大差别及土地对农民的约束，土地利益纠纷已成为农民抗争的焦点。根据于建嵘的调查，2004年上半年央视焦点访谈栏目收到反映土地问题的有15312件，占三农问题的68.7%；另调查的农民进京上访中涉及土地问题的占有效问卷的73.2%；这些土地上访案件中由征地、占地引起的分别占60.1%和39.9%，具体诱因又以非法强行征用土地、土地补偿款过低或被侵吞、强占或私分集体预留地三项最为重要，合占78.1%。控告方以村民联名信为主，占75.1%；被告方以县、乡、村三级基层管理部门及其官员为主，合占75.2%。另外，土地冲突存在区域差异，最集中的是沿海发达地区，以山东、江苏、浙江、广东最为突出，主要由非法或强制征地引起，农民主要控告市县政府征地和基层官员侵吞补偿金；中部地区如安徽、河南、黑龙江等地冲突也较多，主要是由于镇、村组织及其官员侵犯农民土地承包权[①]。利益性质

---

① 于建嵘：《当前农民维权活动的一个解释框架》，《社会学研究》2004年第2期。

的变化导致农民不能通过双方和平私了来解决。

同时从全国整体情况看，中国社会关系演变的基本趋向是向以功利为取向的特殊主义关系的演变，及至改革以来形成工具主义人际关系。究其动力，孙立平认为至少有三个值得注意的因素：第一，是从"文革"后期开始的向个人私生活撤退的趋势，个人生活的价值重新得到肯定；第二，是经济主义话语的形成，从20世纪80年代后期开始，官方话语逐步向民间扩散，如关于富裕的话题，正是这种使官方话语与民间话语结合为一种具有极强支配力的社会话语，使人们得以撤退到一个以经济为中心的日常生活中去；第三，是权力资本向经济资本转化的方便性的增加，如寻租行为的扩展。正是这三个因素的交织作用，构成了工具主义取向的特殊主义关系形成的基础[①]。这些因素的变化是农民选择借助法律手段维护自己的权利的深层次原因。

表33　　　您对中华人民共和国消费者权益保护法、婚姻法、
　　　　　村民委员会组织法、计划生育法等法律了解吗？

		频率	百分比	有效百分比	累积百分比
有效	很了解	120	26.6	27.1	27.1
	了解一些	298	66.1	67.5	94.6
	不了解	24	5.3	5.4	100.0
	合计	442	98.0	100.0	
缺失	系统	9	2.0		
合计		451	100.0		

调查结果显示，农民对《中华人民共和国消费者权益保护法》、《婚姻法》、《村民委员会组织法》、《计划生育法》等法律的了解情况差强人意，其中很了解的占26.6%，了解一些的占66.1%，不了解的占5.3%，这几个法律是农村主要施行的，从调查结果看，大多数农民或多或少对法律都有了解。这与新疆特殊的法律文化氛围有密切关系。

法律文化是一个宏观的法学思维，它渗透在人类法律实践活动之中。

---

① 孙立平：《失衡：断裂社会的运作逻辑》，社会科学文献出版社2004年版，第86—92页。

法律文化既体现在作为隐性的法律意识形态之中，也体现在作为显性的法律制度的结构之中①。法律文化是指法的经验、知识、智慧以及技术等的结晶，是法律意识中反映法的非工具属性和非价值属性的那些内容。新疆的法治文化现状，除去连续多年的"送法下乡"原因外，还有一个重要根源就是，新疆自古以来就是一个多元民族文化交汇、碰撞和交融的地方。在长期的历史演变过程中，各民族文化在互相渗透、相互交融中发展与变迁，从而造就了新疆法律文化鲜明的特色②。新疆农村既受到了中国传统法律文化的影响，又形成了各少数民族以宗教文化为基础的独有的法律文化，从而决定了其法律文化的多元性。特别是新疆农村多民族多宗教并存的态势，使各地区、各民族在处理事务以及解决矛盾和纠纷的时候形成了不同的习惯规则。有些农村制定了村规民约，有些少数民族聚居地区沿袭了民族习惯法，形成民间组织和具有影响力个人，譬如维吾尔族的"阿克沙勒里"，回族的"阿訇"，达斡尔族的理事会等，这些人或组织不经任何选拔程序，而是一个族群中公认的德高望重之人或者宗教领袖，当本民族有事或发生纠纷时，族众一般都请他们进行调解和评理，大家都尊重他们的权威的处理。这些人或组织是文化认同的重要媒介，它们对传播法律文化、解决纠纷起着重要的作用。

表34　　　　　　对于法律的执行，您认为哪个监督是最有效的？

		频率	百分比	有效百分比	累积百分比
有效	群众监督	246	54.5	55.8	55.8
	执法机关自我监督	63	14.0	14.3	70.1
	政府、人大等领导机关的监督	79	17.5	17.9	88.0
	广播电视等舆论监督	49	10.9	11.1	99.1
	其他	4	0.9	0.9	100.0
	合计	441	97.8	100.0	
缺失	系统	10	2.2		
合计		451	100.0		

---

① 刘作翔：《法律文化理论》，商务印书馆1999年版，第37页。
② 易中华：《浅析新疆多元一体法律文化的形成》，《法制与社会》2008年第12期。

上述调查结果显示，新疆的农民认为，对于法律的执行，监督是最有效的，其中群众监督占54.5%，政府、人大等领导机关的监督占17.5%，执法机关自我监督占14%，广播电视等舆论监督占10.9%。由此可见，农民对执法机关自我监督不是太认可。产生这种结果的原因很多，根据我们的调查，主要有以下几个：一是新疆农村由于受环境、经费、人员等限制，司法机构不够完善，乡镇最多只有县法院的派出法庭，致使农村许多纠纷游离于法院之外；二是司法机关对农村一些刑事犯罪行为存在着以罚代刑的现象，对于基层政府无故加重农民负担或侵害农民利益的行为，不敢受理或者受理后判决不公；三是司法腐败、"法律白条"破坏了司法权威，给农民的心理造成了极其恶劣的影响；四是新疆农业执法过于分散，"多头执法"现象比较普遍，农村行政管理部门的执法水平和办案质量不高，执法队伍的素质有待提高，行政执法体制有待加强，执法责任制度有待明确，执法监督力度有待改善；五是新疆一些地处偏远的民族乡村法律服务机构稀缺，公益性的法律援助机构较少，农村基层法律服务事业发展迟缓，难以满足农民对法律服务的需求。这些环节中所表现出的种种缺陷，成为制约新疆农村法治认同的关键性障碍。

表35 您认为"送法下乡""普法宣传"等活动对农村、农民发挥的作用大小

		频率	百分比	有效百分比	累积百分比
有效	非常有用	205	45.5	46.4	46.4
	比较有用	196	43.5	44.3	90.7
	作用很小	37	8.2	8.4	99.1
	无作用	4	0.9	0.9	100.0
	合计	442	98.0	100.0	
缺失	系统	9	2.0		
合计		451	100.0		

从上表调查结果看，89%的被调查农民认为"送法下乡"是有比较大的作用的，这与传统农村社会的熟人社会机制是不相融的。我们知道，熟人社会有着天然的凝聚力，人际关系尤为重要，人人非亲即故，凡事皆可斡旋，面对民间纷争人们总是先寻求诉讼以外的方法，依靠地缘、血缘

和同业等组织来解决。因故,中国传统社会的民间纠纷历来偏向以调解来消化,中国传统社会自古奉行"无争""和为贵"的处世哲学,反映在法律领域便是对"无讼""息讼"的追求。这种"和为贵"理念深深渗透于国家的政治、经济、文化和民族心理素质中,形成了民间的心理定式。但在当前市场化改革后所引发的社会矛盾复杂化、诉讼压力不断增大的背景下,人民调解陷入尴尬的境地。司法调解逐渐取代人民调解在乡镇秩序的构建和乡镇治理中发挥了主导性作用。正如村民所说的,"有了纠纷我们也不愿意打官司,毕竟是乡邻乡亲,但如果必须要打官司,找法院还是要可靠些,毕竟法院代表国家,法院调解总比村里的干部调解更公平些、更具有力度。"同时我们调查发现,越是非农化重的地区,农民的维权意识越重,有时甚至过分"维权",传统乡村的那种"无讼"文化和理念几乎荡然无存,这也加剧了传统乡村的瓦解。

(三) 新疆农民利益意识的引导

从思想变迁的角度看,新中国成立后特别是改革开放前党加强对农民的思想政治教育,是为了克服农村集体化运动中遇到的种种困难,顺利地达到预定目标。虽然集体化运动本身有着极大的历史局限性,而且党在改革开放前对农民的思想教育也存在着不少的问题,例如思想教育工作者素质较低、过高估计农民参加人民公社的积极性、过于注重对农民的思想教育的短期效应、各种媒体所传播的教育信息不真实、没能够切实解决农民的思想问题等,这些问题给党在人民公社化运动之后对农民的思想教育带来了很大困难,这个教训是值得我们深思并反省的。但人民公社普遍迅速建立,农民被集体化近30年,也证明了党在当时的思想教育工作的成功[1]。其主要特点体现为:

首先,最重要的是通过党的思想教育,广大农民树立了坚定的社会主义信念和共产主义的远大理想,并致力于在实际劳动生产中为了伟大理想的实现而努力奋斗。在各种媒体大力的宣传下,广大农民对共产主义的期

---

[1] 张齐学:《试析人民公社化运动中党对农民的思想教育》,《当代中国史研究》2003年第1期。

望值并不高，认为实现了"楼上楼下电灯电话"就离共产主义不远了，实现共产主义也并不是什么难事，尤其在兴办大锅饭、公共食堂的初期到处呈现的"繁荣"景象，更是大大坚定了农民的这一信念，许多人都认为这就是"共产主义"。① 在人民公社化运动中，党通过号召在"共产主义的大家庭"中不分你我，使农民在运动中重新获得了归属感，大大增强了人民公社的凝聚力，极大地调动了广大农民群众参加人民公社和参加劳动的积极性、主动性和创造性，广大群众将这种内在动力转化为实际行动，以前所未有的热情，为了实现不远的共产主义，纷纷投入到党所号召的人民公社化运动中去。

其次，通过思想教育，有力地提高了农民的思想理论水平。由于农民文化水平低，并不能很好地理解党在这一时期所灌输的社会主义、共产主义等内容的精神实质，但农民可以粗略地按照马克思主义基本原理，去分析（虽然只是形式化地分析）生产生活中所遇到的种种问题，至少他们有了这样一种唯物主义的基本的思想意识。这样，广大农民对于党的路线、方针和政策的理解力得到提高，认识到建立人民公社的巨大历史意义，对有关阶级路线的大是大非问题有一定的鉴别能力，加强了对农村的小农思想、个人主义等传统封建思想的批判。

最后，党的思想教育有力地促进了人民群众社会主义思想道德的发展。人民公社从发动到普遍建立，广大农民的爱国主义、集体主义观念有了空前的提高，养成了一种热爱劳动的良好思想品德和行为习惯，人与人之间的团结友爱、互帮互助和关心他人的精神得到了极大的发扬。在党的教育下，广大群众有了一种伸张正义的强烈愿望，勇于同当时的社会不良现象做斗争，在一定程度上使当时的社会风气得到净化。

但是我们要看到，在今天的新形势下，广大农村的政治经济和农民的精神文化基础都发生了巨大的变化，怎样借鉴历史，对今天的农民成功地进行教育，是摆在思想政治教育工作者面前的一项艰巨任务。

农村不同于城市社区，它既是生活单元，又是生产单元。因此对农村调解秩序的探讨不能仅仅参考目前城市社区治理的思路。前文重点分析了农村秩序发生问题的根源，目的在于剖析新疆农村在整个中国社会转型中

---

① 罗平汉：《大锅饭》，广西人民出版社2001年版，第56页。

二　新疆农民思想中的利益观念与农村和谐治理　　53

所面临的困境和它的特殊性。那么何以稳定乡镇秩序，进而完善乡镇治理的机制呢？根据课题组在新疆的调查，我认为村民利益保护与协调的成功与否是关键，而其中完善农村公共服务是重要手段。我的理由有三：

第一，农村公共服务在乡镇社区既能满足村民的生活和生产需求，又能满足村民的精神需求。

所谓农村公共服务是指满足农村公共需要、市场不能提供或不能完全由市场提供、具有非竞争性和非排他性的社会产品，内容涉及农村生产生活基础设施、公共事业、公共福利、公共服务等广面领域，既包括有形的产品，也包括无形的服务。其根本特点在于：第一，公共服务是满足社会公共需要的社会产品，它是各级政府运用公共资源，根据权利、正义等公共价值，积极回应社会公共需要，为实现社会福利最大化而提供的社会产品与服务；第二，公共服务是公民平等享受的社会产品。其目标是平等地解决社会成员的基本生存、基本生活问题，平等地改善公民的生活状况、提高公民的生活质量、造就精神心理健康且有能力的公民。因此，公共服务在国际上被认为是当代公共行政和政府改革的核心理念，其内容包括了诸如加强城乡公共设施建设，发展教育、科技、文化、卫生、体育等公共事业，为社会公众参与社会经济、政治、文化活动等提供保障。公共服务以合作为基础，强调政府的服务性，强调公民的权利等方面。

从全国的情况看，1978 年以来的以家庭联产承包责任制代替公社制度的农村改革，在解放和促进农村劳动生产力的同时，也由于家庭联产承包责任制内在的制度缺陷，造成了农村公共服务供给的严重不足。这已经成为影响农村进一步发展的障碍或"瓶颈"。中国长期以来实行城乡分治的二元经济结构，导致在城乡不同的地区，公共品的供给机制和能力存在较大的差别，不同地区居民对公共品的享用程度存在巨大差距。因而建立农村公共服务体制是新阶段解决社会突出矛盾的内在要求。如前所述，我国目前农村社会面临着日益突出的两大矛盾：一是农村经济快速增长同发展不平衡、资源环境约束的矛盾；二是农村社会成员公共需求的全面快速增长同公共服务不到位、公共产品短缺的矛盾。在根本上，这两个矛盾与农村公共服务的落后和短缺有着必然的联系。

第二，农村社会治理基础的变迁迫使完善农村公共服务成为目前协调村民之间利益及村民与各级政府之间矛盾的重要手段。

在前文的分析中我指出了新疆农村社会治理基础已经完成了诸多方面的转变，其后果是农村群体存在的精神纽带发生变化。中国传统农村社区的经济基础是土地私有，人们也是从事着一家一户的分田单干，但是并没有导致散沙状态。除了人们有公共的劳动和管理之外，比较重要的原因是人们一直保持着集体的精神文化生活。这种活动成为维系农村群体存在的精神纽带。但是家庭联产承包责任制实施以后，农村已经没有任何公共财产，没有任何群体活动的媒介，也没有什么公共事务，没有任何公共权威，于是农村就再也没有合作的基础了。但是没有群体和合作又怎么发展？没有群体和合作的基础，甚至连农民自身作为职业和身份是否存在都成为问题。散沙状态的农村面对权利的侵害和市场经济的冲击就困难重重，各种利益纠纷增加。农民的精神蕴藏于并表现在农村的各个层面。就获得、维系和表现手段而言，也表现在生产、生活中。但是这种内在精神的一个非常重要的载体也是表现手段，它同时也可以作为创生手段，这就是农村的精神文化生活。没有精神文化生活，想有精神振作几乎是不可能的。这是当前村民之间利益及村民与各级政府之间矛盾激化的一个重要文化根源。

完善农村公共服务可以增强村民之间及村民与各级政府之间的联系和凝聚力。我们在调查中发现，在乡镇社区中，几乎所有的村落都建立了农村社区服务中心、村级综合服务中心、邻里中心等，通过这些载体向农民群众提供多种服务，引导教育、卫生、文化、体育、科技、法律、社会治安、社会福利、社会保障等公共服务进入农村，是一种很好的尝试，村民也正是依靠这种方式来达到自身的精神砥砺，实现思想教育；同时这也形成了农村的一种公共空间，村庄的公共舆论、公共生活就从这里开始了，它是整合村镇秩序的重要手段。

第三，完善农村公共服务切合了当代中国政府的发展理念，是国家与社会有机互动的良好尝试。

党的十七大提出，要"把城乡社区建设成为管理有序、服务完善、文明祥和的社会生活共同体"，其重要任务之一就是到2020年城乡基本公共服务均等化明显推进，将农村社区建设与城市社区建设放在同等的位置。这就要在城乡统筹的制度框架下，进行更积极的体制改革和制度创新，建立城乡统一的行政管理体制，建立覆盖城乡的基础设施及管理体制，建立城乡均衡化的基本公共服务保障体制，建立覆盖城乡居民的社会保障体系和城乡统一的户籍制度，以促进城乡统筹发展。

一般来讲，基本公共服务指建立在一定社会共识基础上，根据一国经济社会发展阶段的总体水平，为维持本国经济社会的稳定、基本的社会正义和凝聚力，保护个人最基本的生存权和发展权，而必须提供的公共服务，其规定的是一定阶段上公共服务应该覆盖的最小范围和边界。有学者认为，对基本公共服务应从消费需求层次和消费需求的同质性来理解。在市场经济条件下，资本是核心，劳动是受资本支配的，市场运行的结果必然是经济上的不平等，包括财富不平等、收入不平等和消费不平等。① 政府对财富和收入的不平等难以有效干预，但对消费的不平等却可以有效干预。因此公共服务的最终目标是促进消费的平等化。从消费需求的层次看，与低层次消费需要有直接关联的即为基本公共服务。农村公共服务是改善农民生产生活条件的重要物质基础；改善农村公共服务，是缩小城乡差距的重要内容。随着我国进入"以工促农，以城带乡"的发展阶段，必然要调整国家财政资源和建设资金的投向，即由以城市为主向更多地支持农村转变。但这条思路需要民间力量和政府力量的配合：即自下而上和自上而下和互相配合，单一的道路行不通。但是基础和根本是"自下而上"，即促使农村草根生长力量的崛起和发展，这是农村良性社会秩序形成的根本保证。正如有些学者所指出："几千年来农民问题始终是中国的根本问题，农民是沉默还是怒吼，决定着一切朝代的兴衰存亡，农民是积极还是消极，决定着任何社会是前进还是停滞，农民是拥护还是反对，决定着所有政治家的政治生命是存活还是死亡，农民是支持还是违抗，决定着所有政策是成功还是失败。"②

农民群众是农村社区治理机制建设的主体。相信和依靠群众，动员农民群众广泛参与、寻求社区群众的共同利益和共同需求，充分尊重农民群众的愿望和实际需求，并且让农民群众充分参与到建设的各项规划和方案的制定过程中是治理机制建设的关键。那么如何能够完善农村公共服务

---

① 刘尚希：《基本公共服务均等化：目标及政策路径》，《中国经济时报》2007 年 6 月 15 日版。

② 李佐军：《中国的根本问题——九亿农民哪里去》，中国社会发展出版社 2000 年版，"前言"部分。

呢？根据学界的研究、全国现有的经验及我们的调查，我们认为以下几点举措是可行的。

其一，先赋利益与自致利益的关系协调在国家与市场双重社会机制中运作是保证完善新疆农民公共服务的制度条件。

转型是社会治理制度的又一次"革命"，必然要导致社会结构的分化及利益群体的重组，分化过度必然导致社会分裂。从总体看，中国的改革路径一贯以贴近群众、贴近生活、贴近实际为准则，及时反映、保护基层社会成员的利益要求并加以政策化的施行，这使中国在市场化的过程中促进利益分化的同时又完成了利益的再整合。这是中国保持整体稳定和快速发展的基本原因之一。但在具体实践过程中由于各地自然、人文环境的差异及改革的深度和广度的不同，村落治理的机制不尽相同。具体到新疆这样一个特定的市场经济相对落后的区域，首先就必须更加注意到两个关系的处理问题，即村民的先赋利益与自致利益的关系协调问题和国家与市场双重社会机制问题。

社会利益关系是包括个人和群体在内的社会主体在利益方面形成的相对稳定的结构性关系。社会转型中的利益关系协调研究则其于社会转型的特殊性，研究其所引发的社会结构等诸方面的剧烈变化，并探讨这种变化又如何深刻地影响了人们之间的关系及社会的整个控制机制[1]。一方面社会转型引起了人们之间大量非规范性关系的产生——所谓非规范性关系是指人们相互之间的社会交往不再遵循原有设定的、统一性的行为模式，它的产生事实上是由于原有利益格局的突破而导致的新兴利益群体之间关系的协调问题；另一方面，在一定意义上社会转型也就意味着社会控制机制的转型。在计划经济条件下，社会整合主要是通过政治和行政手段以及思维方式的整齐划一来实现的，政治权力之网覆盖社会生活的一切方面，[2]而在转型时期，随着政治与经济、国家与社会的相对分离，特别是旧有利益关系格局的打破，在一定时期内出现了社会整合机制的"真空"。

具体到农民，先赋利益与自致利益的矛盾其实就是土地利益和个人才能的关系问题。由于土地是农民身份所带来的，因此它具有恒定性；但个

---

[1] 宫志刚：《社会转型与秩序重建》，中国人民公安大学出版社2004年版，第13页。
[2] 沈亚平：《社会秩序及其转型研究》，河北大学出版社2002年版，第277页。

人才能不一样，它由个人的天赋、机遇、社会关系网络等组合而成，因此更具有变动性，人与人的能力差异导致了自致利益的根本不同。我们在调查中发现，矛盾与冲突的直接原因，虽然与个别人有"仇富"等畸形心理有关，但更多的是土地利益纠纷。因为在现代市场化社会中，人们对公平、公正的要求和效率意识之间的矛盾常常表现为社会调控和主体意识之间的不和谐，它常常表现为人们的一种矛盾心态：一方面希望自己能够不落入下风，平等地获得谋取物质利益的条件和机会，把凡是能够满足自己利益的观念和行为都看成是公平、公正的，反之则视为不公；另一方面又希望改革发展的机遇能格外地垂青于自己，希望自己或自己所在的小团体能够独享资源、政策等多方面的优惠，能够享受改革开放发展的成果而不承担其中的风险，目的就是使自身获得的经济效益最大化，否则不公平感便油然而生。人们对公平、公正的要求和效率意识的矛盾反映出一个问题，即在对个人利益和他人利益或社会利益的关系的理解和处理上存在着明显的偏颇与失衡。

在这种背景下，为了维护农村社会秩序的稳定，国家与市场双重社会机制发挥就成为必然。由于市场经济个体盲目追求利益最大化的原则，导致"外部不经济"的情况如环境污染等问题，同时出现了盲目生产、恶性竞争、收入分配不公以及两极分化的现象，这在一定程度上鼓励了有能力者的贡献之外，也加剧了乡镇矛盾的产生。政府由于其特殊的地位和调动资源的能力，应该承担更多更重的政府道德义务和协调责任。当一种社会问题出现时，政府采取的应对措施往往会决定问题是得到良好的解决还是更加恶化。政府可以通过推动立法、制定法规和规划、宏观调控、监督检查、信息引导等手段，变直接管理为间接管理，对社会自身无力解决的利益矛盾和冲突进行仲裁和协调，使政府在社会管理中的角色成为服务者、协调者、干预者。维护农村社会秩序稳定，国家与市场二者不可或缺。

其二，进一步完善人民调解、司法调解、行政调解的衔接联动是完善农村社区治理机制的重要途径。

伴随着市场经济发展和农村社会人员流动的加快，中国乡村社会经济、政治、文化的建设中存在许多直接影响农村社会秩序和社会稳定的因素，如目前国家权力逐步从农村社会回缩，国家机构退出了一些不该管理的社会领域，体制内控制手段对农村社会的控制功效不断削弱等，政府管理体系的回缩和农村缺乏新的管理机制构成资源配置体系的"真空现象",农村的"无讼文化"正在解体,其后果是带来农村社会对诉讼解决纠纷方式的过度推崇,民众在心理上也空前地依赖司法途径来解决矛盾纠纷,人民调解、司法调解、行政调解的衔接联动①对于完善乡镇社区治理机制就更为重要。

当前的中国农村正处于社会结构转型与制度变革的社会矛盾集中凸显期。社会矛盾在内容、性质和形式上发生了深刻的变化,呈现出多元化和复杂化的趋势。一方面乡镇人民内部矛盾内容复杂化,纠纷的数量和类型与日俱增,不仅有现代国家普遍面临的现代型社会问题,如产品责任、消费者权益保护、环境侵权等纠纷,还出现了以民间纠纷、经济纠纷、行政纠纷三者复合而成的结构性纠纷,如城市化改造土地征用出现的纠纷、社会保障体制的纠纷、企业改制合并转产裁员引发的纠纷、企业破产老板欠薪逃逸引发的群体性纠纷等等。这些纠纷直接关系到社会基层群众的生产、生活利益,关系到弱势群体的生存利益,处理不当将严重影响社会秩序的稳定;另一方面,由于这一时期新兴的民商事关系尚未形成稳定的秩序,一些领域内权利与义务的界限十分模糊,主体行为缺乏规范,故纠纷多发而且问题层出不穷,越来越多的权利诉求向现行的法律规范提出了要求和挑战。立法的阙如使多元的利益格局难以得到有效的法律规制,大量新型纠纷被排除在诉讼之外,增加了乡镇社会的不稳定因素。在这一客观条件下,调动多种纠纷解决方式,并形成一种互动衔接机制就显得尤为重要。

1. 建立互动衔接机制首要是以法院为主导、以基层乡土相关职能部门为依托、以人民调解为基础。纠纷的调解必须要依据国家的法律制度,这是以法院为主导的先决依据,但在乡土社会特别是具有很强"地方性文化"的地区,法律制度反而"失灵",出现"真空"状态。一方面,国家法律在与乡土社会相契合的地方存在灵活性的欠缺;另一方面,以地方性文化为主导的地方性习俗已经成为社会中看不到的规范和行为模式,它已经成为相关调解中的重要因素,事实上也是人民调解的基础性依据。

---

① 本部分主要是参阅了石先广的分析,具体见其《人民调解、行政调解、司法调解有机衔接的对策思考》,《中国司法》2006 年第 8 期。

2. 建立互动衔接机制要树立多元纠纷解决理念。司法人员特别是各级调解人员在实际工作中针对不同的纠纷性质要自觉行使推介权和释明权,树立人民调解、司法调解、行政调解互为一体意识,推进调解的适度社会化,引导当事人选择最快捷、最经济、最适合的纠纷解决方式,并努力促成纠纷在诉讼环节的早期得以解决,保证乡镇的稳定秩序大局。

3. 行政调解与司法调解的衔接点在于当事人对行政裁决不服须进行诉讼时,行政执法部门运用与基层法庭建立的情况通报和沟通机制,将矛盾纠纷当事人情况及对行政裁决不服的原因向司法调解部门及时通报,以便有利于进行诉前调解。

概言之,最大限度地把利益矛盾纠纷解决在基层是人民调解、司法调解、行政调解衔接机制的目标。管理有序、治安良好是乡镇社区和谐发展的重要体现。要切实加强人民调解、司法调解、行政调解有机衔接和社区矫正工作,充分发挥其及时有效、平息纠纷、化解矛盾、解决问题的作用,为农村秩序的和谐提供重要保证。

其三,强化党和政府在城市化后的农村治理中的领导地位和主导作用,丰富农民的精神生活内涵,增强农民之间及农民与政府之间的凝聚力是现阶段完善农村治理的关键。

1. 党和政府在乡镇治理中的领导地位和主导作用是不容置疑的。具体而言就是乡镇政府和村镇"两委"承担着农村经济和社会发展的指导、管理、服务的各项任务。但由于村党支部和村委会代表了我国现行政策体系二元结构中的两个方面,两者并行在村级的场面上,非常容易产生不和谐的音符。据我们的调查,这种现象还十分普遍。主要原因是目前相关的法律规定还很不完善,特别缺乏明确的关于"两委"职权划分的规定和可行的权力监督制约机制。"两委"不能紧密配合,村镇治理就无从谈起。在现有条件下,相当多的村民分散经营,单独生产,加之受到小农思想的影响,相当一部分农民对市场经济条件下出现的新问题新情况缺乏正确认识,有的市场风险意识差,在经营失误或遭受损失时,不从自身找原因,而是转向埋怨干部;有的由于缺乏集体观念和长远眼光,只想到自己的权利,不愿承担应尽的义务,对一些政策存在抵触心理;有的平均主义思想严重,对一部分人先富起来的政策不理解,不能正确对待农村中出现的合理差距,造成心理失衡;还有的法律意识淡薄,不能正确领会市场经济就是法制经济的思想,在解决经济纠纷和人际矛盾时,一旦造成经济损失或人身伤害,又将矛头指向基层干部。这些方面的压力就迫使乡镇政府和村镇"两委"成为事实上的矛盾焦点。村镇干部建设是完善乡镇治理机制的前提。

2. 丰富农民的精神生活内涵进而增强农民之间及农民与政府之间的凝聚力是完善农村治理机制的主要内容。今天的农村精神文化生活的恢复与重建已经具有非同寻常的意义,精神文化生活将在两个方面对农村的发展起作用。在新疆农村,农民基本物资问题基本解决的情况下,目前最大的贫困是精神贫困。面对日益个体化的村民,我们几个调查人员都对农村的未来感到担忧。"扶人先扶志",要解决农民的问题,必要的手段提高是对农村的精神支持,增加信息流入,让农民在精神上成长起来,使农村先进的文化成为乡镇治理建设的精神动力和文化和谐力。诸如成立相关的群众自治组织,让村民在组织体里就共同关心的经济、政治、文化和其他一切社会问题展开讨论,形成农村内部的组织文化;还有可以培育和谐组织文化。农村社区可以在潜移默化中影响村民的偏好和价值取向,实现文化"软"约束。农民个体分散、分化,对利益需求呈多元化、差异化趋势,价值观、人生观、世界观出现混乱、迷失,缺乏科学的信仰,出现了"拜金主义""享乐主义"等现象也正是文化"软"约束不够的结果。正如有学者所指出的:"农村社区用社区文化来引导农民个体文化诉求,使分散的农民个体文化利益不仅实现在组织内整合,而且建立在农村社区文化、道德、伦理的基础上,从而实现农民文化利益诉求的性质向积极先进的方向发展,诉求的方式向组织化、规范化、制度化和法治化方式发展。"[1] 农村是我国文化诞生的摇篮,许多优秀的传统文化都生发在农村,对传统优秀文化的继承必须有一定的场域和载体,村民的精神生活建设可以提供传统文化生存、延续、发展和创新的载体,同时增进村民之间及村民与政府之间的凝聚力,进而减少纠纷的发生。

3. 加强包括司法改进等方面内容的公共服务提供是完善乡镇治理机制的现实路径。正如前文所分析的,目前村镇相当多的社会矛盾和问题的发生都在不同程度上与公共服务短缺相关联。为此,应当充分发挥建立村

---

[1] 张锋:《农民利益诉求与新农村社区建设》,《云南行政学院学报》2008年第5期。

镇公共服务体制对化解社会矛盾和建立和谐社会的重要作用。随着乡镇社会结构的变迁和不同利益主体的出现，合理的、正当的利益表达和利益诉求开始成为广大社会成员、特别是困难群体的公共需求。比如，劳资关系在一定程度上失衡的深层次原因是劳动者缺乏基本的利益诉求表达机制。当前农民问题成为农村社会中一个突出矛盾，其中关键的问题在于农民土地权益得不到有效的保护。在农村基本公共产品没有保障的情况下，农民的生产与生活均受到严重影响，从而引发了诸多矛盾。在这种情况下，加快建立村镇公共服务体制将成为有效协调劳资关系、化解农村社会矛盾的一项基础性工程。

总之，随着中国农村从传统社会向现代社会，从计划经济向市场经济，从单一农业向多元产业的转型，中国城市化后的乡镇开始从以前的行政嵌入型道路发展转向村庄内生型道路发展。这种变化必然导致原有的制度规则、行动方式失去功效，而新的规则、行为方式还没成型，从而导致了许多失范和失序行为，出现了许多前所未见的问题。如何化解冲突、解决矛盾，构建新型和谐有序的农村可持续发展道路，是党和国家乃至社会各界必须关注和迫切需要解决的问题。立足于这样的现实，总结党和国家对于三农问题的治理经验教训，探寻新形势下农村和谐有序可持续发展道路具有重要的现实意义，也是迫切需要解决的重大课题。

综上所述，农民个体化后的村镇治理建设是一项内涵丰富、领域广阔、任务艰巨的系统工程，必须要有各级政府强有力的推动和倡导。在目前农村基础薄弱、资源有限，农民的参与思想仍需激发的情况下，如果没有各级政府发挥决策、执行、组织、协调、控制等作用，没有规划、政策、资金、技术等强有力的措施支持，村民自我治理的积极性和创造性是很难调动起来的。但又必须认识到，农民仍然是村镇治理建设的主体，他们既是村镇治理建设的直接受益者，也是推进村镇治理建设的主体力量。开展村镇治理建设必须相信和依靠他们，动员他们广泛参与，积极探索寻求农民的共同利益和个人需求的连接，形成人人有责、人人共享、管理有序的村镇治理参与机制。

三 新疆农民思想中的民主意识与农村基础秩序

民主是指公民与权利之间的关系，这种关系表现的公民权利，主要是指公民管理国家事务的权利。民主意识就是人民在政治参与和社会参与方面的主动性和能动性，人民的参与过程就是实现民主的途径。民主是公民的基本要求，它既是一种制度，也是一种方法，一种工具，是一个建设的过程。农村基层民主建设集中在乡镇及行政村的范围内，从实际政治、社会生活层面看，包括乡镇政权建设意识、农民参与意识及农民平等意识三个部分。它主要是指以维护和实现村民政治权利为核心的民主选举、民主决策、民主管理和民主监督这"四个民主"的制度建设。其实质是把权力下放给基层和村民群众，让全体村民真正享有各种管理基层行政和社会事务的权利，通过人民的民主权促进社会的发展与稳定。其中农村乡镇政权民主建设是农村基层民主政治的最主要组成部分，村民自治是基层群众自治的主要形式，平等意识是农村基层民主建设新的内容。

从中国传统的历史背景看，在皇权时代，随着封建生产方式的发展，阶级矛盾的深化，农民阶级的认识水平也在不断提高，其表现就是平均、平等思想的产生和发展。

秦统一中国后，地主阶级在政治、经济、思想文化领域里都建立了封建专制主义制度，从此，像许行、墨子那样代表底层农民阶级利益和要求的思想学派失去了独立存在和发展的条件，这种情况无疑给当时农民阶级思想的发展带来了不利的影响。但是，农民的思想并不会销声匿迹，而是采取了另外的表现形式，即和宗教结合起来，用和地主阶级的正统宗教相对立的异端宗教的教义，来寄托和表达他们的思想。这种宗教，至晚在东汉后期就已产生，即流传于中原地区的太平道和益州汉中一带的五斗米道。五斗米道的教主张鲁在汉中建立政权,实行所谓"义舍"制度,在大路旁设公共旅舍,以接待过往行客。这种做法当然不是张鲁政权普遍推行的经济制度,但它是在经济上试图实行平均主张的萌芽。宣传太平道教义的《太平经》也反映了农民对平均、平等的愿望和要求。《太平经》认为,天下财富本来是用以养活天下人的,"积财亿万"的大富翁们应该"周穷救急",否则便是罪过,应受责罚。这种"共财"思想,是"平均"思想的初期表现形式。在政治上,《太平经》则主张"平等",提出"平之为言者,乃平平无冤者,故为平也","天地施化得均,尊卑大小皆如一,乃无争讼者",认为只有实现平等、平均的原则,社会才能无争讼、无冤枉。

如何实现平均、平等的理想,是历代农民阶级的思想家反复思索和探求的一个问题①,它在理论方面的表现之一便是"无君论"的提出。东晋人鲍敬言反对儒家所谓"天生蒸民而树之君"的君权神授观念,认为君王的出现并非天意,而是强者欺凌弱者,智者诈骗愚者的结果;他认为社会上种种不平等、不平均的现象,皆由君主制度所引起。因此他主张取消君主,回到"无君无臣,穿井而饮,井田而食,日出而作,日入而息","不竞不营,无荣无辱"的社会,向往一种没有剥削、没有压迫的平均、平等的古朴社会。鲍敬言是一个没有流传下著作的农民阶级思想家。"无君"的思想是对古代原始社会朦胧的向往,它把农民向往平均、平等社会的思想推进到一个新高度。但是,由于这种思想缺乏实现的社会基础和经济基础,超出了多数农民的认识限度,因而并未被农民阶级普遍接受,对后来农民的起义和斗争也未产生明显的影响,只是作为农民中个别空想家的思想理论而载入史册。隋唐以后,封建制度的弊病暴露得更加充分,农民在激烈的阶级斗争中,对封建制度的认识也更进一层,原来处于萌芽状态的平均、平等思想,便以更加明确、更加理论化的形式表达出来。唐末农民大起义的领袖王仙芝自称"天补平均大将军",黄巢则称"冲天太保均平大将军",第一次把平均思想书写在农民起义的大旗上。北宋初年王小波、李顺起义更明确地提出"吾疾贫富不均,今为汝均之"的口号;

---

① 这方面的分析主要是转引了张景贤:《中国封建社会农民思想初探》,《历史研究》1992年第3期的相关研究。

方腊起义提出了"是法平等，无有高下"的口号；南宋初年钟相、杨幺起义则提出了"吾行法，当等贵贱，均贫富"的口号。农民阶级的平均、平等思想从理论上正式形成。此后，元末红巾军大起义提出"杀尽不平方太平"的口号；明英宗时邓茂七在福建起义，自称"铲平王"，要"铲除主仆、贵贱、贫富而平之也"；明宪宗时荆襄地区李原起义，称"太平王"；明末李自成起义则提出了"均田免赋"的口号，明确要求平均土地，使"均贫富"的口号更加深化。近代史上太平天国革命提出的"天朝田亩制度"，则是单纯的农民起义在平均、平等思想指导下所提出的系统的社会改革方案，是农民阶级平均、平等思想的最高表现。

均贫富，在封建社会里首先就是要平均土地。这反映了广大农民对于官僚、地主大量兼并占有土地现象的不满，和获得土地的强烈要求。均贫富，是与封建地主土地所有制根本对立的经济纲领，是对地主土地所有制的否定。等贵贱，则是对封建等级制度的挞伐。在封建社会里，占有大量社会财富的地主阶级，在经济上是富人，在政治上也居于统治地位，是所谓"贵人"；无地或少地的农民在经济上是受剥削的穷人，在政治上也处于受压迫地位，被统治者视为"贱人"。等贵贱，就是要打破建立在封建地主土地所有制之上的封建等级制度，表达了农民阶级对平等、自由的强烈渴望和对不平等制度的反抗精神。

在封建社会中，农民阶级的平均、平等思想，带有比较浓厚的反封建因素，因而具有人民性、进步性。在漫长的封建社会中起到了号召、动员农民群众反抗封建剥削压迫的积极作用，形成了古代农民阶级宝贵的思想财富。虽然农民的平均、平等思想本质上是空想的、不可能实现的，但农民起义在一定时间里、一定范围内、一定程度上，还是实践了这些口号，他们曾平均过地主的土地、财产、粮食。这正好说明农民起义从理论上和实践上都把矛头指向了封建制度，力图从行动上体现"均贫富，等贵贱"的口号。

但是，农民的这种平均、平等思想既不能实现对封建制度的改造，更不能建立起一个先进的新制度。农民阶级的局限性决定了它必然要遭到失败。同时也应看到，农民阶级的平均、平等思想虽然有其历史的和阶级的局限性，有其空想的、谬误的一面，但并非只是绝对谬误，亦包含着相对合理的因素。农民的平均平等思想，是在小农经济基础上产生的。它的出发点一方面是从自我利益、个体小生产的利益出发；另一方面是不承认事物的差别，企图一切拉平，这对于社会生产的发展又具有消极性和破坏性。

新中国成立后土地改革过程中农民的思想状况是十分复杂的。党对农民群众思想政治教育的首要任务就是提高他们的阶级意识，澄清"谁养活谁"的思想困惑，使农民认识到地主阶级的剥削实质；另一个任务就是正确引导农民的"求富"趋向问题。求富是中国农民的特点之一，也是农民的心态。农民的求富主要是针对自己的家庭，追求土地和其他生产资料正是求富的首要目标和基础。在农民思想培育上应力图克服在小农经济基础上形成的个人主义、分散主义，在进行经济基础改革的同时，要加强对农民进行爱国主义、集体主义的教育。毛泽东曾深有体会地说："在农村里过去曾提过'要发家、种棉花'的口号，结果大家只管家了，后来觉得这个口号提的不对，改为'爱国发家、多种棉花'，这样就把家和国联系起来了。"[1] 毛泽东还特别提倡集体主义精神，"提倡以集体利益和个人利益相结合的原则为一切言论行动的标准的社会主义精神，是使分散的小农经济逐步过渡到大规模合作化经济的思想的保证"。[2] "我们要教育人民，不是为了个人，而是为了集体，为了后代，为了社会主义前途而努力奋斗。"[3] "爱祖国、爱人民、爱劳动、爱护公共财产为全体国民公德。"[4] 爱国主义、集体主义是与社会主义公有制相对应的思想意识。这两大口号的提出提高了农民的觉悟和建设社会主义的积极性。

1978年后努力实现农民富裕是农村经济发展的基本保障。农民富裕是邓小平始终考虑的问题，在如何提高农民收入，加快农民致富方面他提出了许多有价值的重要思想。实现农民富裕的最根本途径是大力发展生产力，实现农民富裕的落脚点是提高农民收入。邓小平一直强调大力发展生产力，并提出先富带动后富的主张。邓小平提出的"三个有利于"标准中也将是否有助于提高人民的生活水平作为重要评判标准之一。邓小平始终重视发展农村生产力、重视提高农民收入。在社会主义现代化建设的新

---

[1] 《毛泽东文集》（第七卷），人民出版社1999年版，第177页。
[2] 《毛泽东文集》（第六卷），人民出版社1999年版，第450页。
[3] 《毛泽东文集》（第八卷），人民出版社1999年版，第134页。
[4] 《毛泽东著作专题摘编》（下），中央文献出版社2003年版，第1495页。

时期，如何在保证农村经济发展的同时，使精神文明建设迈上一个新台阶是一项任重而道远的工作。

当前，随着全球化、市场化、城市化、工业化、信息化等不断向农村深入推进，一方面城乡流动不断加大，农民公民意识不断觉醒，政治利益诉求不断高涨，维权行动不断发生，自主管理意识不断增强；另一方面，城乡之间、区域之间、市场经济体、农民及其自组织、社会性组织以及与政府之间的结构性矛盾日益突出，需要从政策层面上进一步反思和总结基层民主政策充分发挥作用的机制。在农村基层民主建设的实践中，农民能否真正通过这样的民主实践实现自己的公民政治权利，参与国家和社会的公共事务管理，表达自己的利益诉求，维护自身合法权益，需要进行科学的认真的调查研究；基层民主实践过程还存在什么样的问题及其解决的措施，需要进行探索；农村基层民主实践中有什么样的创新举措值得借鉴和推广，需要进行总结。根据现代政治学和社会学的相关发展理论，从宏观层次看，衡量一个地区民主发展的标准大体包括社会稳定、基础秩序完善、政治制度化、治理效能等几个相互独立又相互影响的方面。因此，本部分主要立足于新疆农民民主意识的变化的实证调查，分析当前新疆农村基层民主实践的经验教训，探索适合新疆农村和谐有序发展的民主政治道路。

（一）新疆农民的平等意识与基础秩序完善

平等涉及的是社会成员之间关系的性质以及这种关系所赖以形成的标准问题。"民主法治、公平正义、诚信友爱、充满活力、安定有序、人与自然和谐相处的社会"是我们要构建的和谐社会。将"民主法治"置于六大要求之首，并非随意之为，而是明确表明：一个和谐的社会，首先必须是一个民主法治的社会。作为历史范畴的民主，其产生有着特定的历史条件，是各种因素综合而成的。在所有因素中，是否具有平等意识的社会主体无疑是一个前提性条件，因为社会主义民主的本质内容就是最广大人民当家作主。所谓平等意识，即意识到自己与他人一样，都是权利主体，在法律面前享有平等的权利，承担平等的义务。任何人包括自己在内没有任何理由享有特权，更不应当利用自己的职位在社会资源的分配中谋取私利。因此，平等意识是建设民主社会的精神支柱，是民主社会的意识前提。平等作为一种思想观念、实际运动和社会制度，不能脱离一定的社会历史条件而独立存在，其相关因素涉及到经济、政治、历史、文化诸多方面，脱离社会历史条件的抽象的平等是不存在的。

家庭权力是家庭地位的核心内容，国内外学者多从夫妻权力关系探讨女性家庭地位。1960年布拉德（Blood）和沃尔夫（Wolfe）在研究家庭中夫妻权力关系时，提出婚姻家庭中个人所拥有的权力是和他带进婚姻及提供给配偶的资源相一致的，权威和权力来源于配偶双方所占有资源的比较，权力的对比要看哪方配偶占有雄厚的资源[1]。这一思想后来发展成为解释家庭权力的主要理论——资源理论。资源理论来源于社会交换论，交换论的灵感来源于功利主义经济学，它强调基本的社会过程是价值资源的交换，所有的社会互动都是围绕着行为者之间的资源交换而展开的，社会关系也是资源交换关系。根据这个理论，家庭关系具有彼此交换关系。根据资源理论，女性由于拥有的资源如文化资本、经济收入等比男性少，在家庭交换关系中容易处于不利的地位。

国内学者刘启明通过女性家庭地位的人口学分析指出[2]，在众多影响女性家庭地位的变量中，有五组变量是最关键的因素：一是女性的社会地位，女性的社会地位越高，其在社会的威望就越高，其自身的优越感也会越强，这种优越感很可能会带入家庭，使其家庭地位提高，其中决定女性社会地位的关键指标是受教育水平和就业层次；二是女性的经济收入，女性经济收入的提高会使其在家庭中的行为发生变化，经济收入会部分替代家务劳动，从而减少女性在家庭中的劳动强度，较高的经济收入也有助于提高女性在家庭成员中的威望；三是区域（社区）文化，不同地区的观念差异、文化背景和开放程度是决定男女两性地位是否平等的关键因素，在一个具有非传统行为规范的社区内，男女两性的平等意识将得到加强；四是家庭结构，包括年龄结构和家庭类型，不同年龄的女性在家庭中的发言权是存在较大差异的，从家庭类型看，核心家庭中的男性容易进入家庭角色，复合家庭中的男性容易受到长辈的传统观念的影响，女性也容易受

---

[1] 转引自塔什尔曼：《家庭导论》，潘允康等译，中国社会科学出版社1991年版，第448—449页。

[2] 刘启明：《中国妇女家庭地位研究的理论框架及指标建构》，《中国人口科学》1994年第6期。

传统的分工模式的影响；五是夫妻感情，夫妻感情越好的家庭，夫妻共同参与家务劳动和家庭决策的可能性越大。徐安琪研究中提出女性家庭地位的解释理论和影响因素分别为相对资源论（包括家庭内夫妻双方婚前个人和家庭背景、教育资本、对家庭经济的贡献），婚姻依赖论（对家庭的相对依赖感），文化规范论（地区差异、性别意识）和权力运作过程（夫妻沟通方式和冲突处理模式）四个方面[①]。

以上国内外学者对女性家庭地位的影响因素研究取得了一系列有价值的成果，在实践上，各学者的调查研究结论和相应对策对女性家庭地位研究具有启示意义。但总体来说，农村女性家庭地位影响因素的研究还有待深入，特别是中国地域广阔，各农村如西部、东部、南部和北部等各个地区的经济发展和社会文化都有所差异，在此基础上，需要在各个具体地域背景下进行探讨。

1. 家庭男女收入平等在新疆农民中表现出正态性。

家庭是社会的细胞，欲建设和谐社会就要建设和谐家庭，因为和谐家庭乃是和谐社会最为广泛而又最为深层的基础。我们的祖先曾用"家和万事兴，家齐国安宁"来推崇家的重要作用，那时的人们就已坚信由家庭和谐所辐射出的爱心，能够带来社会生活中人与人的和谐关系。然而，数千年来，在农耕经济及家国同构的传统社会体制条件下，中国家庭不和谐的事例总是远远超过人们的预期，即便是那些被史学家所津津乐道的一些"家和事例"，也大都是以牺牲女性的独立性、自主性和创造性作为代价而蓄意生产出来的。当然，中国的家庭从来就是依靠女性来支撑，所谓"男主外，女主内""家有贤妻良母，胜过黄金一斗"之类民间俗语，表达的就是这种意思。"成功的男人后面有着辛劳的女人"，一些现代男性这类赞美的话语，也表达着同样的意思。不过，不少具有强烈自我意识的现代女性，尤其是现代知识女性如今已不再是"美言夸得脑海胀，错把牺牲当成功"，她们要求与男性同等的机遇和对等的家庭奉献，而这也就恰恰是在与社会转型期家庭结构、功能、关系发生一系列巨大变化的同时

---

① 徐安琪：《夫妻权力和妇女家庭地位的评价指标：反思与检讨》，《社会学研究》2005年第4期。

开始萌发的推动家庭现代转变的巨大动力。

表36　　　　　　　在您的家庭中，谁是主要的经济来源？

		频率	百分比	有效百分比	累积百分比
有效	男性家庭成员	189	41.9	43.2	43.2
	女性家庭成员	37	8.2	8.4	51.6
	贡献差不多	171	37.9	39.0	90.6
	其他	41	9.1	9.4	100.0
	合计	438	97.1	100.0	
缺失	系统	13	2.9		
合计		451	100.0		

从新疆农民家庭经济收入的主要贡献者调查来看，男性占据主要地位，所占调查比为41.9%，但同时认为男女贡献差不多的也占37.9%。表4已经表明，这次调查男性占67.6%，女性占22%，也就是说，很多男性是认同女性的收入地位的，这从侧面说明这个调查结果是有效的。

一般而言，个人经济收入是家庭经济贡献的主要来源，由于经济贡献显性和可量化的特点以及经济对家庭生产和生活的物质基础作用，家庭经济贡献被看作家庭贡献最重要的组成部分。因此，个人经济收入高，往往意味着对家庭贡献率大，经济权力也就越大。个人经济收入还在一定程度上影响女性对个人价值的评价。这种评价包括女性对个人的社会价值评价和个人对自己在家庭中的作用价值评价。经济收入高的女性被认为是"了不起"的女性，"有能耐"的女性，能够"顾里顾外"的女性。传统社会中女性个人社会价值主要通过其在家庭中的价值体现，现代社会下，女性个人的社会价值通过其参与社会化大生产和农村经济建设体现，而家庭价值除了"养儿育女""操持家务"外还包括对家庭经济的贡献。

2. 家中重大事件决策平等在新疆农民中又表现出一定程度的绝对性。

家庭是以婚姻、血缘关系为主要纽带的人类社会基本生活单位，它的基础是男女两性依从一定的法律、伦理和风俗的规定而建立起来的、为社会制度所认可的两性关系。在传统父权制条件下，由于婚姻具有不可离异性（只是对女性而言），家庭生活以亲子关系为中心；而在现代民主社会，由于婚姻已从昔日的"生育合作社"和"经济共同体"转变为今天"心灵的栖园"，夫妻关系已成为家庭生活的中心，换句话说，夫妻关系的健全程度直接关系到家庭的维系与发展。与传统文化语境下以"男主女从、夫唱妇随"为基础的对于夫妻关系和睦的要求不同，现代社会对于夫妻关系和睦的要求建立在性别平等的基础之上。此种新型的家庭文明属于一种"两性同体"的文明，需要两性在平等、和谐发展基础上的共同作业。

表 37　　　　　　　家中有重大事件需要决策时，一般情况是

		频率	百分比	有效百分比	累积百分比
有效	夫妻二人共同决定	408	90.5	91.9	91.9
	直接由丈夫一人决定	20	4.4	4.5	96.4
	其他	16	3.5	3.6	100.0
	合计	444	98.4	100.0	
缺失	系统	7	1.6		
合计		451	100.0		

表 37 的调查数据表明，对夫妻双方而言，家中重大事件决策权在新疆农民中有明显的平等性。这个调查结果出乎我们的预料。表 1 表明，调查样本中汉族占 54.5%，维吾尔族、哈萨克族、锡伯族、东乡族、回族等多个少数民族也占到 45%，样本分布还是合理的。但这个结果与学界普遍谈论的性别不平等结论相违背。

从社会学的角度而言，角色的定位和认同是社会化的过程。即不同的社会历史条件和社会经济、政治文化的背景决定了角色的认同和角色的实现。社会学和社会心理学还特别强调，男性与女性角色的不同除因生理结构的差异外，更多的是社会化的结果。可以这样说，人类自从进入文明社会以后，所形成的传统的社会分工与经济生产方式，是形成传统文化中男性与女性角色差异的刻板定势及心理差异的重要原因。历史上的中国具有悠久的以农立国的文化传统，长期以来在社会分工上有着男主外、女主内的文化传统，这种传统文化意义上的性别角色的定位，对于女性的影响是

十分深刻甚至根深蒂固的。因此,传统社会对男性角色的要求与对女性角色的要求有着明显的差异。如在传统文化中,理想的男性具有支配感、进取心、自主性、自信心以及自我表现等特征。而理想中的女性则是:谦卑、体贴关心他人、温顺依从。[1] 传统文化中性别角色社会化的目标是希望将男孩培养成具有男子气概的男子汉,把女孩培养成女子气质的淑女。在一定意义上说,这种传统文化导致的结果是汉族男女在家庭中社会地位长期的不平等。[2]

这种文化传统在少数民族地区影响更为深刻。在历史上社会对新疆少数民族女性角色的定位是母亲、女儿、妻子、媳妇和家庭主妇。随着社会的发展,从新中国成立开始,新疆少数民族妇女的角色地位发生了翻天覆地的变化。女性除了担任以上角色外还成为了有知识、有职业、有收入的职业女性。很大一部分女性,同男性一样,在社会某些领域中扮演着与男性相同的角色。进而社会对女性角色的要求也发生了很大的变化,女性的性别特征在传统的谦卑、体贴关心他人和温柔顺从的基础上,增加了进取心、自主性、自信心,以及自我表现的原属于男性的特征。这种变化反映了新疆社会的文明与进步。

然而,受传统文化与现代文化冲突的影响,女性角色的定位往往表现为双重化。生活在农村、牧区的新疆少数民族女性,受传统生产方式和传统观念的影响,其角色意识和价值定位依然十分传统。如我们在调查中所观察到的生活在牧区的哈萨克族,大多数依然是男性在外放牧,女性在帐篷内担负做饭、洗衣、照顾孩子、照顾男人和挤牛奶、做奶酪的职责。每当家中有客人来,热情好客的哈萨克人,用丰盛的羊肉、奶茶、奶酒来招待客人。哈萨克男人们的任务是坐在毡房中陪同客人喝酒、吃肉,而他们的女人们要从开始忙到半夜,甚至通宵。她们负责给男主人和客人递饭、端茶、倒酒。她们始终坐在靠门口的位置,不说一句话。当男主人和客人

---

[1] 李育红、雷水贤:《先进性别观与女性发展》,《中国妇女报》2003年2月11日。
[2] 具体参与诸如朱爱岚:《中国北方村落的社会性别与权力》,胡玉坤译,江苏人民出版社2004年版;郑传贵:《转型期农村社区社会资本研究——以赣东北项村为例》,西北农林科技大学博士学位论文2005年;李晓园:《人力资本和社会资本视野中的女性职业问题》,《上海经济研究》2005年第9期;林聚任、刘翠霞:《山东农村社会资本状况调查》,《开放时代》2005年第4期等文的相关论述。

睡觉了，她们便蹴曲在门边的位置睡觉。第二天早晨，她们在客人还未起床时，又早已烧好了奶茶，准备好了饭食。哈萨克族传统的角色定位，决定了女性的价值和社会地位的低下。

但同时，受现代文化的影响，女性角色的定位又发生了较大的变化。哈萨克族很重视孩子的文化教育，在牧区无论男孩还是女孩均要上学，若是家庭条件允许，同样供女孩上大学；若条件不允许，那就首先供男孩上大学。哈萨克族有一传统习俗，当孩子长大娶亲后，长子及媳妇要与父母同住，负责照顾父母亲的生活，即使大儿媳是受过高等教育的，从结婚那天起也要继承传统，从此在帐篷内回归女性的传统角色。

维吾尔族是一个热情好客、喜欢交际的民族，受地理环境和传统习俗的影响，他们接待客人，参加各种亲友家庭聚会的机会比较多。在这种场合下，女性通常扮演家庭主妇的角色。在节假日，她们往往从早到晚地收拾房屋，制作各种点心和饭菜，招待客人；平时工作回到家里，她们还要负担做家务，照顾全家人吃饭、穿衣和教育辅导孩子的任务。

传统文化和现代文化的双重影响，给她们的心理造成了较大的压力。在男性中有相当一部分人依然保持着传统的观念，认为女性不该过多地承担社会责任。据我们调查，少数民族男性同意家务由男女分担的占总人数的60.7%，而女性是78.7%。男性中仍有近40%的人认为家庭角色应当完全由女性担当，女性中也有20%多的人这样认为。当问及男性："你希望你的妻子事业成功，还是希望她们漂亮"时，大多数男性选择漂亮，或者两者兼之。

从理论上说，男女在传统文化的影响力和现实状况中都是不平等的，这种不平等也应该影响着男女在家庭重大事件的决策权。但调查结果显示，新疆农民的夫妻双方在家庭重大事件的决策权上是基本平等的，也就是说理论和实践在这个问题上脱节了。究其原因，除去上文所谈到的男女收入平等的因素外，受教育水平也是一个重要的原因。

3. 新疆农民家庭中夫妻受教育水平基本相同。

受教育水平所带来的智力支持是指个体在家庭互动中在其他成员遇到问题时或决策时提供的知识、信息和判断依据、有效意见等等。社会交换理论认为，互动是一种给予和获得有价值资源的过程，个体付出某种资源是为了获得更多有价值的资源。个体能够提供的有价值的资源越丰富,在交换或互动关系中越能够占据有利的地位。家庭成员的互动关系同样存在相互交换,这种交换不仅包括物质性资源,也包括非物质性资源,如精神鼓励、智力和情感支持等。资源提供者从接受者那里获取尊敬、依赖、情感等资源。同样,个人在家庭中能够提供的有价值的资源越多,其在家庭中的作用越大,享有的个人权威越大。因此,个体文化资本越丰富,文化资本所能够转换的智力支持越强大,为其他家庭成员提供这种支持的能力越强,享有的权力和威望也越大。

表38　　　　　　　　您家中受教育文化程度的关系是

		频率	百分比	有效百分比	累积百分比
有效	妻子的文化水平低于丈夫	136	30.2	31.4	31.4
	妻子的文化水平与丈夫相同	230	51.0	53.1	84.5
	妻子的文化水平高于丈夫	67	14.9	15.5	100.0
	合计	433	96.0	100.0	
缺失	系统	18	4.0		
	合计	451	100.0		

表38的数据显示,在被调查者中,妻子的文化水平低于丈夫的占30.2%,妻子的文化水平与丈夫相同的占51%,妻子的文化水平高于丈夫的占14.9%,说明夫妻受教育水平基本相同。相同的受教育水平导致夫妻有共同的决策权。但根据学界的调查资料显示[①],农村家庭中夫妻双方自行决策的各项事务中,女性主要涉及家庭生活事务,这些事务相对比较琐碎,主要凭借个人生活经验加予决策;而男性所作的决策更多是需要运用文化知识进行决策的。体现在有关孩子的重大家庭事务上,男性主要是在就业、升学方面作决策,而女性决策更多涉及孩子的婚姻问题。由于

---

① 万江红、魏丹:《农村女性家庭地位的影响因素研究》,中国社会学2009年会论文集。

男性的文化资本优势能够为家庭成员提供更多智力支持，从而获得个人权威。我们认为这个解释有些牵强，理由之一就是没有考虑到男女平等教育内容灌输导致的男女平等观念的影响力。

男女平等作为中国的基本国策，是政府决策层高屋建瓴的战略性选择，它一直灌输在全民教育的各个阶段，对男女两性协调发展观念的形成、促进性别和谐乃至社会整体和谐发展具有十分重要的作用。首先，"男女平等基本国策"明确了两性的人格平等是建构"社会主义和谐性别关系"的起点。社会主义的性别和谐意味着要将社会中的男女两性作为平等的人予以尊重，反对任何基于性别的偏见和歧视，体现公平、公正、平等的社会价值观。与建立在"男尊女卑"价值观上的既往社会中的性别关系不同，社会主义的和谐性别关系反对以性别为标准区别人的尊贵和卑贱，反对任何僵化地、单向度地规范妇女权利和责任的社会制度和思想。其次，"男女平等基本国策"指明了两性的独立、自主是"社会主义和谐性别关系"的基础。社会主义的性别和谐首先要求将男女两性看作独立、自主的人，认为传统的"夫荣妻贵"观念强调了妻子对于丈夫的依附性，虽然能够呈现某种和谐的表象，但却与社会主义性别和谐的本质相抵触。再次，"男女平等"基本国策强调了男女权利和机会的平等是"社会主义和谐性别关系"的核心内涵。社会主义和谐性别关系并非追求两性间简单的数字或比例均等，其内涵并不包括所谓的"结果平等"或"结果均等"，而是将男女两性置于社会主义社会、经济、政治以及文化大系统中考察，性别和谐的核心内涵就是男女的权利和机会平等，妇女是否充分享有了与男子同等的权利与机会是性别关系能否和谐的核心因素。然后，"男女平等基本国策"主张了打破传统性别角色分工模式是"构建社会主义和谐性别关系"的应有内容。在社会资源有限的情况下，"男主外、女主内"等传统性别角色分工模式蕴含着某种经济合理性和可行性，由此也带来过一定意义上的性别和谐，但这种和谐与社会主义的性别和谐在本质上截然不同。因为这些传统的性别角色分工模式不仅限制了女性参与社会各领域（即公共领域）的权利，同时也限制了男性充分参与家庭生活（即私人领域）的权利，对于两性的全面自由发展与两性和谐关系的建立都是必须摆脱的先在异己力量。最后，"男女平等"基本国策指明了妇女与社会的同步发展是社会主义性别和谐的衡量标准。相对于社会的普遍发展，妇女发展具有相对独立性，在形态上可以表现为妇女发展滞后、同步或者先行于社会普遍发展。

男女平等基本国策的提出是马克思主义妇女观中国化的一大成果，不仅体现了辩证唯物主义与历史唯物主义的世界观与方法论，同时也融和了西方女权主义的"社会性别主流化"思想。在这个背景下，夫妻双方受教育水平基本相同的新疆从社会性别方面解释了新疆农民平等观念的形成根源。

4. 对城市的基本认识是不信任。

从20世纪70年代末开始，中国的改革之路已经走过了30年，中国的城市化建设也在这一时期得到了飞速发展。截至2006年，我国城市化率已达43.9%[1]。但是，近年的研究成果表明，中国社会经济城乡二元结构的不平衡仍然是制约全面建设小康社会的瓶颈问题。在经济社会高速发展的现阶段农民是如何认识城市的？新疆农民有什么样的城市观？是我们考察新疆农民城乡平等观念的一个重要指标。前文我们考察了新疆农民对于自己所在的村落的看法，结果显示，农民普遍对乡村印象很好。为此我们又特意选取了城市的一般特征作为指标考察新疆农民的城市观。

表39　　您认为城市与农村比较，主要的特征在于（1）

		频率	百分比	有效百分比	累积百分比
有效	不热闹繁华	196	43.5	44.0	44.0
	热闹繁华	249	55.2	56.0	100.0
	合计	445	98.7	100.0	
缺失	系统	6	1.3		
合计		451	100.0		

需要说明的是，这个指标体系是一个多选问题，让农民挑选最能代表城市特征的指标。表39的数据显示，农民认为城市与农村比较，主要的特征在于"热闹繁华"的只占56%，而有高达44%的被调查者对

---

[1] 中国社会科学院城市发展环境研究中心：《中国城市发展蓝皮书》，社会科学文献出版社2006年版。

此并不认同。

表40　您认为城市与农村比较，主要的特征在于（2）

		频率	百分比	有效百分比	累积百分比
有效	挣钱不容易	306	67.8	68.8	68.8
	挣钱容易	139	30.8	31.2	100.0
	合计	445	98.7	100.0	
缺失	系统	6	1.3		
合计		451	100.0		

在日益市场化的今天，一般而言，"钱"的多少是衡量一个区域发达与否的主要标准之一，挣钱机会又是其中的重要指标，挣钱是否容易是挣钱机会的一个体现。在城乡二元结构背景下，农民与城市居民相比越来越贫困是不争的事实，按照常理，农民应该是认同在城市中的挣钱机会，但表40的调查结果显示，被调查者认为城市挣钱容易的只占30.8%，这个结果是很值得那些鼓吹通过城市化道路来改变农民命运的学者们深思的。

表41　您认为城市与农村比较，主要的特征在于（3）

		频率	百分比	有效百分比	累积百分比
有效	花费不是很大	285	63.2	64.0	64.0
	花费很大	160	35.5	36.0	100.0
	合计	445	98.7	100.0	
缺失	系统	6	1.3		
合计		451	100.0		

在比较贫困的乡村，在挣钱比较困难的情况下，一般而言，节约开支是农民经济理性的必然选择，但调查结果显示，新疆农民认为城市与农村比较，城市花费不是很大的占63.2%，这个结果在一定程度上说明农民对城市的认知几乎完全来自于在乡村生活的经验。

人的思想是一种既非物质、政治，也非文化的因素，主要包括思想、思维、观念、心理、心态、态度、精神、意志、宗教观、价值观、伦理道德、意识形态等相互包含、相互渗透的方面。在人的自然属性和社会属性中，社会属性是人的本质属性，即人与普通动物最本质的区别在于人是有思想、有意识、有精神、有价值观的高级动物，而普通动物则无思想、无意识、无精神、无价值观可言。这是因为：第一，从认识和实践的关系看，人的思想的本质在于通过认识主客观世界，支配人的实践活动；第二，从生产力的实现过程看，人的思想道德素质始终支配着人的生产实践行为。劳动者总是具有一定思想道德素质的劳动者，人类生产经营实践总是在一定的思想道德支配下进行；一个没有任何思想道德的劳动者形成不了现实的生产力，也是不可思议的；一个思想道德落后的劳动者也很难形成现实的生产力。钟阳胜指出，思想道德是一个静态因素，而经济增长则是社会物质财富增加的动态过程。[①] 思想道德作为影响经济增长的力量，要转化为推动或阻碍经济增长的现实力量，必须经过经济主体的实践活动。因此，人的思想道德素质是构成人综合素质的最重要内容之一。人的思想道德影响经济增长和经济发展的总路径是：人的先进思想道德→经营者素质提升→人的理性行为→经济机会获得→经济增长和经济发展实现。[②]

胡锦涛总书记在党的十七大报告中提出了要加快推进以改善民生为重点的社会建设，因此，通过实施反贫困使贫困者脱贫致富就成为当代中国社会最大的民生问题。找出贫困的原因是有效反贫困的前提。为此，研究者们找出了各种各样的贫困原因，相应地，提出了各种各样的扶贫政策模式。但长期的反贫困仍未能使某些贫困地区摆脱贫困。反思我国反贫困理论和实践的历程可以发现，无论是对贫困原因的思考，还是扶贫政策的制定，都不同程度地背离了一个最基本的事实，即人是生产力的决定性因素，经济发展和经济增长主要取决于人自身素质的提高。在以往的反贫困实践中，从政府来说，就是给钱、给物、立项目、搞开发的"输血式"扶贫方式；从贫困地区和贫困人口来说，就是等资金、等项目或者要资金、争项目。这在我国西部少数民族贫困地区表

---

① 钟阳胜：《追赶型经济增长理论：一种组织经济增长的新思路》，广东高等教育出版社2003年版，第320—321页。

② 秦其文：《农民思想道德素质与农户家庭脱贫致富的关系研究》，《财贸研究》2008年第2期。

现得尤为明显,致使国家通过"教育科学文化传播促进生产力发展"的手段难以取得应有的效果,国家援助的科技人才、扶贫资金、扶贫物资及国家制定的扶贫政策难以取得理想的成效。其结果是,我国长期实行的以政府为主导的反贫困行动,在某种程度上反而助长了贫困人口对国家和政府"等、靠、要"的依赖思想。如今,在西部少数民族贫困地区,"春等救济粮,冬等冬令物"的现象毫不鲜见。经过一轮又一轮的扶贫攻坚以后,人们发现某些地方离彻底解决贫困问题的社会发展目标还有一定差距。这说明,人们还缺乏对贫困原因进行追根溯源的探析,缺少对扶贫方式最有效的探索。

其实,任何一种扶贫政策(方式)都应当有助于调动和激发贫困者通过自身的主观努力去脱贫致富的内在积极性、主动性和创造性,有助于增强贫困者的"自我造血"功能,有助于建立一种贫困者自我脱贫致富的长效机制,这乃是检验一切扶贫政策得失、成败的根本标准,而不能让贫困者滋生"等、靠、要"的依赖思想和放弃自我的主观努力。我们并不反对国家或政府在物资、资金或科技、文化等方面的扶贫政策措施,但过多的或单纯的物资或资金扶贫援助,不仅不能从根本上消除贫困,反而会产生某些副作用。研究贫困问题的专家罗时法指出:"治疗贫穷的良药决不能完全靠外部援助。外部援助是有益的,但也可能是有害的,因为它会消除人们的斗志,使人产生一种具有麻痹作用的依赖感、自卑感和低能感。"[1] 克拉克指出了政府福利扶贫政策的某些弊端。他认为,"政府许多帮助穷人的做法实际上是使贫困和不平等永久化,与现代福利国家相联系的社会扶贫福利项目常常只起到了抚慰低收入者和防止社会失序的作用"[2];他还指出:"政府福利扶贫项目是损害少数民族自主精神,造成代代相传的依赖感的罪魁祸首。"这是因为,由旧社会形态、文化传统传承下来的落后思想观念,极大地抑制人的智慧和潜能,使人采取错误的非理性的行为,使人失去各种经济机会,最终导致家庭贫困和经济落后。

---

[1] 罗时法:《消除贫困:正在实现的目标》,贵州教育出版社2003年版,第310页。

[2] [美]克拉克:《政治经济学:比较的视点》,王询译,经济科学出版社2001年版,第218—273页。

表42　　　　您认为城市与农村比较，主要的特征在于（4）

		频率	百分比	有效百分比	累积百分比
有效	信任感强	332	73.6	74.4	74.4
	信任感不强	114	25.3	25.6	100.0
	合计	446	98.9	100.0	
缺失	系统	5	1.1		
	合计	451	100.0		

信任感是我们考察新疆农民对熟人社会和陌生人社会差异看法的一个指标，其实质是考察新疆农民对城乡社会的认知观念。传统社会的熟人主要指聚村而居的同村人，现代社会流动加快、各种组织机构普及、人际交往增多，导致熟人范围扩大。熟人群体可以按照两个维度进行划分：一是交往关系的程度，可分为片面偶尔接触、部分接触了解、一般了解、全面接触比较了解、全面接触很了解即通常所说的熟识、比较熟、很熟。交往关系的内容，可分为亲戚、同事、朋友、邻居、老乡、生意伙伴、师生等。现代社会熟人关系复杂性增加，关系内容多样化，关系程度多层化。这样，对于中心个体而言，根据交往的关系程度和内容，"熟人"这个群体本身与中心个体的距离是分层的，具有不同的交往法则偏重。[①]

社会学家关于中国人信任的论述中，最具重要意义并且产生了显著影响的首推韦伯。韦伯区分了两类信任：一是以血缘性社区为基础的特殊信任；一是以信仰共同体为基础的普遍信任。他认为，中国人的信任是"建立在亲缘或类似亲缘的纯个人关系的基础之上的"[②]，是一种凭借血缘共同体的家族优势和宗族纽带而得以形成和维持的特殊信任，而对那些置身于这种血缘家族关系之外的他人而言，中国人则表现为一种普遍的不信任，韦伯认为中国社会缺乏诚信的根源就在于中国文化的特点。福山进一步扩展了韦伯的这一论断。他在1995年出版的《信任——社会道德与繁荣的创造》一书的假设前提就是：一个国家的福利以及它参与竞争的能

---

① 鲁小彬：《当代中国熟人间的人际交往——对人际信任和交往法则变迁的探讨》，《中南民族大学学报》（社会科学版）2006年第1期。
② ［德］马克斯·韦伯：《儒教与道教》，江苏人民出版社2003年版，第188页。

力取决于社会本身的信任程度。① 福山研究信任的思路是：建立在宗教、传统历史习惯等文化机制之上的信任构成了一个国家的社会资本，国家信任程度的高低直接影响企业的规模，从而影响该国在全球经济中的竞争力。他在广泛引用各国资料，并进行系统比较的基础上指出，中国、法国和意大利南部地区属于低信任度的社会（信任仅仅存在于血缘关系上的社会），而美国、德国和日本则属于高信任度的社会（超越血缘关系或者说是建立在弱关系上的社会）。

中国传统社会是一个农耕社会，它的最大特点是土地不能移，这一特点导致以小农生产为主体的家庭世世代代都在自己的田地里耕作，大大限制了农民流动的可能性。因此信任不必靠彼此的友情来培养而可以通过社会本身的不流动来得到。换句话说，在一个不发生流动的社会里，即使社会不强调信任，也能确保人与人之间的全方位信任。关于这一点，英国社会学家鲍曼在《流动的现代性》一书中有相当的洞见。他说：我认为，秩序的意思是指单一性、稳定性、重复性和可预见性；在一个情境中，某些事情比在其他情境中发生的可能性要大得多，而其他的事情更不可能发生，或者是根本不可能发生。有且只有在这种情况下，我们才能把这种情境称为是"有秩序的"。②

在这个理论的诠释下，表42的调查结果就不让人感到奇怪了。表42中73.6%的被调查者认为城市的信任感强，也就是说对城市是充满信任的，这与目前学界的研究发现不相吻合，一个可以解释的理由就是新疆农民没有进入陌生人社会，或者说没有融入城市的打算，这在下表可以看出。

表43　　　　您认为农村青年进城打工最大的收获是

		频率	百分比	有效百分比	累积百分比
有效	不能多挣钱	245	54.3	55.4	55.4
	能多挣钱	197	43.7	44.6	100.0

---

① [美]弗朗西斯·福山：《信任——社会美德与创造经济的繁荣》，彭志华译，海南出版社2001年版，第8页。

② [德]齐格蒙特·鲍曼：《流动的现代性》，欧阳景根译，上海三联出版社2002年版，第84页。

续表

		频率	百分比	有效百分比	累积百分比
	合计	442	98.0	100.0	
缺失	系统	9	2.0		
合计		451	100.0		

表 43 主要是直接考察农民对进城的收入的看法，在表中可以看出，认为在城里能多挣钱的只占 44.6%，而明确表示不能多挣钱的占 54.3%。这与近几年我国农村补贴政策的实施有关系，但结合上表看，农民对城市并没有学界所认为的那样迷恋。

表 44　　您认为农村青年进城打工最大的收获是

		频率	百分比	有效百分比	累积百分比
有效	不能开阔眼界，更新观念	122	27.1	27.4	27.4
	开阔眼界，更新观念	323	71.6	72.6	100.0
	合计	445	98.7	100.0	
缺失	系统	6	1.3		
合计		451	100.0		

表 44 主要是直接考察农民进城的收获，从表中可以看出，被调查者认为农民进城最大的收获是开阔眼界、更新观念，也就是说农民并没有特别注重城乡经济差异和城乡收入平等问题。

近几年，新疆农村乡镇企业得到了较大的发展，促进了农村经济体制和经济生活的良性转化。尤为可喜的是，在乡镇企业发展的实践中，农民自身的思想认识向着有利于农村现代化建设的方向转变，为农村进一步改革和发展奠定了良好的思想基础。根据我们的调查，乡镇企业发展对新疆农民思想的影响主要表现在以下几方面：一是冲破了传统观念的束缚，打破了"以农为本"的思想禁锢和小农经济的思想界限，为丰富新的农村社会生活创造了思想条件。不少农民通过参加乡镇企业开展的丰富实践活动，对农村这一客观世界有了新的理解和认识，产生了立体空间的观念。

他们在经济活动上，不再局限于农、林、牧、渔，还注重加工、运输、贮藏、销售，不仅关心技术、设备，还关心市场、信息、人才等等。为了寻找生产门路，他们不光在农业上想办法，而且开始在多领域、多产业上打主意①。二是开始认识自身揭示和改造客观世界的能力和潜力。在恢复家庭经营初期，不少农民对如何搞好生产经营与管理心中无数，而现在多数农民对经营土地得心应手，轻松自如；有的农民开始开展第二、第三产业时，感到前途未卜忧心忡忡，而现在感到前景美好，甚至希望扩大规模，增加社会财富。三是开始由单纯注重生产与经营，转向注重管理、质量、信誉、市场和政策法律。②不少农民在兴办乡镇企业中，为了控制和占据一定的消费市场，时刻注意供求关系的变化，着意研究消费者心理，关注人才、技术、信息、价格、税收、信贷、法律和政策信息，甚至有的农民企业家还聘请了经营管理顾问或律师。四是开阔了视野，增强了判断和决策能力。不少农民兴办企业的视野，已由本地、本行业扩展到省内外各行各业上，有的还与外商挂钩联系，在开办企业时，他们能首先进行市场调查与预测，进行由简单到复杂的可行性研究，提高了决策能力。他们通过丰富的社会实践活动，克服了千百年来形成的自卑感，开始增强了自信心，争当农民企业家。五是正在冲破迷信思想的束缚。农民在社会经济活动中，与外界的联系越来越多，对社会事务的鉴赏与辨别能力越来越强，进而对客观世界的认识也越来越趋向科学化。他们决不迷信一个人、一件事、一种观点，更不轻信他人的口头许诺或传言，而是凡事都要亲眼看一看。许多过去被认为是"禁区"的正当领域，现在他们敢于尝试。③这是农村经济走向繁荣活跃的思想基础。同时，农民在社会实践中，丰富和增强了自身认识和改造客观世界的能力。

总之，通过兴办乡镇企业，新疆农民的思维能力和认识能力都发生了极大的良性变化，正在经历由实践到认识、由认识到实践的飞跃，这是农民思想建设和变革的强大内在动力。

---

① 邓党雄：《用实践引导农民思想观念更新》，《行政论坛》2009年第2期。
② 侯聪玲：《加强新时期农村思想政治工作的思考》，《理论研究》2006年第11期。
③ 麻福水、廖龙江：《新形势下农民思想观念的整合及趋向》，《理论学习》2008年第2期。

（二）新疆农民民主意识与政治制度化

我国传统的政治文化，是几千年的历史所遗留下来的，存在着一些与当代发展不相适应的意识，如官本位、家长制、任人唯亲、宗族观念和封建迷信等。新中国成立后，社会主义民主法制建设取得了巨大进步，但这些与当代发展不相适应的意识还存在于我们的政治生活之中，正如邓小平同志曾尖锐地指出的："旧中国留给我们的，封建专制传统比较多，民主法制传统很少。"官僚主义和官本位思想残余、狭隘民族主义、特权思想、等级观念、人身依附思想、重伦理轻法制思想等对现代社会主义农村政治保障制度的完善和政治文明的建设还有一定影响。因此村民的民主参与意识和自主意识的形成不能一蹴而就，需要一个长期的过程。落后的思想政治观念必然严重地影响《村民委员会组织法》等现行制度的贯彻实施，影响新农村建设政治基础的巩固。

从自然环境看，新疆远离内地经济发达地区，社会经济发展成本较高，但是地域辽阔，资源丰富，战略地位十分突出，紧邻8个国家并与之同处于亚欧大陆间的重要战略位置。在实施西部大开发战略中，政府将新疆定位在21世纪国家经济增长重要支点的战略地位上，因此，新疆的安全、稳定与发展意义重大。从总体上看，新疆农村基层政权稳固，民心稳定，社会治安状况良好，特别是西部大开发战略的实施和中央关于"稳疆兴疆、富民固边"战略的推进，农村基础设施建设力度的加大，对贫困户免除农村义务教育费用等优惠政策的实行，使广大新疆农民群众对党的拥护和对社会主义政治制度的认同性极大增强。这意味着新疆农村基层民主建设具有良好的政治环境和人文社会环境。但是近年来新疆农村政治环境在总体上稳定的前提下，还潜伏着一些不稳定的因素，其中民族分裂主义和非法宗教活动依然是影响新疆农村政治稳定的重大隐患。长期以来，境内外"三股势力"与境外敌对势力相互勾结，内外呼应，打着所谓"民族"和"宗教"的旗号，大肆煽动宗教狂热，进行分裂宣传，反汉排汉，制造暴力恐怖事件和分裂破坏活动，妄图达到分裂祖国的罪恶图谋。因此新疆要与全国一起全面建设小康社会，实现新疆总体发展战略目标，既要大力发展农村经济，提高各民族生活水平，同时又不能忽视民族乡村民主政治的建设。

1. 新疆农民的政治参与意识还不是很强。

纵观历史，每一次社会大变革无不是从思想领域开始：英国爆发的资产阶级革命，它的理论先导是文艺复兴运动；法国大革命的爆发来源于启蒙思想的发展；而划分中国新、旧民主主义革命分水岭的"五四"运动则是以新文化运动为其思想根源；中国的改革开放也始于关于真理标准问题的大讨论。那么，在"三农"问题突出的今天，农村现代化的实现也应率先从思想领域——农民思想的解放和现代化开始。毛泽东在1926年论述中国革命时曾说过，"农民问题乃国民革命的中心问题，农民不起来参加并拥护国民革命，国民革命不会成功。"农村建设作为事关全面建成中国特色社会主义的大局，因此，发挥好农民在农村建设中的作用极其重要。而在这一过程，强化农民在农村建设中的主体意识又最为关键。

受历史传统的影响，农民长期以来缺乏主体意识，盲目崇拜权威，畏惧圣人之言，企盼"清官""好皇帝"。在当代农村中，许多农民依附别人，随大流，主体意识的觉醒仍然是初步的。大部分农民还停留在传统的"官管民"的思维中，没有意识到个人作为公民有不可剥夺的自由平等之权利，也不知道政治的目的正是保护每个公民的基本权利和合法权益。这就会造成他们对政治的不关心和缺乏责任感，总觉得政治是政府、官员的事情，与平民百姓无关。在当前村民自治的实施中，部分农民不愿参加乡村自治活动，对基层选举缺乏参与热情，如在选举村委会成员时，对选举淡化、冷漠，或者凭感情草率了事。农民缺乏独立人格和民主权利意识，就使得奠基于政治参与基础之上的村民自治的发展失去了内源性动力。

表45　　　　　　　　　　您参加过您村的村民大会吗？

		频率	百分比	有效百分比	累积百分比
有效	没有参加	52	11.5	11.7	11.7
	每次都参加	211	46.8	47.4	59.1
	有时参加，有时没有参加	182	40.4	40.9	100.0
	合计	445	98.7	100.0	

续表

		频率	百分比	有效百分比	累积百分比
缺失	系统	6	1.3		
	合计	451	100.0		

表45的调查数据表明，新疆农民没有参加过村民大会的占11.5%，偶尔参加的占40.4%，只有46.8%的被调查者表示每次都参加。我们知道，改革开放后，家庭联产承包责任制彻底改变了农村的生产方式和分配方式，同时也改变了农村的政治结构和组织形式。村民自治的提出，适应了农村经济社会结构和发展方式的变化，成为实现农村治理方式转变的一种新的制度安排，是"国家为构建民主合作型乡村关系上的一项努力"①。随着农村经济社会的发展和改革政策的推进，村民自治在理论和实践上不断调整完善，经历了从自我管理、自我教育、自我服务的"村民委员会"治理模式到"农村社区"治理模式的转变。作为体现村民自治最具代表性的村民大会，如果没有村民的主动积极参与，那么村治民主很可能就是一句空话。

农村社区建设的提出，主要是为解决农民主体性不断增强与"村民委员会"自治模式不适应之间的矛盾。改革以来，农村社会的自主性不断增强，自主能力和行为能力不断提高，但由于"村民委员会"基本上是政府主导下的自治，机构设置、人员配备和运作模式依然具备传统行政的特征，因而在实行过程中出现了诸多问题，如前述的农村公共服务的提供出现困境，民主选举与民主管理、民主决策、民主监督出现失衡与脱序现象。这从下表村民大会的主要研究问题类别就可以看出。

表46　　　　　　**您参加的村民大会主要讨论：**

		频率	百分比	有效百分比	累积百分比
有效	治安	171	37.9	40.0	40.0
	计划生育	28	6.2	6.6	46.6
	交粮纳税	99	22.0	23.2	69.8

---

① 徐增阳：《村民自治进程中的乡村关系》，华中师范大学出版社2003年版，第253页。

续表

		频率	百分比	有效百分比	累积百分比
	其他	129	28.6	30.2	100.0
	合计	427	94.7	100.0	
缺失	系统	24	5.3		
合计		451	100.0		

表46的数据表明，村民大会的讨论问题单调可能是村民政治参与意识不强的一个根源。事实上，面对农村治理出现的困境，新的农村建设和治理方式随之出现，由此催生了农村社区建设的政策安排。2003年10月，党的十六届三中全会在《中共中央关于完善社会主义市场经济体制若干问题的决定》中就提出了加强"农村社区服务""农村社区保障""城乡自我管理、自我服务"的要求。2006年10月，党的十六届六中全会通过的《中共中央关于构建社会主义和谐社会若干重要问题的决定》，首次完整地提出了"农村社区建设"的概念，作出了"全面开展城市社区建设，积极推进农村社区建设，健全新型社区管理和服务体制，把社区建设成为管理有序、服务完善、文明祥和的社会生活共同体"的战略部署。2006年11月，国务院召开的第十二次全国民政会议进一步强调指出，要着力建设城市和农村社区"两个平台"，"整合社会资源，推进农村志愿服务活动，逐步建立与社会主义市场经济体制相适应的农村基层管理体制、运行机制和服务体系，全面提升农村社区功能，努力建设富裕、文明、民主、和谐的新型农村社区"。2007年10月，党的十七大报告重申了党的十六届六中全会精神，明确提出要"把城乡社区建设成为管理有序、服务完善、文明祥和的社会生活共同体"，进一步完善了城乡社区建设的目标模式，为健全城乡社区建设工作体制机制，深入思考靠谁来进行社区建设、如何凝聚社区建设力量这一重大问题指明了方向。社会主义新农村建设的提出，更是促使农村基层政权从管理职能为主向服务职能为主转变，村民自治向村民权利保障和社区重建的方向深化与提升。中央的政策很具体，也很有指导性，但只有得到村民的实际认可，或者说只有在乡村基层得到实现才能发挥应有的效力。

2. 新疆农民对村组干部的角色定位认识还有一些模糊性。

在传统的计划经济体制下,政府主导农村、农民的一切,而农民则处于受支配地位,无法行使独立自主的生产权,在生产、消费等方面也受到极大的限制。虽然农民生活在农村,但却并不是农村的主体,生产活动等都要按照政府的说法去做,这样就根本说不上农民的主体意识,农民在农村建设中就无法发挥其主体作用,也无法发挥生产中的主观能动性。改革开放以来,中国在经济上开始向市场经济转轨,经济上的成功推动了社会各方面的发展。农村开始实行家庭联产承包责任制,农民的生产不再直接受政府支配,生产、消费获得了自主权,农民逐渐富裕起来。农民经济状况的改善,使得农民经济上获得了独立,经济上的独立奠定了农民经济、政治、文化等自主权的经济基础;与此同时,农民在经济上开始摆脱政府计划下的种种束缚,开始发挥农村发展的主体作用,农民的主体意识也开始萌发。随着农村经济的逐步发展,农民的主体意识越发增强,积极推动着农村的进步与发展,比如农村村民自治的开展就是农民主体意识增强的一个表现。在农民主体意识增强的同时,我们还要看到当前仍有一些问题在影响着农民主体意识。其中农民对村组干部的角色定位认识还有一些模糊性就是一个方面。

表47　　　　　　　　您觉得您村和组的干部,主要代表:

		频率	百分比	有效百分比	累积百分比
有效	政府	91	20.2	21.0	21.0
	村民	57	12.6	13.2	34.2
	既代表政府,又代表村民	285	63.2	65.8	100.0
	合计	433	96.0	100.0	
缺失	系统	18	4.0		
	合计	451	100.0		

在理论上说村镇秩序的获得有赖于村民的合作或村民与村干部之间建立有强有力的关系,正是村民之间、村民与村干部之间强有力的关系,使得村民会议通过的集体决策对全体村民具有约束力。但改革开放30多年

来，随着乡村集体生活场域的消失，村民之间和村民与村干部之间联系的纽带正在裂断，村民对村干部的角色定位认识不清。例如如在我们的调查中发现，村民认为村组干部代表村民利益的只占12.6%，代表政府利益的占20.2%，认为既代表政府又代表村民利益的占63.2%，说明新疆农民对村干部的角色定位认识不清。但调查又显示，农民对村干部的任职条件的认识十分清晰。

新疆乡村经济水平、市场化程度较低，生产方式单一，市场开放度低，全疆共有858个乡（镇）、9586个村，贫困乡村的比例大，生活水平低，脱贫任务繁重，南北疆社会发展不均衡，农业经济与牧业经济差异大。据统计，当前新疆贫困人口数量比较大，全区现有贫困人口224万人，占全区农村人口的23%[1]；生态环境脆弱，自然灾害频繁，农牧民因灾致贫、因灾返贫问题十分突出。贫困农牧民增收渠道单一，贫困人口经不起自然灾害、身患疾病、市场风波等方面的影响，很容易出现饱而复饥、温而复寒。经济社会发展水平制约着人们的思想认识，提高政治参与度、民主政治建设为经济中心服务的任务异常艰巨。

表48　　　　您认为村干部担任现职务的主要有利条件是：

		频率	百分比	有效百分比	累积百分比
有效	工作能力强	222	49.2	50.6	50.6
	领导信任	45	10.0	10.3	60.8
	群众关系好	80	17.7	18.2	79.0
	能得到本村百姓旺族的支持	83	18.4	18.9	97.9
	其他	9	2.0	2.1	100.0
	合计	439	97.3	100.0	
缺失	系统	12	2.7		
合计		451	100.0		

调查结果显示，新疆农民认为村干部担任现职务的主要有利条件分别

---

[1] 杨丽：《新疆农村基层民主政治建设面临的挑战和应对措施》，《喀什师范学院学报》2006年第5期。

是：工作能力强占49.2%，领导信任占10.0%，群众关系好占17.7%，能得到本村百姓旺族的支持占18.4%，这个结果有深厚的社会基础因素。我们知道，中国农民历来有勤劳淳朴、吃苦耐劳的传统美德。多年来，广大农民在党的领导下，艰苦奋斗，为建设社会主义农村做出了卓越的贡献。但就整个阶层而言，农民虽有朴素的感情，但其政治素质并不是很高，大多数农民，对政治事务的认识往往感性多于理性，他们对事务的评价，也更多是从自身的感受出发，来决定对事务的态度。尽管经过历次政治风雨和政治运动的历练和磨炼，广大农民的思想认识有了进一步的提高，但在农民身上，比较朴素的政治觉悟依然占主流。这在下表也可以看出。

表49　　　　　　　　　　您认为"自治"是：

		频率	百分比	有效百分比	累积百分比
有效	自我管理、自我教育、自我服务	368	81.6	83.4	83.4
	减少乡镇政府直接干涉的办法	24	5.3	5.4	88.9
	只不过是一个新名词，没有实际意义	23	5.1	5.2	94.1
	不知道	26	5.8	5.9	100.0
	合计	441	97.8	100.0	
缺失	系统	10	2.2		
	合计	451	100.0		

上述调查结果显示，新疆农民对村民自治的认识是基本清楚的，但为何参与意识又不强呢？其深层次的根源到底是什么？

我们知道，目前正开展的新农村建设代表了国家基层治理方式的变革，即由从农村汲取资源转向了反哺农村的一种新型发展模式，诸如粮食直补、教育"两免一补"、农村低保制度建立等等惠农政策使得农村关系发生了变化。用村民朴实的话来表达就是"以前都是拿东西，现在都是给东西"。资源流向的不同使得乡镇干部必须依靠村干部收取税费与乡镇干部将资金投入到村庄两种不同的乡村关系表现形态。在这种背景下，治理主体的改变不再以村干部单方面地有求于乡镇干部为全部内容，但据我们的调查，上级政府的"政绩观"对村干部仍有一定的约束作用，村干部个体主动性和积极性的有效发挥在一定程度上受制于上级政府的"政绩观"。如一个村长就埋怨，"你看我们的村委会，简直成了小政府，各种办公室都必须有。现在区镇政府都想抓典型、创明星，政府的每个部门都想干点政绩，我们理解他们，他们不容易，但我们更难，这么多部门的指标都得完成，不然都得一票否决。我这个村长就成了落实任务村长，我个人的事简直没有精力做。"农民和村干部都陷入认知的两难困境。

表50　　您认为村长（或其他职务）最难处理的关系是：

		频率	百分比	有效百分比	累积百分比
有效	与村民的关系	286	63.4	66.8	66.8
	与其他村组干部的关系	23	5.1	5.4	72.2
	与党支部或书记的关系	36	8.0	8.4	80.6
	与乡镇政府的关系	13	2.9	3.0	83.6
	与村办企业及其他经济组织的关系	29	6.4	6.8	90.4
	与大姓旺族的关系	41	9.1	9.6	100.0
	合计	428	94.9	100.0	
缺失	系统	23	5.1		
	合计	451	100.0		

表50的数据显示，农民认为，村长最难处理的关系是与村民的关系。在乡镇治理内容和方式改变的情况下，村干部又越来越感受到来自村庄的压力。首先，村民对村干部的行为有着更高的期待，在村民看来，村干部就应该为村庄争取更多的资源。强而有力的村庄价值生产能力让村干部为自己村庄争取好处成为他们的一种身体无意识。其次，这种压力与当前的国家政策导向有关。伴随着电视的普及，国家政策已经能够直接与村民发生关联，村民已经通过反复播放的新闻了解了国家对农民的态度，村民对国家优惠政策的预期与现实乡村政策的落实情况总是存在一个落差，这种落差则进一步激发了村民"保护自己权益"的热情。对村干部而言，又

三 新疆农民思想中的民主意识与农村基础秩序　　　　　　　　　　　91

不可以对能够在国家政策里找到依据的村民要求置之不理。整个村民生存的状态已经具有了更加开放的特点，这种开放因为与国家政策勾联的成功而使得村民获得了一种政治上的心理优势①。正是这种强大的心理优势让村民敢于保护自己的利益，甚至越来越敢于进行不达目的誓不罢休的"缠访"。在这种压力的转换之下，村干部的工作状态动力就变为由"上面压着"转为"下面推着"，一压一推之间正是村干部角色的转化与重新定位。

新疆与内地及其他边疆多民族地区相比，有其自身特点，体现在历史文化、地缘特征、民族构成、宗教信仰、经济自然结构、经济发展水平等诸多方面，这些特点形成了新疆乡村基层民主建设的特定环境，在边疆多民族地区具有典型性。地处西北边陲的新疆，居亚洲大陆腹地，是一个多民族聚居区。在全国 56 个民族中，新疆有 47 个民族之多，其中有 13 个世居少数民族、9 个跨界少数民族（其中有 6 个少数民族的主体在国外）。从民族构成看，新疆农村少数民族乡村所占比例大，达 90% 以上。新疆的社会进步、市场经济的发展和现代化的建设与各少数民族的发展紧密相关。在新疆农村民主建设中必须从宏观上科学把握民族政策的制定与运用问题、民族区域自治与村民自治关系、民族团结互助、各民族平等权利保障等问题。新疆是我国宗教信仰较多的省区之一，主要有伊斯兰教、佛教、基督教、天主教、道教 6 种宗教，多种宗教文化并存共生。其中信仰伊斯兰教的少数民族占新疆总人口的 60% 以上，除此以外，还有部分汉族和其他少数民族信仰佛教、道教、基督教、天主教、东正教等。宗教作为一种最古老最深刻的历史文化形态，已渗透到新疆各民族生活的各方面并深刻影响着新疆社会。② 改革开放以来由于各种因素作用，新疆的宗教问题凸现出来，宗教场所和信教群众增多，甚至一些民族乡村中全民信教，选民即是教民，二者合而为一。一般在内地农村，宗族因素影响较大，而在新疆地区，宗教对基层社会发展影响更突出，这是新疆社会发展区别于内地的重要因素之一。20 世纪 90 年代末中央、新疆地方政府采取

---

① 张付新、李新明：《从农村稳定看新疆社会主义新农村建设》，《塔里木大学学报》2008年第 1 期。

② 蒋丽蕴：《当代新疆农村维吾尔族宗教行为分析》，《西北民族研究》1999 年第 1 期。

了有利措施,在问题严重的地区、乡村进行集中整治,有力打击了反动分裂势力,教育了群众,维护了群众的利益。近年来,分裂势力从过去明目张胆地制造暴力恐怖活动转变为以宗教为掩护、以广大乡村为腹地,加紧在意识形态领域进行渗透,大搞地下非法教经活动,非法宗教活动屡禁不止,他们争夺基层干部群众和下一代,企图瓦解基层政权,坐大成势,达到其分裂祖国的罪恶图谋。分裂与反分裂斗争在新疆农村十分尖锐、复杂,并在一定历史条件下长期存在,"三股势力"及非法宗教活动成为影响农村民主政治稳定的最大隐患。这就对新疆农村基层民主建设提出了新的课题。

3. 新疆农民对社会主义新农村建设成果的满意度有所差异。

社会主义新农村建设,是改革开放以来我国在农村问题上的第三次重大变革,是推进城乡关系、工农关系的第三次调整。它的推行是与全国农村社会建设严重滞后的局面相关的。从全国的情况看,家庭联产承包责任制使生产资料和集体财产分散到户,乡(镇)村基层政权失去了对土地及其他资源的垄断权,加之其他原因,致使乡村基层政权组织在农村社会中组织、指挥、行政控制功能大大减弱。[①] 一些乡村社区为数不多的邪教和封建迷信活动依然存在,而在新疆由于其特殊的地理位置,容易被境外宗教极端势力和恐怖势力所利用,以传教为名进行宣传和渗透,争夺村落和乡(镇)社区的控制权,阻止政策落实。这种乡村社区控制权弱化现象既影响国家政令畅通和基层政权组织的稳定,也直接影响群众团结和社会生产、生活秩序,直接破坏着农村社会的稳定。因此,正确把握新疆农民对社会主义新农村建设成果满意度对于切实推进新疆农民民主意识生成与政治制度化建立具有重要意义。

表51　新农村标准:"生产发展、生活宽裕、乡风文明、村容整洁、管理民主",从你们村的发展看,哪几个方面做得较好?(一)

		频率	百分比	有效百分比	累积百分比
有效	生产发展做得不好	190	42.1	42.8	42.8
	生产发展做得较好	254	56.3	57.2	100.0

[①] 张华松:《入世后农民思想观念必须实现五大转变》,《安徽农学通报》2008年第4期。

续表

		频率	百分比	有效百分比	累积百分比
	合计	444	98.4	100.0	
缺失	系统	7	1.6		
合计		451	100.0		

农村经济的发展与否直接影响到村民们的社会意识形态，人们只有在解决了温饱问题的前提下才会有精力去寻求更多的民主权利。近年来，新疆粮、棉一直连续丰收，但农民人均收入和全国相比差距反而越来越大，农民利益体现不出来，农业发展前景不容乐观；科技装备水平严重不足，农副产品深加工滞后，资源转化率较低，经济仍处在原始和初加工阶段，效益比较低；南北疆发展极不平衡，南疆地区农村仍然很贫困，还有大面积戈壁荒漠地区，经济发展非常落后。由于社会生产力水平低，生产方式落后，许多少数民族群众刚刚解决温饱问题，有的甚至还没有解决温饱问题。这种状况势必影响村民参与基层民主建设的积极性。因此对新疆农村而言，发展生产是第一要务。从表51可以看出，新疆农民对生产发展满意度还是比较高的，达到56.3%，说明新疆农民对新疆社会主义新农村建设中的发展生产要素是满意的。但我们的调查发现，除去这个要素外，其他几个要素都不是很满意，具体见下表。

表52　新农村标准："生产发展、生活宽裕、乡风文明、村容整洁、管理民主"，从你们村的发展看，哪几个方面做得较好？（二）

		频率	百分比	有效百分比	累积百分比
有效	生活宽裕做得不好	213	47.2	48.0	48.0
	生活宽裕做得较好	231	51.2	52.0	100.0
	合计	444	98.4	100.0	
缺失	系统	7	1.6		
合计		451	100.0		

根据国家统计局新疆调查总队在新疆的调查，新疆农民收入的持续增加为满足农民日益增长的物质文化生活需求提供了有力的保障，农民的年人均生活消费支出由1990年的506.8元增加到2008年的2683.9元，增

加 2177.1 元，增长 5.3 倍①；农村市场繁荣，主要农副产品商品率高达 85%~94%，农民彻底摆脱了自给自足的小农经济生产及消费模式；农民的生活消费水平在达到温饱以后，开始由生存型向享受型和发展型过渡，出现了吃讲营养、穿讲样式、住讲宽敞、用讲高档、行讲便利的消费趋向，各族农民的文化素质、思想观念、经营能力也得到了明显提高。

改革开放 30 多年来，新疆农村贫困地区的贫困农牧民人均纯收入呈持续增长的趋势，2006 年新疆农村居民人均纯收入 3182.97 元，实际增长 10.1%，但比全国平均水平低 23%，农村居民家庭恩格尔系数也占到 40.0%。此外，农民收入中，南疆和北疆差异较大，南疆农民收入还低于全疆平均水平。贫困户、特困户人均年收入分别在 944 元和 683 元以下。贫困农民收入增长慢，农民的日常生活水平比城市居民、比全疆平均水平低得多；新疆贫困地区农牧民人均纯收入与全疆平均水平差距逐年拉大。贫困地区农牧民人均纯收入增长速度低于全疆平均水平，当遇到自然灾害时和在市场价格下滑的不利影响下，下降速度快于全疆平均水平，最终导致二者之间的差距进一步拉大。

除此这外，新疆农村社会保障体系不够健全。目前在新疆实行四项农村社会保障制度的县（市），没有将各种制度有机结合，实施程度差异较大，各种制度未能同步推进，保障程度不高，农村社会保障的覆盖面较窄，参加农村养老保险的人数较少。截至 2006 年底，新疆参加农村养老保险的只有 6 万人，只占全疆农村总人口的 0.47%②，大部分农村地区处于停滞状态。这首先是由新疆农村经济发展水平较低决定的。其次是农民参与的积极性不高。部分农民存在顾虑，担心缴费后将来享受不到待遇。农村社会最低生活保障覆盖范围较小。截至 2006 年底，在新疆 68 个县中开展农村社会最低生活保障的只有 22 个县，还不到 1/3，大部分地区未开展。③

同时，新疆农村社会保障能力不足。新疆农村社会保障资金来源很大

---

① 韩永贵：《改革开放 30 年新疆农民收入变化及对策建议》，《新疆财经》2009 年第 6 期。
② 古丽帛斯旦·买买提、古丽娜尔·阿不都拉：《新疆农村经济的贫困分析》，《特区经济》2010 年第 4 期。
③ 李广舜：《新疆农村最低生活保障制度改革思考》，《辽东学院学报》（社会科学版）2008 年第 6 期。

一部分是依靠县级财政与乡村积累,而最需要提供社会救助的一些地区往往财政力量薄弱。目前新疆农村特困人口主要集中在南疆地区,仅喀什、和田地区就集中了75%的特困人口,但由于这些地区财政入不敷出,尤其是新疆27个国家扶贫开发重点县的财政自给率仅为10.38%,农村社会保障工作难以正常开展。再加上新疆贫困地区生态环境恶劣,自然灾害频发,需要保障的人数不断增加,使县级财力紧张状况更加突出。而且农村老年福利机构较少。截至2006年,新疆老年福利机构仅356个,与2005年相比下降6.81%。[①] 福利机构少、条件差,满足不了新疆农村老年人口的需要。

在这种状况下,新疆农民事实上在生活方面不是很宽裕。虽然我们调查的地方是新疆最为发达的地区,但农民的满意度还是不高,认为生活宽裕、做得较好的也只有51.2%。

表53 新农村标准:"生产发展、生活宽裕、乡风文明、村容整洁、管理民主",从你们村的发展看,哪几个方面做得较好?(三)

		频率	百分比	有效百分比	累积百分比
有效	乡风文明做得不好	273	60.5	61.5	61.5
	乡风文明做得好	171	37.9	38.5	100.0
	合计	444	98.4	100.0	
缺失	系统	7	1.6		
合计		451	100.0		

乡风文明是中华民族的优秀传统,根据我们的观察,在经济比较发达的儒家文化深厚的内地,一般而言,乡风比较文明。但新疆是多民族聚居区,伊斯兰教传播历史甚久,绝大多数少数民族群众都信仰伊斯兰教。由于长期受宗教文化的影响,在大多数群众都信仰宗教、宗教氛围较浓的社会环境下,少数农村基层干部在信仰问题上存在十分严重的失范行为。有些乡村干部公开信教,参与宗教活动,以致出现不少问题。从表53可以看出,农民对乡风文明不满意的达到60%以上,这有很多原因,具体表现在:第一,非法宗教活动屡禁不止,呈现出新的动向和新的特点。虽然

---

① 朱新武:《新形势下新疆少数民族地区农村公共产品供给问题研究》,《黑龙江民族丛刊》2010年第1期。

在 20 世纪 90 年代，经过集中整治，新疆农村的非法宗教活动呈现出明显的下降趋势，但未能从根本上得到解决。近年来，非法宗教活动，尤其是地下讲经现象时有发生，而且在活动的方式、范围和形式上都出现了一些新动向和变化。① 一是从以往的集中活动、集中讲经改变为组织零散、形式多样的个别活动和辅导，以走亲戚、访朋友、串门做客为由进行活动和讲经；二是以青少年、未成年人为重点，低龄化趋势明显；三是参与非法宗教活动的女性，尤其是未成年女性明显增多。第二，零散朝觐现象愈演愈烈。朝觐是伊斯兰教教义中的"五功"之一，即每个信仰伊斯兰教的穆斯林，如果经济条件许可，身体健康，一生中应当至少到麦加朝觐一次。近年来随着人们生活水平的提高，在新疆农村出现竞相朝觐、相互攀比的局面。第三，爱国宗教人士的新老交替问题日益突出。近年来，爱国宗教人士老龄化问题比较突出，自然死亡率较高。第四，基层组织建设和宗教管理干部队伍建设存在着不足。目前新疆农村的一些基层组织及党员的号召力不及宗教人士，一些党员干部长期信仰宗教。宗教管理干部队伍中仍然存在着人员不足、战斗力不强、工作盲目性大等问题。第五，"两教"问题更加突出。近年来，基督教和天主教（简称"两教"）在新疆大面积传播，已经成为影响社会稳定的现实问题。"两教"的传播和发展明显带有一些敌对势力对我国进行"西化"和"分化"的特征。西方的各种教会以经商、办企业或从事慈善事业为名，搞传教活动，他们向群众尤其是青少年传播基督教，灌输西方所谓的"民主""自由"观念，煽动民族分裂，挑拨党群关系，动摇我党执政基础，对新疆农村社会政治稳定构成了现实的威胁，等等。新疆农村乡风文明出现的问题在很大程度上与宗教有关。

表 55 新农村标准："生产发展、生活宽裕、乡风文明、村容整洁、管理民主"，从你们村的发展看，哪几个方面做得较好？（四）

		频率	百分比	有效百分比	累积百分比
有效	村容整洁做得不好	258	57.2	58.1	58.1

---

① 张平伟：《新疆农村基层组织建设的研究》，新疆农业大学 2009 年硕士毕业论文，第 17—22 页。

三　新疆农民思想中的民主意识与农村基础秩序　　97

续表

		频率	百分比	有效百分比	累积百分比
	村容整洁做得很好	186	41.2	41.9	100.0
	合计	444	98.4	100.0	
缺失	系统	7	1.6		
	合计	451	100.0		

随着社会主义新农村和农村全面小康社会进程的推进，新疆充分贯彻落实党对农村的各项优惠政策，大力加强农村基础设施建设，使农民群众的生活、生存环境有了较大的改善。我们在调查中发现，农村基本实现了乡乡通公路、村村通机动车，交通的改善不仅为发展农村经济创造了条件，而且为广大农民群众探亲访友、外出旅游提供了便捷。通电话的农户逐年增加，移动电话等先进的通讯手段迅速进入了农民家庭，为农民进行信息交流、扩大视野创造了便利条件，村容面貌得到很大改善。但由于新疆农村很多家庭养羊、牛等牲畜导致村属道路不是很整洁，这可能是农民认为村容整洁做得不好的原因。

表56　新农村标准："生产发展、生活宽裕、乡风文明、村容整洁、管理民主"，从你们村的发展看，哪几个方面做得较好？（五）

		频率	百分比	有效百分比	累积百分比
有效	管理民主做得不好	297	65.9	67.0	67.0
	管理民主做得较好	146	32.4	33.0	100.0
	合计	443	98.2	100.0	
缺失	系统	8	1.8		
	合计	451	100.0		

从表56可以看出，新疆农民认为管理民主做得不好的占65.9%，这是村民最反感的地方，其中的原因是多方面的。

一是农民本身缺乏作为民主政治主体的意识，平等意识和权利意识以及政治责任感均比较弱化。体现在实际生活中，即农民的政治民主能力弱化。这在前文的调查中有很多数据可以说明。而农民对政治生活信息的认知程度低、主体意识淡化和政治参与能力不高，必然使农村的基层民主发展失去内源动力，影响其政治参与效果，也使新农村政治基础的巩固受到一定程度的制约。我们知道，在市场经济的推动下，人口流动的速度特别是从农村到城市的人口流动速动大大加快，这样就造成大量青壮年农民转向城市，出现了城市本位的现象，导致农村出现劳动力空虚，遗留在农村的老人、小孩、妇女则只能勉强维持农村的现状。农村劳动力的丧失使得农村发展缺乏足够的后劲推动力，根本无法使农村的建设正常化。

二是政府与农民的关系问题。在计划经济时代，农民的生活资料都是计划分配的，农民的自我认同是被治理者，对于农村的发展，不需要农民出谋画策，这样就形成了农民对政府的依赖，久而久之，在农民的头脑中就形成一种政府主导下的被治理的客体意识。在使政府与农民发生关系的农业税等取消后，没有了政府的主导，农民由于依赖的客体意识存在，缺乏强有力的主体意识，使农民对自身的发展和所在村镇的发展不知所措。

在这个意义上说，农民作为建设社会主义新农村的主体，要发挥农民的主体作用，就必须要强化农民的主体意识。只有强化农民的主体意识，他们才会认识到社会主义新农村建设的主体、受益主体、价值主体都是农民。只有强化农民的主体意识，才能建立起以农村为中心的农村本位体系；以农村本位为新农村建设的发展模式，把农民的聪明才智留在农村，通过发展农村经济，实现资源的收益留在农村，进而充实农村发展，促进新农村建设；同时，只有强化农民的主体意识，农民才能摆脱传统计划经济体制下主体地位、主体能力、主体价值缺乏的心态，充分发挥自身的传统优势，从旁观者转变为新农村建设的参与者。

三是农村社区的功能定位出现矛盾。农村社区应是什么样及什么性质的组织，是农村社区建设中无法回避的首要问题，这关系到农村社区组织与管理体制建设和发展的方向，关系到由谁主导、采取什么样的方式进行建设的问题。社区是随着社会现代化变迁而出现的与社会相对应的一个概念，农村社区应该是在农村社会关系、组织形式、村民生活方式和分配方式多样性的变动中生成、推进与发展的，体现的是农村社会由传统向现代的转型。但我国农村社会经济发展水平总体来说比较低，以村委会为载体的村民自治，依然处在行政化主导阶段，自治权利落到实处的不多，社区发育各方面条件不成熟，农村居民参与度不高，社区建设在现实农村中缺乏自主性。虽然农村社区从一开始就被赋予了自治性质，但由于社区建设是在体制改革和社会发生巨大变化的基础上进行的，是由政府自上而下推进的，政府在农村社区建设中发挥着重要的支持、导向和组织作用，社区建设更多体现的是一种国家行为，这就使得社区建设主体和社区建设行为容易出现行政化趋势。实践中社区管理组织往往被当成政府的延伸，其职能和传统的乡、村没有什么根本区别。许多农村地区虽然已经挂出了社区的招牌，但是其实它仍延续着过去村支部、村委会的做法，沿用传统的行政手段和管理模式来从事社区管理，没有什么实质的改变。也就是说，没有国家的行政推动，农村社区建设很难自发出现，国家的行政化推动又极易使社区自治处于行政压力之下而陷入体制的困境。

四是农村社会建设的内容没有明确。农村社会建设是为了顺应以市场化为导向的经济体制改革，适应农民日益增长的个性化、多元化的发展需求，增强基层组织服务改革、服务发展、服务群众的能力。以前在谈到城乡差距时，人们更多地只是注重了农村在经济发展方面的落后，而忽视了其在社会建设，尤其是在享受政府公共服务和发展公益事业等方面与城市的更大差距。随着国家统筹经济和统筹城乡发展战略的提出和广大农村居民对社会公共服务的需求愈益迫切，农村的社会建设问题日益突出，亟须解决。因此，正如有学者所指出的，"农村社区建设实际上是通过各种形式的社区服务活动和发展社区公益事业，对农村社区进行社会建设和管理的活动和过程，其重点和特征在于其社会性和公共性。"[1] 农村社区建设的提出，更重要的是为了发展农村社会事业，为农村居民提供更多的公共服务，其侧重点是在社会建设和社会管理。当前各地的农村社区建设实践中都存在一个突出问题，就是规定的建设内容过于庞杂、全面，涵盖了农村经济建设、政治建设、文化建设、社会建设和党的建设等多个方面，与村支部和村委会的职能几乎完全一致，许多地方为彰显政绩，把村委会的牌子换成社区居民委员会的牌子，建设点基础设施，就算完成了社区建设，完全忽视了社区组织本来应该具有的自己经办、自己管理的特性和自己独特的运行机制。

---

[1] 徐增阳：《村民自治进程中的乡村关系》，华中师范大学出版社2003年版，第253页。

农村社区建设必须要避免过度行政化的干预，实现真正的村民自治。这就要求，在外部，政府要转变职能，对社区建设行由政主导模式向行政引导模式转变，要利用基于价值的公共领导来帮助公民明确表达和满足他们的公共利益需要，而非提供服务；也就是说，政府的任务在于政策引导、基金支持、规划监督等，应避免过多的行政干涉。在内部，社区要深入发展直接民主，用群众和民主的力量促进村民自治。在机构设置上，各地情况千差万别，各地应根据自己的实际情况确定农村社区建设的单位，而不是一概而论。但总的来说，大部分农村还不具备成熟社区的条件①，新成立的社区机构（社区管理委员会或社区居民委员会等）不应与原村委会合并，而是应该按照多元与分权的原则，成为治理的主体之一，获得独立的地位，形成新型农村共治治理格局。这意味着在农村村委会的行政力量与社区的自我服务力量的互动将构成区域一体的农村管理格局，锻造统一的但又多元与分权的区域管理实体，达到治理的最佳绩效，从而调动多方面积极性，既维护农村地区的经济发展和社会稳定，又能有效推进社会和民生建设。同时，要大力发展社会自治组织，使农民协会、专业合作经济组织、各种非政府组织和志愿者组织等参与到治理格局当中，这些主体在管理方式上变管理为服务，以服务为主，更多强调法律手段，淡化行政手段，通过契约履行各自的权利义务。

当然农村发展离不开新疆特定的文化背景与社会基础，有什么样的农村文化和社会基础，就有什么样的农村发展的方式、模式、方向、速度、质量和结构。今天的农村存在的许多问题，很大程度上都与村庄内部的凝聚力下降，村庄的解体和失序相关。

五是政治保障制度不够完善，阻碍了新疆村民自治的改革进程。新农村建设进程中，经济发展固然重要，但没有先进的民主政治保障，也是很难持久的。改革开放以来，特别是实行村民自治以来，农村以构建基层民主为主要内容的政治文明建设有了长足的发展，开始打破延续了几千年的委任制的吏治传统，村委会的成员由村民选举，村里重大事务由村民民主决策、民主管理，村务工作和村委会的成员受村民民主监督，初步实现了

---

① 郭群峰：《如何加强农村基层组织的建设》，《理论视野》2007 年第 4 期。

从治民到民治的本质转换，其意义重大而深远。① 但是我们也应看到，政治保障制度还有其不完善的地方，主要包括县乡镇对村委会的选举"指导"问题、村民的选举资格和选举权问题以及村委会及其成员行政化倾向问题等等。上述这些问题，必然在一定程度上阻碍了新疆村民自治的发展，也成为影响农村政治基础稳定的不利因素之一。

总之，从长期的历史来看，新疆农民在经济、政治等方面处于弱势的地位。从经济上看，城市与农村、农村与农村、农民与农民的贫富差距的存在，特别是贫富差距的扩大，使得农民产生社会不公正、不公平的评价，并以为自己没有享受到改革开放带来的现代化成果，在心理上感到自己的应得利益受到"剥夺"而产生一种不平衡的心理感受。在政治上看，城乡二元结构，使城市与农村不能在资源、资金等方面得到共享。因此在推进新农村建设过程中，中央及时地采取措施积极解决在社会化过程中出现的不平等问题，积极营造和谐的平等氛围，以保障新农村建设的开展。通过一系列的措施，降低农民在社会发展过程中的"相对剥夺感"，通过以民生为重点的社会建设实现农民的国民待遇，减少城乡二元结构的消极影响，营造新农村建设的平等意识氛围环境。

改革开放以来，农村的社会结构等发生了巨大的变化。由于国家与农村的社会关系以及国家的行政控制能力和意识形态控制能力的弱化，改革开放后的农村社会秩序面临着严重倾斜的危险。在农村社会秩序出现失衡的情况下，农村村委会等处于边缘化②，受长期封建制度的统治及其意识形态的熏陶，农民在民主意识和民主传统方面十分缺乏，在这样的情况下，农民对远离自己实际生活的社会管理的参与意识就显得十分薄弱，而且缺乏有效的村级组织对农民进行参与的动员。

在新疆农村，因其自然与历史的原因，农民为温饱而忙碌奔波，从而导致他们为了生计而不问政治。我们知道，在传统计划经济下，农民对土地自主经营的权利事实上被剥夺，再加上我们在相当长的时期里，对农民在中国民主政治建设和现代化建设中起的作用认识不够，对占人口绝大

---

① 俞可平：《治理与善治》，社会科学文献出版社2000年版，第9—12页。
② 徐勇：《由能人到法制：中国农村基层治理模式转换》，《华东师范大学学报》1996年第4期。

数的农民缺乏民主意识的培育，致使农民的平等意识、民主精神和政治参与的诉求都非常缺乏。社会主义新农村建设的要求中明确提出乡风文明、村容整洁、管理民主。乡风文明本质上是农村精神文明建设问题，要达到乡风文明就必须要由农民主体出谋画策，积极参与到农村的精神文明建设中，以保证在经济发展的前提下，做到生产发展、生活宽裕与乡风文明互相促进、协调发展。村容整洁和管理民主，涉及到政治文明，要实现村容整洁和管理民主就是要真正实现村民自治，要由村民通过参与到农村的选举、决策、管理和监督中来实现农村建设的农民自治。参与是实现农民主体意识的落脚点，没有参与意识，就无法使农民实现新农村建设的主体与新农村建设的实践者的衔接；没有参与意识，就无法使农民的聪明才智转化到新农村建设之中去；没有参与意识，就无法使新农村建设的各项要求落到实处。限于农民的特点，新农村建设中我们必须改变长期以来的客体意识主导下的农民，通过营造平等的意识氛围，使农民已经形成的主体意识进一步强化，锻造农民的参与意识，以此发挥农民在新农村建设中的主体作用。

（三）新疆乡镇政权建设意识与治理效能

"治理"源自于古典拉丁文或古希腊语的"引导领航"（steering）一词。长期以来，"治理"一词主要被限用于与"国家事务"相关之宪法议题和法律活动，以及用于处理各类利害关系的特定机构或专业单位。20世纪 90 年代，治理理论在西方广泛兴起，关于治理的概念，不同学者给出了多个不同的解释。其中以全球治理委员会的定义最具代表性和权威性。该委员会在《我们的全球之家》的研究报告中对治理做出了如下界定：治理是各种公共或私人机构管理其共同事务的诸多方式的总和。它是使相互冲突的或不同的利益得以调和并且采取联合行动的持续过程。它有四个特征：治理不是一整套规则，也不是一种活动，而是一个过程；治理过程的基础不是控制，而是协调；治理既涉及公共部门，也包括私人部门；治理不是一种正式的制度，而是持续的互动。[1] "乡村治理"的概念

---

[1] 俞可平：《治理与善治》，社会科学文献出版社 2000 年版，第 10 页。

首次由华中师范大学中国农村问题研究中心的政治学者提出。不管怎样去定义乡村,乡村总是相对于城市而言的。具体比较而言,乡村在诸如人口密度、人口同质性、经济、政治和文化活动、职业、社会分化、社会流动、社会交往、组织、环境、生活方式等特征上与城市有着显著差别,所以在研究"乡村治理"时必须考虑农村的实际情况来提出不同的治理策略。

2009年出台了《中共中央国务院关于2009年促进农业稳定发展农民持续增收的若干意见》（2009年中央一号文件）,农业和农村发展出现了积极变化,迎来了新的发展机遇。农业结构调整向纵深推进,农民收入较快增长,农村税费改革取得重大成果,社会事业进一步发展。这些深刻变化和巨大进步,是与农村基层组织和广大基层干部的辛勤工作密不可分的。新疆农村基层组织是在民主改革、社会主义改造和全面建设的基础上建立的,同时也为这些运动与建设提供了领导保证和组织保证,巩固和加强了党在农村的核心领导地位。新疆农村基层组织建设具有特殊性、复杂性、艰巨性的特点,必须因地制宜,不可盲目照搬内地做法。"慎重稳进"方针是党的实事求是思想路线在新疆社会改革中的具体体现,反映了新疆在探索社会革命和社会建设道路时的谨慎和务实态度。正如邓小平同志所指出的"先有稳定的政治环境那就什么事情都能搞成"。[①]

1. 对中央政府和中国共产党的农村政策是普遍认可的。

如前所述,新疆历史文化、地缘特征、民族构成、宗教信仰、经济自然结构、经济发展水平等诸多方面特点形成了新疆乡村基层政权建设的特定环境。从历史上看,新疆政治变革的历程具有与内地省区不同的特性,新疆民主政治建设呈现出特殊性、复杂性、艰巨性的特点。中央早在民主改革运动中便提出"慎重稳进"的方针。"慎重稳进"方针是实事求是思想路线在新疆社会改革中的具体体现。[②] 从现实看,在新疆农村特别是基层乡村,当前基层政权建设的特殊性、复杂性、艰巨性依然突出。集中表

[①] 邓小平1989年2月26日会见美国总统布什时的谈话。

[②] 汤夺先:《伊斯兰教对地缘政治格局中民族心理的调适功能——以新疆地区为例》,《江南社会科学院学报》2005年第2期。

现在新疆农村经济发展、村民生活水平与发展现代基层政权的物质基础条件有较大的差距，对现代基层政权建设意识的认知不高；缺乏基层政权制度的充分供给和机制创新；宗教对乡村基层政权实践影响十分突出，境内外民族分裂主义等"三股势力"对乡村的渗透和破坏将长期存在，成为影响新疆农村基层政权稳定的最大隐患。[①] 对党和国家农村政策的评价是考察农村基层政权稳固性的一个重要参考指标。从我们的调查看，新疆农民对中央政府和中国共产党的农村政策是普遍认可的，说明新疆基层政权建设有很大成效。

表 57　　您对党的农村政策的满意程度如何？

		频率	百分比	有效百分比	累积百分比
有效	非常满意	189	41.9	43.1	43.1
	基本满意	244	54.1	55.6	98.6
	不满意	5	1.1	1.1	99.8
	其他	1	0.2	0.2	100.0
	合计	439	97.3	100.0	
缺失	系统	12	2.7		
合计		451	100.0		

从表 57 可以看出，新疆农民对党的农村政策的满意程度很高，非常满意的达到 43.1%，基本满意的达到 54.1%，二者相加达到 98.6%。这与新疆在 1949 年之后全面持续加强党的领导地位建设有关，也就是说新疆农民对党的高度信任和对党的政策的高度了解强化了新疆农民对党的农村政策的满意度。

2. 新疆农民对中国共产党高度信任。

由于新疆的特殊情况，在一定意义上说，基层政权建设在新疆的一个重要特点是必须加强党的建设，只要中国共产党的号召力在新疆农村依然保持强大，党的基层组织在新疆扎好根，新疆基层的政权建设才能

---

① 肖云忠：《宗教价值观对构建和谐西部社会的影响》，《理论月刊》2006 年第 10 期。

做好。可喜的是,我们的调查结果显示,新疆农民对中国共产党高度信任。

表 58　　您觉得共产党的宗旨是什么?

		频率	百分比	有效百分比	累积百分比
有效	团结友爱	38	8.4	8.6	8.6
	全心全意为人民服务	388	86.0	87.8	96.4
	艰苦奋斗	2	0.4	0.5	96.8
	实事求是	14	3.1	3.2	100.0
	合计	442	98.0	100.0	
缺失	系统	9	2.0		
合计		451	100.0		

表 58 和表 59 都是考察新疆农民对党的基本知识的了解程度,对于文化程度不高、外出经历不多、相对封闭的新疆农民而言,这两个指标足以说明问题。从表 58 可以看出,知道共产党的宗旨是"全心全意为人民服务"的占被调查者的 86.0%,在我们的访谈过程中,也发现新疆农民特别是少数民族农民可能对外面世界的各种消费方式、各种纸醉金迷的生活不是很了解,但对于党的各种知识都能谈论一些。这很令我们调查者感到欣慰。

表 59　　您知道我们党的最终目标是什么吗?

		频率	百分比	有效百分比	累积百分比
有效	实现共产主义	336	74.5	76.2	76.2
	实现共同富裕	103	22.8	23.4	99.5
	其他	2	0.4	0.5	100.0
	合计	441	97.8	100.0	
缺失	系统	10	2.2		
合计		451	100.0		

表 59 考察的是农民对党的最终目标的了解程度,犹如表 58 一样,大多数被调查的农民基本是了解的,知道是"实现共产主义"的占 74.5%。

表 60　　　　　　您认为共产主义社会能实现吗?

		频率	百分比	有效百分比	累积百分比
有效	相信	380	84.3	85.2	85.2
	不太确定	54	12.0	12.1	97.3
	不相信	12	2.7	2.7	100.0
	合计	446	98.9	100.0	
缺失	系统	5	1.1		
合计		451	100.0		

在 20 世纪 80 年代初,出于对集体主义"大锅饭"给民众带来普遍贫困化的反思,"分田到户"成为一种自然而然的逆向选择。的确,此种改革给农村带来了翻天覆地的变化,其中最重要的成果莫过于解决了农民的温饱问题。然而,这种路向的改革成果似乎也仅止步于此,绝大多数农民并未从中实现由"温饱"向"富裕"的跨越。与我们改革之初的预期恰恰相反的是,一些坚持了集体主义道路的村庄却实现了"本土化的富裕",如河南省南街村、江苏省华西村、湖北省洪林村等,这些村庄通过"乡村工业化"实现了本土富裕。① 这种现实的后果不得不让我们反思这样一个问题:当初农村市场化改革的价值取向与现实依据是什么?是简单的非此即彼的二元对立抉择、还是西方市场化的路标,抑或其他?就温饱问题的解决而言,这种改革无疑是成功的。但是,要想达到富裕的指标,农村市场化改革似乎难以奏效,而新集体主义传统却为我们提供了不同于主流价值取向的另外一种选择。在这里,并非争论集体主义与单纯的市场经济的优劣好坏,而是在农村面临新一轮发展困境与改革路径选择时检讨一下我们的价值取向,在现实发展历程之中反思,从而不至于迷失于所谓主流价值标准却背离社会现实发展之中,以期提高我们对农村社会发展现实的自觉性与敏感性。表 60 主要是考察新疆农民对党的最终目标能否实

---

① 张厚义:《转型社会中的农村变迁——对大寨、刘庄、华西等 13 个村庄的实证研究》,《社会学研究》1992 年第 2 期。

现的信任程度，调查结果显示有84.3%的被调查者明确表示相信。当然这个结果与党的基层党员发挥的先锋模范作用有密切关系。

表61　　　　　　　　您身边有没有您觉得优秀的党员？

		频率	百分比	有效百分比	累积百分比
有效	有	374	82.9	84.2	84.2
	不清楚	42	9.3	9.5	93.7
	没有	28	6.2	6.3	100.0
	合计	444	98.4	100.0	
缺失	系统	7	1.6		
合计		451	100.0		

由于特殊的社会政治人文环境，新疆农村基层党组织的建制与发展呈现出不同于内地省份的特点。和平解放前的新疆，封建制和农奴制的影响依然很深，少数民族大多信仰宗教，宗教影响深入到各民族的政治、经济、文化生活等各个方面。广大农村和牧区的政权都掌握在封建地主和封建头目手中。国民党统治时期旧有制度以封建保甲制度的形式来维持，保留并授予封建地主头目种种特权，来换取他们对国民党政权的支持，各族人民深受封建势力的压迫和剥削，这种浓厚的封建性同样阻碍着社会的发展。在这样一个多民族聚居、封建势力很强、宗教意识浓厚的地区，缺乏建立无产阶级政党的群众基础和阶级基础。这意味着新疆的党组织建设工作充满复杂性和艰巨性。事实上，新疆党员的发展尤其是地方少数民族党员的发展工作，是人民解放军进入新疆以后才开展起来的。[①] 1949年10月12日，中共中央新疆分局成立，新疆分局成立以后，新疆地方党组织即地、州、市、县等各级党组织，也逐步建立起来。新疆分局作为中共新疆党的领导机关，在新疆的和平解放、建党整党、政权建设和社会主义改造中发挥了重要的领导作用，1955年10月1日中共中央新疆分局撤销，中国共产党新疆维吾尔自治区委员会成立。由于新疆政治社会环境的特殊

[①] 有关新疆农村党组织的发展历程主要是参考了杨丽、武磊所发表的《中国共产党基层组织在新疆农村的建立与发展》一文，见《实事求是》2007年第2期。

性，党的各级组织的建立和发展选择了一条不同于内地省份的途径。中国新民主主义革命是从农村打土豪分田地、建立农村革命根据地起步的，在广大内地省份，党的各级组织是从农村建立并逐步向大众城市发展的，即"从下到上"。即便在国统区省、县级党组织处于地下工作时期，党的农村基层组织依然很健全，这与内地深厚的群众基础和较高的阶级觉悟分不开的。这些条件恰恰是新疆所不具备的。新疆各级党组织的逐步建立，不仅发展壮大了党的组织，使党内有了本地出生的党员，特别是少数民族党员，增强了党的力量，而且保证了新生政权的建立和巩固，促进了后来各项工作的顺利开展。这些党员在新疆宣传党的知识，在不同时期为完成党的各项任务作出了极大的努力，也在普通农民中产生了极大的威信。以致让党的基层组织成为党在农村社会基层组织中的战斗堡垒，是党的全部战斗力的基础。表 61 中，新疆农民认为身边有优秀党员的占 82.9%，就是一个很好的说明。

表 62　　　　　　　　　　您愿意入党吗？

		频率	百分比	有效百分比	累积百分比
有效	不愿意	46	10.2	10.6	10.6
	愿意	361	80.0	83.0	93.6
	无所谓	28	6.2	6.4	100.0
	合计	435	96.5	100.0	
缺失	系统	16	3.5		
合计		451	100.0		

表 62 考察的是农民对党的选择问题，从表中统计的结果看，有 80% 的被调查农民表示愿意加入中国共产党。这一调查结果说明新疆农民对中国共产党有良好的信任感。

3. 新疆农民对基层政权的支持度是值得认可的。

限于本研究的主题，本部分不深入探讨学界热衷的如何强化基层政权建设的问题。但基层政权建设问题确实是一个关乎农村将来发展的重大问题，为了便于从农民思想观念的角度探讨、分析这个严肃的问题，本研究选择了一些可以说明问题的指标体系,其中对村干部的评价、对村干部工作的支持是主要指标。

表63　　　　　　　村干部来收缴相关费用,您怎么做?

		频率	百分比	有效百分比	累积百分比
有效	积极缴纳	367	81.4	83.2	83.2
	等其他人缴纳了才缴纳	57	12.6	12.9	96.1
	不缴纳	10	2.2	2.3	98.4
	其他	7	1.6	1.6	100.0
	合计	441	97.8	100.0	
缺失	系统	10	2.2		
合计		451	100.0		

村干部向农民收缴相关费用是村干部的职责之一,也是农民普遍反感的主要事情。在新疆它又体现出特殊性。从全国看,近年来我国陆续出台了关于农民增收、减负的文件,并取消了农业税,可见我国对农村和农业的重视。但是事实上,这些政策并没有像预想的那样尽如人意。

我国长久以来形成的城乡"二元经济"结构致使农民生活落后,农村经济发展缓慢,农村与城市经济矛盾加深,主要表现在以下几个方面:首先以工农产品价格"剪刀差"为基本形式的价格争夺依然激烈;其次是因为土地资源剥夺、城市化进程使得失地农民生活艰难,不断增加的失地农民队伍,必将严重影响新疆地区的社会稳定和粮食安全;再次是就业岗位争夺,农民就业率低。二元经济结构加速了农民弱势地位的加剧,新疆经济落后,公共投入和公共服务都严重欠缺,许多潜伏因素在加剧着农民贫困化危机。[①]

我们在调查中发现,以新疆伊犁清水河村民11年没能要回属于他们自己的1500亩土地和水库为例:2000多人的村小组有一大半人没有土地,属于他们的1500亩土地却搁置了两年。农民们仅有的2800亩农田没有水源,一年只能浇一次水,而自己集资修建的水库却被卖给了私人老

---

① 柴军:《论新时期新疆反贫困战略》,新疆人民出版社2011年版,第111—114页。

板。为了要回属于自己的土地，新疆维吾尔自治区伊犁哈萨克自治州霍城县清水河村的村民们已经努力了11年，依旧未果。新疆农村相对于内地农村落后许多，贫困化本身就是一种危机，农民作为农村的社会主体，正承受着日益加剧的贫困化给他们带来的负担。近年来，新疆整体经济发展迅猛，但农村发展依旧落后，并没有因为整体经济的上升而使农民贫困人群减少。新疆经济整体落后于内地，农村也是如此，在城乡二元经济结构中，新疆农民的生活水平与城市居民生活水平相差甚远，农民收入低，负担重，弱势地位进一步加剧。

在这种背景下，我们的调查统计却表明，在村干部向农民收缴相关费用的问题上，81.4%的被调查农民表示积极交纳，这个结果说明了农村基层政权组织强大的公信力和良好的群众基础。这个结果在下表中也有印证。

表64　　　　　　　　村里组织相关的技能培训，您会参加吗？

		频率	百分比	有效百分比	累积百分比
有效	积极参加	411	91.1	92.8	92.8
	无所谓	26	5.8	5.9	98.6
	不参加	6	1.3	1.4	100.0
	合计	443	98.2	100.0	
缺失	系统	8	1.8		
	合计		451	100.0	

与表63所列举的是农民普遍反抗的指标不同，在我们的课题问卷设计中，表64列举的是我们主观认为的农民将欢迎的指标，以便进行比较分析。表64统计的结果没有出乎我们的预料，91.1%的被调查农民表示积极参加，这说明两个问题：一是新疆农民对村组织普遍信任；二是农民有掌握相关技能的迫切需求。

但这些结果并不能掩盖新疆农村发展过程中出现的一些问题。虽然在我们的问卷设计中没有涉及特别敏感的负面问题，但在我们的后期访谈中发现，新疆农村现有的一些问题已经开始动摇农村基层政权的基础。主要体现为以下几点：

(1) 村干部队伍结构不合理。调研资料显示,在被调查的村干部中年龄最小的为31岁,年龄最大的为64岁。35岁以下的村干部只占11%,而43岁以上的村干部占到了55%,老龄化明显。自治区政府近年来高度重视村干部的教育与培训,村干部的整体文化素质有了较大提高,但从学历方面来看,被调查的村干部中有大专文凭的仅占19%,初中毕业的村干部占32%,还没有一名大学生村官。① 在抽样调查中,女性村干部比例为6%。可以把新疆村干部队伍结构不合理状况概括为"年龄结构老化、学历层次偏低、性别比例失调"。农村基层组织建设是一项系统工程,具有长期性、动态性、艰巨性等特点,因此需要选拔和任用文化素质高、业务能力强、政治思想靠得住的年轻村干部。

(2) 新疆村干部薪酬总体状况不是很好。2005年新疆维吾尔自治区执行国家的税费改革政策,在全疆范围内免征农业税。税费改革以前,村干部的工作报酬主要来源于"三提五统";税费改革后,村干部的工资来源发生了根本性的变化,主要通过财政转移来支付。目前,新疆大部分地区实行的村干部薪酬标准是按照农村居民人均收入的150%发放,再加上绩效工资。由于新疆各地农村的经济发展水平显著不平衡,各县市、乡镇、村的经济发展状况不同,导致村干部的工资标准也有显著差异。学界的调研资料显示,乌鲁木齐市村干部的平均工资为9607元人民币,当地农民人均收入为4686元,即村干部的工资是村民收入的2倍多,居全疆之首;阿勒泰地区的村干部平均工资为301元,仅为当地农民人均收入的0.76倍,全疆最低。② 调研中发现,绝大部分村干部对工作条件、工资状况、发展前景等满意度较低,普遍反映"没有正常的作息时间""自家的农活忙不过来""总觉得自己比乡干部低人一等"。这种状况,严重影响了村干部为村民服务的意识、大大削弱了村干部的工作积极性,进而影响到农村基层组织的战斗力。

(3) 贿选及变相贿选仍然存在。在我们的访谈中,很多村民表示在三年一度的村委会选举中,存在着贿选现象,其表现形式多样,手段隐蔽。候选人主要通过上门游说,给予村民小恩小惠,搞空头许诺来获取选

---

① 在我们的调查中,在新疆伊宁县只发现了1名从县机关来村里挂职的大学生村官。
② 张平伟:《新疆农村基层组织建设的研究》,新疆农业大学硕士论文2009年。

票。更有甚者，通过金钱来"买"选票或者贿赂选举监督人员，影响极其恶劣。有的候选人还"帮助"一些不识字的选民，替他们填写选票，违背了村民意愿。贿选及变相贿选现象的发生，干扰了乡村选举的正常秩序，败坏了社会风气，影响了新疆农村的社会稳定和发展。

根据课题组对新疆农民的调研，我们认为当下新疆农民的思想状况随着农村改革的深化和利益关系的调整而发生了多维变化，既有健康向上的，更有消极落后的，多种观念同时并存，喜忧参半。令人欣喜的是，经过三十多年的改革开放和农村经济、文化、教育的发展，多数农民的政策意识、市场意识、开放意识、科学意识、法律意识、文明意识、学习意识等有了明显的增强。但欣喜之余更多的是让人担忧，如农民集体意识退化了，土地承包到户以后，由于集体劳动减少，国家、集体观念也随之逐渐淡漠，讲索取的多，讲奉献的少，有的遇事以自己的利益为中心，对国家、集体利益不太关心，甚至趁机横加阻挠，或敲竹杠；义务意识弱化了，部分农民对法律法规和党的政策作片面理解，对自己享受的权利乐于掌握，而对自己应尽的义务却知之甚少；陈规陋习泛化了，由于长期受传统思想的影响，至今一些陈规陋习不但没有在农村中销声匿迹，反而大有抬头之势：婚嫁丧葬大操大办搞攀比、封建迷信活动死灰复燃成行业、农村宗族势力影响深广树派别、赌博活动快速蔓延变恶疾等；情面意识强化了，受人情世故的影响，相互护短、是非颠倒、群体滋事等现象时有发生，对许多问题的处理不是靠道德规范和法律条例，而是要靠人情关系、看"面子"来解决；信念意识淡化了，不少农民对党和政府的信赖程度在减弱，对党不信仰，对政策存疑虑，对干部不信任，对法律无所谓，迷茫失落情绪、不满现实情绪、怀疑对立情绪时有所见。如此等等，充分说明加强农民思想教育已经刻不容缓。

然而，审视农民思想教育工作的现状，却又不得不令人反思，不少村干部认识缺位。在一些缺乏政治敏锐性和政策鉴别力的基层领导干部看来，搞市场经济，主要靠经济规律这只"无形的手"来调节各方面的关系，思想教育无足轻重；与抓经济工作相比，明显存在着"一手硬、一手软"的现象，部署工作时只讲经济建设，考核工作偏重经济指标，解决问题单靠经济手段；等等。

虽然瑕不掩瑜，但只有正视问题才能完善新疆农村的基础秩序。新疆多民族地区乡村民主政治建设应重点研究的问题很多，主要包括多民族地区乡村民主建设的特殊性；民族、宗教问题与民主政治的关系；农村宗教组织的复出和活动对基层政权的影响，宗教人士在民主建设中的影响；"三股势力"对农村基层建设的破坏；民族区域自治与村民自治的关系；基层党组织的领导在新疆村民自治、民主政治建设中的重要作用；新疆农村基层政权建设的迫切性，农村乡镇政权民主建设的重要性等。理论研究的任务和使命正是联系新疆农村实际、关注农村现实问题、为政府决策提供理论依据和智力支持。

四 新疆农民民族意识与区域社会稳定

在现代社会里，民族问题是一个重要的话题，由于民族意识引发的民族纠纷问题更是学界应该密切关注的。因为凡是民族问题处理不好的国家或地区，都会不同程度地出现这样那样的混乱局面。民族意识对民族纠纷的影响是全方位、多层面的。对于多民族国家来说，民族之间的矛盾和冲突，会极大地加剧区域性的社会紧张，使区域社会处于极不安全的状态。当今世界充满不确定性因素和风险危机，风险已渗入了当代社会的方方面面。从全球范围看，人们已普遍地从核危机到恐怖主义、从生态危机到环境恶化、从金融危机到能源紧张、从传染病肆虐到食品安全隐患、从社会信任危机到精神心理焦虑中感受到风险的严峻挑战；从一个国家或地区看，当代风险问题凸显为民族纠纷导致的区域社会的不安全。揭示当代民族纠纷的特性及其产生的根源，探索化解民族纠纷问题的出路，是全球化语境下当代社会理论界所应具有的问题意识和所应肩负的理论使命。

如前所述，新疆是中国一个多民族的边疆自治区，总面积166万平方公里，约为中国国土总面积的六分之一，是中国最大的省级行政区，辖有15个地、州、市（含5个自治州），85个县、市（含6个自治县）。在这片广袤的大地上，生活着47个民族，其中世居的民族有维吾尔、汉、哈萨克、回、蒙古、柯尔克孜、锡伯、塔吉克、乌孜别克、达斡尔、塔塔尔、俄罗斯等13个。据2000年中国国内第五次人口普查统计，全区总人口为1925万人，少数民族人口占59.39%。[1] 新疆位于中国的西北边陲，分别与蒙古、俄罗斯联邦、哈萨克斯坦、吉尔吉斯斯坦、塔吉克斯坦、阿富汗、巴基斯坦、印度等八个国家接壤，边境线长达5000多公里，占中

---

[1] 金云辉主编：《中国西部概览·新疆》，民族出版社2000年5月版。

国陆地边境线的四分之一,为亚欧大陆桥必经之地,古时著名的"丝绸之路"就是由这里延伸到境外的。众多的民族、悠久的历史,为新疆带来了丰富多彩而又底蕴厚重的特色民族文化,并由此形成了新疆鲜明的社会特色。但近年来,与民族相关的事件不断发生,诸如1992年乌鲁木齐"2·5"公共汽车系列爆炸案（造成3人死亡、20余人受伤）、1993年喀什"6·17"系列爆炸案（造成2人死亡、36人受伤）、1994年阿克苏"7·18"系列爆炸案、1995年和田"7·7"打砸抢骚乱事件、1996年温宿"2·10"抢枪杀人案（杀害武警官兵2人、报案群众1人）、库车县"4·29"系列爆炸杀人案（杀害基层干部4人、杀伤3人）、喀什"5·12"暗杀自治区政协副主席阿荣汗阿吉案、叶城县"8·27"洗劫江格力斯乡政府案（杀害基层干部、公安民警6人,杀伤2人）、沙雅"7·15"暴狱事件（杀害武警战士、公安民警、汉族群众16人）、1997年伊犁"2·5"打砸抢骚乱事件（造成7人死亡、200余人受伤）、乌鲁木齐"2·25"公共汽车爆炸案（造成9人死亡、68人受伤）等①。特别是2009年"7·5"事件②的发生更引发了学界对新疆民族纠纷问题的思考。因此,无论是从新疆的民族构成和占有比例看,还是就其目前状况而言,中国新疆维吾尔自治区民族意识问题都是一个重要的研究问题。

民族意识是一个十分复杂的概念,与前文分析的几个部分不同,它十分敏感。民族意识处理不好会直接导致民族纠纷问题,在一定意义上说,民族意识与民族纠纷经常纠合在一起。因此本部分特别要进行相关研究成果综述。

在中国之外的国家或地区的学者们研究成果十分丰硕,主要体现为以

---

① 贺萍:《执政安全与意识形态领域反分裂斗争》,《新疆社科论坛》2006年第3期。
② 2009年发生在新疆的7·5事件是显然不是简单的民族纠纷,而是一个貌似民族纠纷的境内外民族分裂势力相互勾结,由境外策划煽动,境内组织实施,有预谋、有组织的打砸抢杀烧严重暴力犯罪事件。单是伤亡人数就令人震惊,这一事件造成了197人死亡（无辜死亡的156人,其中汉族134人、回族11人、维吾尔族10人、满族1人；在其他死亡人员中,有的是因为实施暴力犯罪活动被当场击毙的暴徒,有的身份还有待辨认）,1721人受伤,331个店铺、627辆汽车被砸烧,造成生命财产重大损失,给当地正常秩序和社会稳定造成严重威胁。由于本课题组在新疆调查的时候,正是这个事件爆发一周年纪念,新疆各地还有一定的紧张局面。本研究设想通过结合这一事件个案的剖析有利于进一步从学术上解析探索中国新疆维吾尔自治区社会稳定问题产生的特殊根源。

下几个观点:

在民族纠纷原因的探究方面,比较有代表性的是 Daniel L. Byman 的观点和 Donald Horowitz 的观点。Daniel L. Byman 认为,引发民族纠纷的原因主要有四个方面:民族安全困境、民族地位忧虑、民族统治的愿望和精英竞争。[①] 民族安全困境的解释是从民族个体和群体的安全和生存需要出发,民族为了实现自我保护,面对潜在威胁和危险,时刻做好武力反击的准备。这类冲突容易发生在相互戒备、防范和惧怕(历史上发生过冲突或过节、民族压迫)的民族之间。而 Jervis 提出的"优先进攻理论"[②] 又放大了这类冲突的可能性。民族地位忧虑是引发民族冲突的另一主要原因。当一个民族阻挠另一个民族要求获得承认或者取得社会合法性时,民族地位问题将引发冲突。为了获得群体权利或尊重,群体成员往往组织起来并付之行动。

民族价值问题容易成为政治问题。因为民族为了合法性、承认和地位而抗争,通常会视其他民族为对手和障碍。地位关注与民族安全的两难体现在,民族不仅担忧自身的生存问题,还关心自身的文化和社会影响。然而,一旦冲突发生,两者将会相互交织。民族文化灭绝的恐惧会因实际冲突所产生的安全恐惧而强化。很多传统民族尤为惧怕文化灭绝或被统治。[③] 民族统治的愿望是指某些民族热衷于统治别人。他们想成为统治民族,他们认为自己的语言必须是唯一的官方语言,自己的宗教必须为全民信奉,自己的制度必须为政府和社会推崇。统治民族想通过将其他民族置于从属地位来确保本民族的地位和安全。[④] 这类冲突的特征通常就是暴力、征服与反征服(比如伊拉克社会复兴党统治时期对北部库尔德人实行的阿拉伯化政策)。精英竞争则是引发民族冲突的个体因素。民族精英

---

① 参见 Daniel L. Byman and Keeping the Peace, *Lasting Solutions to Ethnic Conflicts*, pp. 13—44.

② Jervis 在研究的基础上,提出了"优先进攻理论"。因为安全忧虑而相互戒备的民族双方通常会认为,"优先进攻"是一种保持自己优势的技术或策略,首先实施进攻能够降低自己方的成本,加重对方的负担,即"先下手为强"。这也造成了小的民族纠纷和瓜葛可能导致战争或激烈冲突的可能性。参见 Robert Jervis, *Perception and Misperception in International Politics*, Princeton: Princeton University Press, 1976, p. 67.

③ 参见 Donald Horowitz, *Ethnic Groups in Conflict*, p. 176.

④ 参见 Rogers Brubaker, "Nationalizing States in the Old 'New Europe'—and the New", *Ethnic and Racial Studies*, Vol. 19, April 1996.

为了攫取和巩固自己的权力和地位，通常会采取弱化国家认同和其他认同，而强化自己民族认同的策略。对政治领导人而言，族裔和民族一致性成了能够用来获取和巩固权力极为重要的资本。在与对手的竞争中，政治精英常常会打"民族牌"。他们强化民族认同、掌控信息管道、制造敏感话题、激化矛盾、制造冲突，利用民族集体力量实现自己的利益或是整个民族的利益。

Donald Horowitz 则认为，引发民族冲突的原因主要是政治原因和经济原因。虽然在其论著中没有明确指出这两点，但其文意清楚地呈现了他的观点。[①] Donald Horowitz 秉承"权力是达到目的的手段"这一西方政治的核心理念，认为政治权力为民族提供两方面的保障：一是承认民族的价值和社会地位；二是为民族的生存和发展提供合法性，获取较多的社会公共资源。因此，为了获取政治权力，民族精英要进行政治动员，激活民族群体的内聚性，张扬民族政治诉求。Donald Horowitz 还认为经济利益是引发族际冲突和导致民族分离运动的重要原因。现代化导致了激烈的竞争和人口流动，竞争导致了一些民族成员难以得到较好的就业机会，社会分层出现民族结构化，从而激发了民族成员通过集体努力改善境遇的诉求，引发了民族利益与现有社会资源分配制度之间的矛盾和冲突。在现代欧洲，大量外来移民导致原有就业格局的改变，影响到了东道国部分人员的经济利益，于是产生了排外主义。在民族居住格局相对集中的多民族国家，民族和地区之间的贫富差距加大，导致"先进民族"和"落后民族"之间负面族裔印象作用放大（"先进民族"成员认为"落后民族"愚昧、无知、不思进取，是国家的负担；"落后民族"成员认为"先进民族"贪婪、自私、欲望无边，是自己生存的大敌）。[②] 于是，国家认同遭到肢解，国家面临民族冲突和民族分离主义的危险。

不可否认的是，民族极端主义往往从文化的独特性出发，鼓噪动员。关于如何控制和消除冲突，几乎所有的相关学者不约而同地表达了一个共同观点，那就是必须借助冲突民族以外的力量——国家或者是第三方力量。所提出的主要策略包括：控制、吸纳、认同调控、政治参与、分治和

---

① 参见 Donald Horowitz, *Ethnic Groups in Conflict*, pp. 95—229.

② 参见 Donald Horowitz, *Ethnic Groups in Conflict*, pp. 95—229.

外部干涉。

Lustick将"控制"视为抑制和缓解冲突的根本基础。"控制"一词本身就意味着当民族冲突发生后为了保持和平而使用武力是必要的。[①] 在民族冲突发生后,需要运用某些形式的控制来消除安全困境、限制统治其他民族的野心、阻止潜在的沙文主义精英。控制实质上是通过胁迫来阻止政治行动的,可以分为四类:警力调控,通过对使用暴力行为的惩罚为民族提供安全;选择性调控,比政策调控更为主动地对民族阵线的领导和组织进行镇压;强力调控,通过广泛和系统地使用武力镇压民族行动,不管是暴力的还是非暴力的;分而治之,与前三类调控不同,分而治之通过推行内部分化,阻止民族运动而不是惩罚。

吸纳是指通过一系列的诱惑和安抚使族群的领导人成为和平的支持者而不是反叛的煽动者。吸纳的主要缺陷是其作用的有限性。因为吸纳不能解决冲突的根本原因,吸纳的作用通常是减小暴力的范围和程度而不能根本制止暴力。但是,成功的吸纳可以导致组织之间的分歧、降低广泛暴力发生的可能性、减少流血、消减冲突强度。

现代化学派认为,认同能够被创造和操控。[②] 认同调控是指通过"国家建构",用国家认同取代或弱化民族认同,致力于将以前分散的或敌对的人们并入一个国家。如通过规定禁止某些习俗、通过使用共同语言的教育机制的教化、通过对国家象征(旗帜、徽章和民族英雄)的持久宣传等来强化国家认同,模糊或消除民族认同,或者确保国家认同高于民族认同,鼓励个体放弃从前的认同,这些措施通常伴随着对获得更好未来的憧憬,比如,更好的教育和就业机会。

民族与政府之间的分歧可以借助政治系统以民族政治参与的方式解决,而不是借助于战争。当民主机制成功地制度化时,便会赋予民族成员选举其政治精英的机会,没有民族背景限制地实现经济成功和地位提升。政治参与因提供发展希望而化解暴力。个体和群体可利用民主机制达到得

---

① 参见 Ian Lustick, "Stability in Deeply Divided Societies: Consociationlism Versus Control", *World Politics*, April 1979.

② Liah Greenfeld, *Nationalism*. Cambridge, Mass: Harvard University Press, 1992; Eugen Weber, *Peasants into Frenchmen: The Modernization of Rural France*, 1870—1914. Stanford, Calif: Stanford University Press, 1976.

到官方支持、尊重语言和节日等民族习俗的目的。民主能有效地满足具有进取精神的精英的需要，合理的选举制度也能培养民族和解。参与很少能够满足主导民族的需要，在一个民族控制政府的情况下，有限的民主（不影响原有主导民族的地位）有助于维系和平，为其他民族创造竞争机会。[1]

美国学者英格尔（J. Milton Yinger）试图在三个层面上分析族群关系。第一个层面是心理和意识形态；第二个层面是群体；第三个层面是微观的个人行为。美国芝加哥大学的派克（Robert Park）在20世纪20年代曾把族群之间的互动过程划分为4个阶段：（1）相遇（Contaet）；（2）竞争（Competition）；（3）适应（Aeeomodation）；（4）同化（Assimilation）。[2] 基于对美国城市族群关系的研究经验，他认为族群之间长期互动的最终结果不可避免地将是族群同化。美国马萨诸塞大学的教授戈登（Milton Gordon）的著作《美国人生活中的同化》（Assimilationin American life，1964年在牛津大学出版社出版）重点讨论了美国族群关系的社会目标的历史演变阶段和每个阶段的特点。他认为美国自殖民地时期到美国成立的三百多年历史中，作为政府和社会上占据主导地位的意识形态对于处理族群关系社会目标的演变，其历史发展过程可大致分为三个阶段。第一阶段可以称作是"盎格鲁—撒克逊化"阶段，它的文化导向明确以强化盎格鲁—撒克逊族群的传统文化为中心；第二阶段叫"熔炉"阶段，主张族群之间彻底相互融合；第三阶段叫"文化多元"阶段，主张承认并容忍"亚文化群体"的存在。实际上，在这三阶段里不同的社会目标所反映出来的，可以说是随着移民主体成分的改变而造成美国人口族群结构变化的三个不同历史阶段。1975年，美国西雅图华盛顿大学的社会学教授赫克托（Michael Hechter）出版了一本关于族群关系的著作《内部殖民主义》，在该书中他对一个多民族国家内的发达核心地区与欠发达边缘地区之间的关系，提出了扩散模式（Diffusion Model）和内部殖民主义模式。这两种模式是作为彼此之间的鲜明对比而提出来的，前者是民族平等和共同发展的

---

[1] Sammy Smooha and John E. Hofman, "Some Problems of Arab – Jewish Coexistence in Israel", *Middle East Review* No. 9, Winter 1976—77.

[2] 转引 M·Hechter, *Internal Colonialism*. Berkeky: University of Calfonia Press, 1975.

楷模，后者是民族压迫和剥削的通例。①

由于中国多民族的国情和民族问题的实际状况，中国学界的关注主要集中在民族发展理论和民族关系②方面，具体有以下系列成果：

自20世纪80年代起，中国学者从不同的角度，对民族问题进行了持续不断的深入研究和系统阐述，取得了突出的成就。在1988年以前，对民族发展的研究主要是侧重于民族在不同社会制度下的演变趋势，即民族类型发展的研究。③ 如阮欣的《社会主义是我国各民族繁荣发展的共同道路》（民族研究，1981年第4期），秦殿才的《民族发展的一般规律和特殊规律初探》（民族理论研究通讯，1983年第2期），秋浦的《试论民族发展的历史趋势》（民族研究，1984年第3期），姜永兴的《小民族发展趋势初探》（黑龙江民族丛刊，1988年第2期）。1988年5月，金炳镐教授的《社会主义初级阶段的民族理论》一文开辟了民族发展理论研究的新方向。在这篇文章中，他认为："民族发展，是指各个民族内部以经济建设为中心的政治、经济、文化等的全面发展，也是指各民族的共同发展，是指以各民族的自身发展为重点，在互帮互学、互助合作的基础上实现各民族的共同致富、共同繁荣。"要真正使"民族理论变成实践的力量，服务于社会实践，促进民族社会发展"，而后，金炳镐于1989年发表的《论民族发展的诸条件、环境》从民族多维属性角度，论述了民族的发展是"民族的民族发展、民族的社会发展和民族的人的发展的统一"，列举了对民族发展起重要影响的五大条件、环境。④ 这一时期关于民族发展的定义、内容、动因等问题的研究论文还有许多，如孙青的《加速民族发展的基本因素》（内蒙古社会科学，1989年第1期），吴金的《论当代民族进程和我国民族发展的多元化战略》（内蒙古大学学报，1989年第2期），马尚云的《民族发展的整体系统观》（内蒙古社会科学，1990年第1期），都永浩的《关于民族发展研究的几个问题》（民族理论研究，1991年第3期），谭明华《试论民族的发展及其度量》（民族研究，1992

---

① M·Hechter: *Internal Colonialism*. Berkeky: University of Calfonia Press, 1975.
② 中国学者在研究民族问题时运用的概念是"民族关系"，而西方学界更多是使用"族群关系"，在本文中二者的含义是一致的。
③ 金炳镐主编：《中国民族理论研究二十年》，中央民族大学出版社2000年版，第231页。
④ 金炳镐：《论民族发展的诸条件、环境》，《黑龙江民族丛刊》1989年第4期。

年第 5 期)，王平的《试论民族发展含义》（民族理论研究，1992 年第 1 期），熊锡元的《试论制约民族发展的几个重要因素》（民族研究，1993 年第 3 期）。1994 年，金炳镐教授的《民族理论通论》一书，在"民族发展论"一编中系统阐述了民族发展的概念、动因、条件等问题，形成了完整的民族发展理论体系，这些无疑为后来者的研究提供了重要的借鉴和参考。近年来，关于民族发展的理论研究继续不断深入，研究所涉及的内容更为广泛，选取的角度也更为新颖，体现了理论研究的指导性。如李清均的《后发优势：中国欠发达地区发展转型研究》（经济管理出版社，2002 年），温军的《民族与发展：新的现代化追赶战略》（清华大学出版社，2004 年），曹征海的《和合加速论：当代民族经济发展战略研究》（民族出版社，2005 年）等。

在民族关系方面也有不少研究，提出了很多有益的观点，在内容和方法上都有一定的突破。中国国内主要有翁独健主编的《中国民族关系史纲要》（中国社会科学出版社，2001 年），黄成授主编的《广西民族关系的历史与现状》（民族出版社，2002 年），余振、达哇才仁主编的《中国的民族关系和民族发展》（民族出版社，2003 年），徐黎丽的《论民族关系与民族关系问题》（民族出版社，2005 年）。论文主要有：李维汉《中国各少数民族和民族关系》（民族团结，1979 年第 3 期），翁独健《民族关系史研究中的几个问题》（中央民族学院学报，1981 年第 4 期），阮西湖《多元文化主义——西方国家处理民族关系的新政策》（民族研究，1985 年第 6 期），浩帆《我国民族关系初探》（贵州民族研究，1986 年第 4 期），王勋铭《从社会学角度认识民族关系的内涵》（内蒙古经济社会，1987 年第 5 期），南文渊翻译的《社会中的民族与民族关系》（青海民族学院学报，1988 年第 1 期），李红杰《试论自治民族和非自治民族的关系》（民族理论研究，1988 年第 1 期），任建明《民族关系分类研究》（民族理论研究，1988 年第 4 期），都永浩《影响我国民族关系的主要因素》（《黑龙江民族从刊》1989 年第 3 期），杜幼德《经济利益的矛盾是初级阶段民族关系中的基本矛盾》（中南民族学院学报，1989 年第 1 期），奇海林《改革开放中的鄂尔多斯蒙汉关系》（民族理论研究，1990 年第 4 期），徐杰舜的《我国民族关系制约因素探微》（民族理论研究，1990 年第 4 期），金炳镐《正确认识民族关系及其表现形式》（中央民族学院学报，1990年第3期)，都永浩《论民族关系与民族发展》(民族理论研究，1990年第1期)，何晓芳《试论我国现阶段民族关系的特征》(内蒙古大学学报，1992年第4期)，余梓东《民族关系辨析》(内蒙古社会科学，1992年第4期)，杨荆楚《论改革开放中汉族和少数民族的关系问题》(云南社会科学，1993年第1期)，杨荆楚《社会主义市场经济与民族关系的几个问题》(民族理论研究，1994年第3期)，李红杰《当前我国民族关系的发展趋势》(民族论坛，1995年第4期)，金炳镐、青觉的《论民族关系理论体系》(中南民族学院学报，2001年第6期)，丁龙召的《认识中国民族关系的一个新视角：各民族共生态》(内蒙古师范大学学报，2003年第6期)，龚学增《妥善处理构建和谐社会中的民族矛盾》(理论视野，2005年第3期)，郝时远《构建社会主义和谐社会与民族关系》(民族研究，2005年第3期)，王希恩的《多民族国家和谐稳定的基本要素及其形成》(《民族研究》1999年第1期)、《深刻理解"和谐"在中国民族关系中的重要意义》(西南民族大学学报，2005年第8期)等文章。

具体到关于中国新疆维吾尔自治区民族纠纷问题的研究主要有以下几个主题和成果：

一是关于新疆各民族政治关系的研究。主要有田忠福的《民族区域自治制度在新疆的实践与发展》(中央社会主义学院学报，2006年6期)，桑军《浅谈新疆少数民族干部队伍建设实践》(新疆社科论坛，2006年3期)，顾华详《构建和谐新疆的法制保障问题研究》(新疆社科论坛，2006年3期)等文章。其主要观点认为，1978年以来，新疆各族人民在民族区域自治制度的指引下，全区呈现出政治稳定、经济发展、民族团结、国防巩固、各族人民生活水平显著提高的崭新局面并取得了辉煌成绩，随着国家关于民族关系的法律、法规逐步完善，民族团结活动呈现出制度化、科学化、形式多样化的新特点。在社会各方面发生巨大变化的同时，新的矛盾又出现了，比如城乡之间、不同地区之间以及东西部之间的差距的扩大，这将对新疆的民族关系产生消极的影响。

二是关于新疆各民族经济关系的研究。主要有王建基、王茜《19世纪末至20世纪初新疆民族经济关系考察》(新疆社科论坛，2004年4期)，闻新勇、张湛《试析加快新疆民族产业调整，推动民族融合发展》

（社科纵横 2004 年 4 期）等。

三是关于新疆各民族文化关系的研究。主要有祖力亚提·司马义《族群认同感建构的社会学分析》（《西北民族研究》，2009 年第 3 期），左力光《新疆伊斯兰教建筑装饰艺术中的多元文化现象》（新疆社会科学，2004 年 4 期），崔延虎《多元文化场景中的文化互动与多民族族际交往——新疆多民族社会跨文化交际研究之一》（新疆师范大学学报，2005 年 2 期），李儒忠《多元一体共铸和谐——论新疆多元民族文化的和谐共荣》（伊犁师范学院学报，2005 年 2 期），刘贺萍《新疆多元民族文化流变述略》（西北工业大学学报，2005 年 1 期），武金峰《从借词看新疆少数民族与汉族的文化交流》（中央民族大学学报，2002 年 1 期），廖冬梅《新疆汉语方言中的维吾尔语借词所体现的语言文化交流》（新疆大学学报，2005 年 6 期），赵江民《从民汉语言的接触看民汉文化的交流》（新疆大学学报，2008 年 2 期），李建生《和谐的宗教关系是和谐的民族关系的重要表征》（新疆社科论坛，2008 年 3 期），刘仲康《宗教工作与新疆和谐社会的构建》（新疆社会科学，2006 年 3 期），李进新《新疆宗教演变史》（新疆人民出版社 2006 年版）等。

四是新疆跨界民族问题的研究。主要成果有马曼丽、艾买提《关于边疆跨国民族地缘冲突的动因与和平跨居条件的思索》（中国边疆史地研究，2003 年 6 期），张宏莉《新疆与中亚跨国民族问题对我国安全的影响》（兰州大学学报，2005 年 3 期），毛欣娟《跨界民族问题与新疆社会稳定》（中国人民公安大学学报，2006 年 2 期）等。

五是有关新疆社会政治稳定问题的研究。主要有徐杰舜《新疆民族分裂主义产生的国际背景考察报告》（广西民族学院学报，2003 年 3 期），高永久、胡尚哲《"东突"势力的渊源及其活动特点》（青海民族学院学报，2006 年 1 期），高永久、李丹《"东突"恐怖势力的"思想体系"研究》（西北师大学报，2006 年 4 期），潘志平《泛伊斯兰主义简论》（西北民族研究，2004 年 2 期），王智娟、潘志平《"双泛"与"三个主义"——兼析新疆周边的安全局势》（西北民族研究，2005 年 4 期），王继雨《新时期新疆稳定问题实证研究》（科学社会主义，2006 年 4 期），贺萍《执政安全与意识形态领域反分裂斗争》（新疆社科论坛，2006 年 3 期）等文章。

从中国之外的学者来看，Daniel L. Byman 所归纳的民族纠纷的原因，有三个方面是群体性的，有一个方面是个体性的；有两个方面是防御性的，有两个方面是进攻性的。但四个方面几乎都是涉及的主观因素（安全需要、地位忧虑、统治欲望、精英抱负），其明显的缺点是对民族经济利益等客观因素的考虑不够。究其根本原因，Daniel L. Byman 无疑倾向于原生主义的思想，即高度重视民族的文化特点差异，侧重强调文化异质是引发民族矛盾和纷争的主要原因。与 Daniel L. Byman 相比，Donald Horowitz 立足于工具主义的思想，将族性视为攫取权力份额和资源利益的工具和动员手段。他对民族冲突的原因解释高度抽象，概括出了政治和经济这两方面的根本原因，尤其是对经济原因的关注无疑抓住了和平发展时期民族冲突的一大根本诱因。相比而言，政治原因在多民族国家刚刚建立或制度转型期的作用更为明显。以上抑制或消除民族冲突的策略既有单独使用的价值，也通常会被组合起来，发挥综合效力。相关政府的理念、冲突的内外部环境等因素综合决定了策略的组合运用。但整体来看，这些措施着眼的是如何抑制民族纠纷，而没有切中解决民族纠纷的实质。解决民族纠纷的实质在于实现民族的真正平等，即以民主的方式解决民族问题。民族治理技巧性和技术性的改进并不能换取真正的、积极的民族和解，只有将治理的技巧、技术与民族平等、共同发展的治理价值结合起来，才会有效地化解民族纠纷。

从中国学者的研究来看，有一些问题需要进一步深入研究。如大多学者以维汉民族作为研究对象，对其他民族间关系的研究甚少，研究范围不够全面和完整；新疆在民族文化多样性的社会环境中如何构建和谐文化的研究相对薄弱；新疆民族关系的社会学、人类学研究成果较少，资料单薄，使民族理论研究的升华受到制约和影响。

但无论如何，学者们的研究成果为本书进一步从农民思想观念角度探讨中国新疆维吾尔自治区民族纠纷问题提供了坚实的理论基础。

（一）新疆农民在民族意识强弱程度方面存在差异

民族意识也称"民族性格""民族心理素质"，是把一个民族的成员紧密结合在一起的巨大的精神凝聚力。一般来说，人口众多，经济发达民族的民族意识较弱，人口较少，经济水平落后民族的民族意识较强；单一民族聚居地区民族意识比较弱，民族杂居地区民族意识比较强。①

在新疆，这种民族意识的存在表现非常明显，尤其是维吾尔族的民族意识要远远强于其他民族包括汉族。以维吾尔族的民居文化为例，伊斯兰教自唐宋传入中国以后，至明清两代在中国逐渐成为10个民族的共同信仰。这些民族为了适应各地丰富的社会生活和建筑文化，在与其他民族的交融过程中，既吸收了汉族和其他民族传统建筑文化的特色，又融入了阿拉伯民居文化的色彩，逐渐形成了本民族的民居文化意识。他们的民居在地域和空间分布上多是围绕清真寺而布居，其形态具有群落性，构成了显明的特点与个性。这主要因为，一是他们在其民族内部普遍具有较强的民族意识、宗教内涵及较为强烈的民族凝聚力；二是利于加强穆斯林内部的团结和联系，抵御外部的压迫和歧视。此外，由于伊斯兰教在色彩上是尚绿和尚白的，许多后世的建筑中都有绿色。喜欢绿色是维吾尔民族传统之一②，而且这一传统的民族意识一直延续至今。

1. 新疆农民认为影响民族团结的最主要因素是经济问题和宗教问题

新疆地域辽阔，地区间不仅自然地理条件不同、生态资源禀赋不同，而且人口、民族分布、社会经济发展也有很大的不同，这种现实的考察和了解是深入分析和研究新疆民族纠纷问题的前提和基础。事实上在我们的问卷设计中也充分考虑了这种背景。

表65　　　　　　　您认为影响民族团结的最主要因素是：

		频率	百分比	有效百分比	累积百分比
有效	经济问题	173	38.4	40.1	40.1
	宗教问题	188	41.7	43.6	83.8

---

① 贺萍：《新疆多元民族文化流变述略》，《西北工业大学学报》（社会科学版）2005年第1期。

② 左力光：《新疆伊斯兰教建筑装饰艺术中的多元文化现象》，《新疆社会科学》2004年第4期。

续表

		频率	百分比	有效百分比	累积百分比
	国家政策问题	28	6.2	6.5	90.3
	其他	42	9.3	9.7	100.0
	合计	431	95.6	100.0	
缺失	系统	20	4.4		
合计		451	100.0		

表65的统计数据表明，新疆被调查农民认为，影响民族团结的最主要因素是经济问题和宗教问题，分别占被调查者的38.4%和41.7%，二者相加占了80.1%，说明在农民的认识中这两个因素是导致新疆民族问题发生的主要根源。这需要我们从新疆社会经济发展背景和宗教背景去考虑农民的这种思想产生的根源及建构新疆秩序。

首先在新疆人口分布及变迁方面有些不均衡。

就新疆整体而言，发展变化比较迅速，但就全疆14个地州市而言，各地区发展极平衡。

从人口分布看，新疆人口在南北疆分布基本平衡。北疆地区的乌鲁木齐市、伊犁州以及昌吉州等地人口比重为46%，南疆地区的博尔塔拉州、阿克苏地区、喀什地区以及和田地区等地人口比重为48%，东疆地区的哈密地区和吐鲁番地区人口比重约6%。从整体上看，全疆的城镇人口比重并不是很高，2006年城镇人口比重为38%，但各地州城镇人口比重的差异很大。[①] 北疆地区的城镇人口比重明显高于南疆地区，和田、喀什地区城镇人口比重最低。在全疆各地，少数民族人口的分布也有很大不同，总体上讲，北疆地区的少数民族人口比重低于南疆地区。少数民族人口比重超过50%的地区是吐鲁番、伊犁州直属县（市）、阿勒泰、阿克苏、喀什、克孜勒苏、和田等地。其中，喀什、克孜勒苏和田等三地的少数民族

---

① 新疆维吾尔自治区统计局：《新疆统计年鉴2007》，中国统计出版社2007年版，第55—58页。

人口比重超过了90%。①

从人口变迁的角度看，2006年人口自然增长率最低的三个地区分别是乌鲁木齐市、克拉玛依市、石河子市，均在5‰以下。其中石河子市人口已呈负增长，自然增长率为 -0.53‰；人口自然增长比较高的地区是伊犁州直属县（市）、克孜勒苏州和和田地区，均超过10‰。各个地区少数民族人口然增长率均快于本地的整体水平，快于当地汉族人口的水平。由于各地人口转变的进程不同，人口负担系数也有很大的不同，如人口总抚养比全疆最低的地区分别是乌鲁木齐市、昌吉州和石河子市；而最高的分别是克孜勒苏州、喀什地区、和田地区，三地区的人口总抚养比均超过60%，高出全疆平均水平20%。这种高抚养比主要是少年儿童抚养比较高所致，南疆地区的克孜勒苏州、喀什地区、和田地区等地的人口少年儿童抚养比都超过了55%②，如此高的少年儿童抚养比与持续较高的生育水平有关。

其次是新疆内部地区间社会经济发展差距明显。

从经济发展的维度考察，地区间的不平衡也极其明显。2006年全疆人均GDP为15000元，人均GDP最高的三个地区分别是克拉玛依市、巴音郭楞州和乌鲁木齐市，分别为96006元、33689元和28261元，后两地均为新疆的石油工业基地；而最低的则是克孜勒苏州、喀什地区、和田地区，分别为4051元、3497元和3005元。人均GDP最大差值即最高的克拉玛依市96006元与最低的和田地区3005元差值为93001元，最高竟然是最低的32倍。这些经济发展落后的地区，都没有现代工业支持，如从产业构成上看，喀什、和田第一产业产值即农业产值比重超过了40%，是全疆平均水平17%的两倍多。③ 这些地区工业化程度都较低，第二产业产值比重在克孜勒苏州、喀什地区和和田地区三地分别是17.4%、18.5%和17.4%，居全疆最低水平。④

---

① 新疆维吾尔自治区统计局：《新疆统计年鉴2007》，中国统计出版社2007年版，第121页。
② 新疆维吾尔自治区统计局：《新疆统计年鉴2007》，中国统计出版社2007年版，第94—95页。
③ 新疆维吾尔自治区统计局：《新疆统计年鉴2007》，中国统计出版社2007年版，第214—218页。
④ 新疆维吾尔自治区统计局：《新疆统计年鉴2007》，中国统计出版社2007年版，第31—35页。

从社会发展的维度考察,地区发展中的差异性也十分显著。教育文化方面,教学水平、师资力量和教育普及率等在城市地区如乌鲁木齐市、克拉玛依市、石河子市等地都有极大的优势,而最差的是南疆三地州即克孜勒苏州、喀什地区、和田地区。① 医疗卫生方面,差距也很大。乌鲁木齐市、克拉玛依市、石河子市每万人口的医生数分别是51、41和37人,而阿克苏地区、喀什地区、和田地区均不15人。婴儿死亡率,前三者均不到10‰,而后三者均超过40‰。②

第三是区域现代化发展不均衡。

在新疆区域现代化进程中,南疆地区的克孜勒苏州、喀什地区、和田地区不仅发展的起点甚低,基础较弱,而且发展速度相对较慢,所以已被远远地抛在了现代化的后面。以人均GDP为发展的指标,如果以全疆人均GDP为100作参照,那么上述三地在1990年时,人均GDP的相对水平分别是46、54、96,到2006年,三地的人均GDP分别进一步下降为27、23和20。③ 显然,在区域现代化进程中,区域发展的差距进一步拉大。

各地人均GDP的绝对差距和相对差距的变化,同样反映了区内地区间的发展差距在扩大。1985年,新疆最富裕的克拉玛依市的人均GDP为6245元,最贫穷的喀什地区的人均GDP仅为479元,二者相差5766元;如前所述,20年后的2006年,最富裕的仍然是克拉玛依市,其人均GDP为96006元,最贫穷的变成了和田地区,其人均GDP仅为3005元,两者相差93001元,前者是后者的32倍,人均GDP的绝对差距大大增加。从相对差异即相对变差系数变化上看,自1978年以来到1990年初期,新疆各地之间的相对差异程度在缩小,相对差异从1978年的1.46减小到1990年的0.96。但随着市场经济的深化,这种趋同性在减弱,而呈现出差异扩大趋势。④ 由此我们可以看到,一方面全疆社会整体在迅速发展,另一

---

① 陈延琪:《"目前新疆少数民族现代化进程中的重大问题研究"调查文集》,新疆社科院内部资料,2009年。

② 陈延琪:《"目前新疆少数民族现代化进程中的重大问题研究"调查文集》,新疆社科院内部资料,2009年。

③ 新疆维吾尔自治区统计局:《新疆统计年鉴2007》,中国统计出版社2007年版,第254—257页。

④ 中国现代化战略研究课题组:《中国现代化报告2006》,北京大学出版社2006年版。

方面疆内地区间的结构性差异却在急剧扩大。这是我们研究和解决新疆民族纠纷问题必须直面的现实。

第四是与中国整体发展之间的差距还在扩大。

从总体上看，新疆经济社会发展与中国东部沿海地区和内地存在着发展差距，并且这一差距仍呈现继续拉大的势头。1949年以来，新疆通过国家均衡发展的宏观区域布局政策，总体发展规模与东部沿海地区和内地的发展差距逐步缩小，人均规模指标已经接近甚至超过了东部地区的某些省份。但从20世纪80年代起，新疆与这些地区的发展差距开始逐步扩大，90年代以来差距进一步拉大。体现在人民生活方面，农牧民的人均年纯收入，1978年新疆与全国相差14元，1998年则扩大到562元，在全国的排位由第16位降至第25位；城镇居民家庭人均可支配收入，1978年新疆仅比全国平均水平少24.4元，1998年则扩大到424元，在全国的位置由第10位降至第15位。[①]

第五是新疆少数民族地区的社会经济发展相对滞后。

一般而言在多民族聚居地区，人口呈绿洲分布，一些民族居住相对分散，如汉族、回族，一些民族居住相对聚中，如维吾尔族、柯尔克孜族等。

考察新疆少数民族地区的社会经济发展，不妨考察少数民族聚居相对集中的地区。2006年，少数民族人口比重超过55%的地区是吐鲁番地区、伊犁州直属县市、阿勒泰地区、阿克苏地区、克孜勒苏州、喀什地区、和田地区等七地。这些地区除克孜勒苏州有相对集中的柯尔克孜族以外，其他地区少数民族均以维吾尔族为主体。从宏观经济增长数据分析来看，上述少数民族聚居地区的经济发展很不平衡。从1995年到2006年11年间，上述七地区经济发展水平和增长速度差距很大。维吾尔族占70%的吐鲁番地区，其人均GDP水平始终高于全疆水平，是这些少数民族地区中最富裕的；而另两个维吾尔族聚居地区喀什地区、和田地区则正好相反，处于经济发展的最低水平上。从经济增长速度上看，阿勒泰地区、阿克苏地区、吐鲁番地区等地都是经济增长较快的地区，增长速度高于全疆的平均水平，而喀什地区、和田地区和伊犁州等地经济增长速度则较慢。从动态

---

① 新疆维吾尔自治州人民政府办公厅编：《新疆辉煌50年》，新疆人民出版社1999年版。

的角度分析，2000年以后，整个少数民族人口聚居地的经济增长率都明显加快，特别是吐鲁番地区、阿勒泰地区和克孜勒苏州等地，喀什地区、和田地区虽然相对较慢，但较之前五年也明显加快。

表66　　　　　新疆少数民族聚居地区人均生产总值变化　　　（单位：元）

地区指标/年份	1995	2000	2006	1995—2006年均增长率	1995—2000年均增长率	2000—2006年均增长率
全疆	4764	7377	15000	10.99	9.14	12.55
吐鲁番地区	7410	10912	25252	11.79	8.05	15.01
伊犁州直	3051	3834	8083	9.26	4.67	13.23
阿勒泰地区	3690	5345	14288	13.10	7.69	17.81
阿克苏地区	2225	5368	8471	12.92	19.26	7.90
克孜勒苏州	1263	1810	4051	11.18	7.46	14.37
喀什地区	2175	2206	3497	4.41	0.28	7.98
和田地区	1951	1747	3005	4.00	—2.18	9.46

资料来源：《新疆50年》，中国统计出版社，2005；《新疆统计年鉴2007》，中国统计出版社2007年版。

从发展的各项指标看，上述少数民族聚居地区，多数发展指标均在全疆平均水平之下，而且少数民族地区内部也存在着较大的差异。

进一步以县为分析单位，选取分布在南疆东疆且维吾尔族人口聚居（维吾尔族人口比重超过70%）的大县，我们发现，随着南疆地区石油天然气化工基地的开发和建设，南疆以库尔勒市和阿克苏市为中心的新的经济增长极正在形成，周边县市社会经济发展明显加快。以新疆人口大县，也是维吾尔族聚居地的库车县和轮台县为例，2004年人均GDP较之2000年均翻了一番，人均GDP增长速度大大快于全疆的平均水平。[①]另一个维吾尔族聚居地鄯善县在20世纪90年代就步入了快速发展期，2004年人均GDP高达32285元，远远超过全疆的平均水平。但另一方面，

[①] 新疆维吾尔自治区统计局：《新疆统计年鉴2007》，中国统计出版社2007年版，第250—251页。

地处南疆深处的人口大县，也是维吾尔族聚居地的莎车县和墨玉县，社会经济发展比较缓慢，人均 GDP 仍徘徊在 2000 元左右，属于全疆最贫困的地区。[①]

不过，虽然少数民族聚居与地区的经济发展指标如人均 GDP 没有显著的相关关系，但从各类社会经济发展的指标中，我们依然可以发现，少数民族聚居与人口抚养比例、高中升学率、婴儿死亡率以及城镇化都有显著的相关关系。这在一定的程度上表明，少数民族聚居地区是人口负担较重、文化教育事业落后、医疗卫生条件差、农村人口相对集中的地区。实际资料表明，新疆不少地区的贫困主要表现在发展贫困、人口贫困和生态环境贫困等方面。发展贫困主要体现在社会经济发展水平、科学技术发展实力以及发展潜力的落后与贫困方面；人口贫困主要体现在人口的健康、人口的文化素质、思想观念等的落后与贫困方面；生态环境贫困主要表现在自然条件相对恶劣，生态环境脆弱等方面。在新疆少数民族聚居地区，上述多种"贫困"重叠并相互影响、相互作用，生态环境贫困影响到发展贫困，发展贫困影响到人口贫困；反之亦然。这是一个恶性循环圈。

由于全疆 55% 的维吾尔族人口聚居在社会经济发展相对贫困的喀什地区、和田地区，因此，全疆维吾尔族人口社会经济发展的平均水平较之其他民族也就相对较低。

从很大程度上讲，新疆地区发展的不平衡及其加剧，实际上与民族发展的不平衡是重合的，由此新疆民族纠纷问题的严峻性和复杂性也就加深加重了一层。在一定意义上说新疆诸多民族纠纷事件的发生正是上述新疆特有的政治、经济、文化、社会背景使然。

2. 新疆农民认为不同民族之间的矛盾存在具有普遍性

从表 67 可以看出，新疆农民普遍认为不同民族之间存在着矛盾，其中认为矛盾很大的占 17.5%，认为大的占 23.5%。我们知道，新疆民族纠纷产生的因素很多，从大的层面看，主要有民族因素、区域社会经济发展不均衡因素等方面。

[①] 新疆维吾尔自治区统计局：《新疆统计年鉴 2007》，中国统计出版社 2007 年版，第 224—231 页。

表 67　　　　　　　　您认为目前不同民族间矛盾程度

		频率	百分比	有效百分比	累积百分比
有效	很大	79	17.5	17.8	17.8
	大	106	23.5	23.8	41.6
	不大	137	30.4	30.8	72.4
	没有实质性矛盾	123	27.3	27.6	100.0
	合计	445	98.7	100.0	
缺失	系统	6	1.3		
	合计	451	100.0		

首先是民族因素。

在新疆，影响新疆民族纠纷问题产生和进一步演化的民族因素主要体现为新疆区域的族际关系、民族认同和跨界民族的影响三个方面。

新疆区域的族际关系问题比较突出地表现在维吾尔族与汉族之间；其次表现在维吾尔族与其他少数民族之间，这又主要集中在维吾尔族与哈萨克族之间。从总体上讲，新疆的世居民族成分虽然不少，有13个之多，但由于汉族和维吾尔族在新疆人口数量居于第一位、第二位，且是经济、文化整体发展水平比较高的民族，在长期的历史发展过程中形成了居于主导的地位，具有其他民族所难以比拟的优势。与其他少数民族比较，维吾尔族还是新疆实行省一级民族区域自治的自治民族，这就在客观上为他们提供了明显多于其他少数民族的各种参与社会活动的机会，能够更多地与汉族和外界接触、交往，相应地其所拥有的诸多可利用资源和机会，有利于他们更好地维护本民族的自身权益，巩固已有的实际地位，进而促进本民族的全面发展。当然，也正是由于维吾尔族的实际地位远优于其他少数民族，而与汉族距离相对较小，这就注定了他们与汉族之间存在的利益摩擦和纠纷更为突出一些。从人们比较关注的领域来看，这些权益矛盾主要体现在干部任职、招工招干、子女入学、就业等方面。如有相当一部分维吾尔族干部群众将自己或本民族其他成员职务升迁、上岗就业、子女就学等方面存在困难归罪于汉族的介入，认为如果没有汉族来与之争饭碗，日子肯定会过得更好些。除此之外，维吾尔族与汉族在语言文字、宗教信仰、风俗习惯等文化背景上的差异比较大，也是双方发生摩擦的一个重要因素。回顾近年来发生的影响民族团结和社会稳定的涉及民族因素的事件，其中相当一部分是由此而引发的。[①]

维吾尔族与其他少数民族的矛盾最突出地表现在与哈萨克族之间。哈萨克族是新疆人数第二的少数民族，其成员参与社会活动的范围比较广泛，特别是在工业、教育、科技、文化等部门从业的人员明显多余其他少数民族，在这些部门领域容易形成一定的势力，与维吾尔族的竞争面比较广。特别是在哈萨克族比较集中的伊犁哈萨克自治州，维吾尔族与哈萨克族之间的摩擦体现得更为明显，甚至在局部领域，维吾尔族反而有受压制的感觉。[②] 至于维吾尔族与其他非自治的少数民族之间的摩擦也主要集中在利益分配环节上。

2006年年末，新疆总人口为2050万人，其中少数民族人口为1238万人，占全疆总人口的60.25%。新疆世居的13个民族人口总数为2038万，占总人口的99.42%。人口最多的是维吾尔族和汉族，分别为941万和812万，分别占全疆总人口的45.90%和39.61%，两个民族合计占新疆总人口的85.51%。[③] 所以，在新疆谈到民族关系，实际主要是维汉之间的关系，其次是"大民族"和"小民族"之间以及"小民族"之间的关系。新疆维汉关系直接影响到新疆的稳定和发展，因此，维汉关系也备受国内外学者的关注。在新疆，有诸多因素影响着两个民族的关系：其一，资源开发因素。维汉之间关系的冲突可能源自资源占用和开发的冲突，如汉族移民与原居住维吾尔族竞争有限的土地、水源等（哈密调查），外来企业（汉族为代表）开发与本地居民（维吾尔族）利益不协调如南疆石油开发。其二，文化因素。简单地以语言、宗教构成划分人口，则新疆人口由50%多突厥语系的信仰伊斯兰教的少数民族人口（又以维吾尔族占绝对优势）和40%多藏汉语系的信仰泛儒教的汉族人口组成。所以，在新疆，文化关系可以说是伊斯兰教文化与儒家文化的关系。由于这两种文化在语言文字、宗教信仰、生活习俗方面有很大的不同，两种文化难免产生摩擦，而这种不和谐之音最终又将表现为维汉关系的冲突。其

[①] 李进新：《新疆宗教演变史》，新疆人民出版社2006年版，第104—107页。

[②] 祖力亚提·司马义：《族群认同感建构的社会学分析》，《西北民族研究》2009年第3期。同时参见马艳：《汉维回民族关系调查与研究》，中央民族大学硕士论文2007年，文章通过对乌鲁木齐的详尽调查揭示了这个问题。作者在乌鲁木齐市各调查点共发放了370份问卷，实际收回365份，其中汉族104份，维族144份，回族109份，其他民族8份。

[③] 新疆维吾尔自治区统计局：《新疆统计年鉴2007》，中国统计出版社2007年版。

三，社会经济因素。我们已经看到，新疆区内发展很不平衡，如南疆与北疆、城市与农村，关于这点后文还将论述。

如上所分析，贫富的地区分布与民族分布在某种程度上是重合的，如维吾尔族聚居区在发展落后的南疆地区，而汉族居住在相对发达的北疆地区，因此，地区间的发展不平衡所引起的社会不公和社会不满最终表现为维吾尔族对汉族的不满。因此，在一定意义上说，如果自治民族与其他非自治民族之间不能很好地协调包括自治权在内的各方面权益的独享与共享关系，一旦这些权利和利益在各民族中出现失衡，就必然会随之产生民族间的矛盾和纷争。

其次是民族认同因素。

民族认同又称"民族意识"，它是民族存在的反映，有什么样的民族存在，就有什么样的民族意识。民族意识的作用是双重的，其表现为两个方面：一是民族内部的凝聚力，它可以起到凝聚民族成员的精神纽带作用，维护民族生存和稳定，促进民族发展和进步的护卫和推动作用；协调民族内部和谐，共同抵御其他民族干扰甚至侵略作用，这些作用是积极的。二是与民族意识的凝聚力同时存在的是民族意识的狭隘性、保守性、排他性和利己性，这些意识的存在必然会阻滞或破坏民族正常发展和正常交往，它的作用又是消极的。

"认同"一词，原本属于哲学范畴，后来在心理学中被频繁应用，在社会科学领域，这个概念的使用范围日益扩大，包括社会认同、文化认同和民族认同等，它们分别指个人认为自己与所处的特定的社会地位、文化传统或民族群体的统一。[①] 维吾尔人的民族认同产生于20世纪初。维吾尔族学者毛拉木萨1908年撰写的《伊米德史》中还没有维吾尔族人这个词，说到塔里木盆地的维吾尔族人时，要么说"七城庶民""蒙兀儿斯坦庶民"，要么具体地说喀什噶尔人、阿克苏人、和阗人、吐鲁番人等。[②] 显然，南疆相对封闭的绿洲生态环境以及那时落后的交通与通信条件，促使聚居于此的维吾尔民众形成较强的地域认同，民族整体意识相对薄弱，且很大程度受宗教认同的影响。维吾尔族在形成过程中接受了伊斯兰教，伊斯兰教又增强了维吾尔族的民族性，大大促进了对其他民族和部落的吸

---

① 吴泽霖总撰：《人类学词典》，上海辞书出版社1991年版，第348页。
② 《维吾尔族简史》编写组：《维吾尔族简史》，新疆人民出版社1991年版，第254页。

收与同化。因此历史上维吾尔族的先民虽然接受过多种宗教,但伊斯兰教在维吾尔族形成发展中表现出一定的原生性,维吾尔民众对伊斯兰教的认同程度相对较深。在民众对民族认同的观念形成过程中,出现了民族分裂主义分子建立的政权组织,即分别在1932年和1933年建立于南疆的两个短命的分裂政权——"和田伊斯兰王国"和"东突厥斯坦伊斯兰共和国",它们都将伊斯兰教挂在国名之上,作为号召教徒的一个重要旗帜。三区革命[①]初期建立的"东突厥斯坦共和国临时政府",也极力强化伊斯

---

① "三区革命"是在国内外形势影响下,在苏联的支持和进步知识分子领导下的新疆各族人民反对新疆当时统治者盛世才的民族解放运动。所谓"三区"是指当时新疆的伊犁、塔城和阿尔泰三个地区。引发革命爆发的导火线是盛世才、国民党强迫人民的"献马运动"。1943年3月,国民党政府发布命令要求各族人民捐献1万匹军马,交不出马,则按高出市场价格一倍的马价交纳现金。1944年8月,巩哈县(今尼勒克县)牧民首先发动了武装起义,他们占领了巩哈县城,由此拉开了三区革命的序幕。不久,游击队分兵几路攻占伊宁城,11月12日,成立"东突厥斯坦共和国"临时政府,组成16人的临时政府委员,推举艾列汗·吐烈为政府主席。艾力汗·吐烈是一个狂热的泛伊斯兰主义者,所以,三区革命初期,临时政府领导权控制在宗教上层封建势力手中。直到阿合买提江、阿巴索夫等掌握领导权后才作了扭转。至1945年初,革命军打败了国民党增援部队,攻占了伊犁境内几个据点,整个伊犁地区均被游击队占领。同年3月,三区民族军正式成立。6月初,在苏联军事顾问帮助下,民族军制定了向北线解放塔城、阿山两专区;向中线以精河为目标,进而向迪化挺进;南线至南疆开展游击战,牵制国民党军队的作战计划。在民族军的攻势下,至9月间,塔城、阿山区相继解放,北线、中线取得胜利成果。民族军进抵玛纳斯河两岸,距迪化城仅150公里。在此同时,新疆其它七区相继爆发多次反对国民党的武装起义,南线作战的民族军一度攻占拜城、温宿等城,一部分塔吉克族和柯尔克孜族组成游击队攻克蒲犁县(今塔什库尔塔吉克自治县),并成立了革命政府。1945年8月14日,日本宣布无条件投降,八年抗战结束,同一天《中苏友好同盟条约》在莫斯科签字。国民党政府承认外蒙古独立,出于本国边境安全考虑,苏联政府愿意作为调停者,促使三区与国民党政府谈判。另一方面,新疆国民党,驻军粮食给养不足,已不是三区民族军的对手,随着抗战结束,国内外和平的呼声越来越强烈,蒋介石不得不改变策略,派遣张治中到新疆同三区革命政府进行和平谈判。所以,国内外局势和新疆形势的变化是导致三区革命政府与国民党政府举行和平谈判的基础。1945年10月,以阿合买提江为首的三区革命政府的代表与国民党政府的代表在迪化举行和平谈判,经过三个月交锋,迫使国民党政府不得不做出让步,双方达成协议。翌年1月,双方代表签订11项和平条款,根据条款规定,改组新疆省政府,成立由三区革命代表、七区代表和国民党中央代表共同组成的新疆省联合政府,张治中任新疆省联合政府主席,阿合买提江、包尔汉任副主席,阿巴索夫任副秘书长。在新疆省联合政府成立的前夜,已执掌三区革命领导权的阿合买提江、阿巴索夫等取消了"东突厥斯坦共和国"的名称,改称为新疆伊犁专区政府,并纠正了三区革命初期的一系列错误,抛弃了"东突厥斯坦"的旗号,团结新疆各族人民,使革命走上正确轨道。1946年,随着国民党发动内战,破坏和平,新疆的国民党政府当局向三区发动进攻,导致新疆省联合政府破裂,以阿合买提江为首的三区革命代表于1947年7—8月间返回伊宁。

兰教的影响力。这些分裂政权的理论基础除伊斯兰教外，还有对"突厥民族"的构建，即以突厥语族语言为界限，区别"突厥民族"和其他民族。20世纪初的新疆民族分裂主义分子更把生活在古代中国北方和西域的所有民族，包括操突厥语族语言和非突厥语族语言的诸民族都称之为"突厥民族"，把这些民族活动过的全部地方都归为"突厥国家"，杜撰"东突厥斯坦自古以来就是一个独立的国家"，企图建立一种虚幻的国家认同，来排斥、替代对中国的认同。虽然这些政权存在的时期都很短暂，受其管辖的民众数量也很有限，但这种以地域、宗教、语言以及历史为认同基础构建的国家认同思想却流传下来，被少数民族分裂主义分子极力宣扬，影响了部分维吾尔民众的认同，成为构建中国及中华民族认同的一个消解力量。

第三是跨界民族的影响。

所谓跨界民族，是指一切因政治疆界与民族分布不相吻合而跨国界居住的民族。跨界民族问题是指跨越国界民族的分支所引发的矛盾与冲突。新疆是中国跨界民族最为集中的地区，跨界民族问题对新疆地区的社会政治稳定具有重要影响。

如前所述，在中亚地区和中国新疆民族中，大多数属于跨界民族，民族构成复杂，民族宗教问题交织，历史遗留和现实新生问题共存，从而导致同一民族居住在不同的国家，不可避免地会在政治、经济、文化和宗教信仰等方面存在各种联系。在正常情况下，这种联系可以加强民族之间的友好往来，促进跨界民族自身的发展。但同时也会为某些分裂势力煽动跨界民族的"独立与统一"提供便利。[①] 20世纪20年代，前苏联在中亚地区展开民族认定和边界划分，有的村庄被国界一分为二，而同一民族，乃至同一部族跨界而居的现象随处可见，民族对立由此而生。中亚各国民族关系的变化对新疆的民族关系将产生较大影响，而且这种影响将是长期的。值得关注的是中亚一些国家出于国内政治的需要，提出了"民族回归历史故乡"等民族复兴政策，并相继召开了世界哈萨克人大会、世界吉尔吉斯斯坦人大会、世界土库曼人大会，以此号召境外的哈萨克人、吉

---

① 丁建伟：《地缘政治中的西北边疆安全》，民族出版社2004年版，第292页。

尔吉斯人和土库曼人回国。[①]

20世纪80年代中期至90年代初期，前苏联与东欧社会主义国家推行西方民主政治和经济体制的改革引起了各种反苏反共思潮的泛滥，导致局部地区的民族矛盾日趋尖锐。由于跨界民族的存在、中亚国家的独立，对新疆地区稳定的影响日益增强，"疆独"势力也迅速膨胀起来。中亚主要突厥民族的独立和伊斯兰教的复兴对维吾尔分裂势力起了刺激作用，他们利用跨界民族来往频繁的便利，从事分裂新疆的活动。1962年新疆的6万边民集体迁到前苏联中亚地区就是例证。境内外的民族分裂主义势力借助宣传煽动、恐怖等手段，加剧了新疆地区的动荡。据统计，1990年至2001年，境内外"东突"恐怖势力向新疆境内渗透，在新疆地区制造了200余起暴力恐怖事件，造成各族群众、基层干部、宗教人士等162人丧生，400多人受伤。[②]而且在中亚国家周边的一些国家，如南亚的巴基斯坦、印度和西亚的阿富汗、土耳其等国都是与中国新疆有同源跨界民族的国家，使新疆的极少数民族分裂主义分子与境外民族分裂势力勾结有了便利条件，尤其是近年来新疆地区周边国家的民族分裂活动不断升级，对新疆社会的稳定构成了潜在的威胁。

第四是区域社会经济发展不均衡因素。

差别和差距的存在，是产生包括民族纠纷在内的一切社会问题的根本原因。这里所提到的差别一般是特指文化领域，而差距则主要限定于经济发展的层面。新疆的贫困人口主要集中在南疆四地州和北疆高寒牧区，呈集中连片的区域性分布，在全国属相对落后地区。人们的生存条件差，距离脱贫的标准还很远，因灾返贫现象比较严重。同时，新疆还存在就业压力增大、城镇化发展滞后、城乡居民收入差距继续拉大等瓶颈问题。区域经济发展差距和相对贫困问题的存在，掣肘了新疆经济的和谐。这些因素在一定程度上影响了新疆的社会稳定。主要表现为，下岗职工、无业人员由于生活无着，前途无望，加上自由传道人的宣教活动，转到宗教中寻求帮助和安慰；少数民族跨国而居的现象比较普遍，新疆的经济发展水平对跨界民族有很大影响。从目前来看，新疆与周边国家相比，总体上比他们

---

① 毛欣娟：《跨界民族问题与新疆社会稳定》，《中国人民公安大学学报》2006年第2期。
② 张植荣：《中国边疆与民族问题》，北京大学出版社2005年版，第258页。

发展得快些。但有些贫困地区的群众，由于分配因素，也容易被某种境外势力所利用；处在同一国家的不同民族经济发展差距过大，也会影响落后地区的社会稳定。如果不能正确对待，则易影响民族团结和社会稳定。关于这点前文已经做了相关的介绍。

从表68各项发展指标可以看到，上述少数民族聚居地区特别是南疆地区的绝大多数发展指标如人均GDP、文盲率、婴儿死亡率等均属于全疆较差的水平。而新疆各少数民族聚居地区的发展极不平衡，相同民族不同地区之间具有较大的差异性，如维吾尔族聚居的吐鲁番地区，其各项发展指标不仅高于全疆的平均水平，而且名列全疆15个地州市前茅；但是，其他两个维吾尔族聚居地喀什地区与和田地区处于全疆发展的最末端，特别是健康、教育以及生活水平都十分落后。

表68　　　新疆少数民族聚居地区社会经济发展指标（2006年）

（单位：元；%）

地区指标	人均GDP	自然增长率	总抚养比	文盲半文盲率	婴儿死亡率	每万人口医生数
全疆	15000	10.94	46.92	7.65	27.29	20.87
吐鲁番地区	25252	8.90	45.21	7.16	17.47	22.07
伊犁州直	8083	11.25	46.37	6.80	14.20	20.21
阿勒泰地区	14288	9.47	44.49	3.78	23.50	28.92
阿克苏地区	8471	11.58	54.11	7.83	30.20	12.21
克州	4051	10.28	62.88	8.87	40.46	19.33
喀什地区	3497	7.41	65.35	9.54	45.32	10.84
和田地区	3005	11.56	64.10	12.16	45.46	9.85

资料来源：《新疆统计年鉴2007》、第五次人口普查资料，中国统计出版社2007年版。

在宏观数据分析中我们已经看到，发展落后的地区是南疆的克孜勒苏州、喀什地区、和田地区，而这些地区又恰巧是少数民族主要是维吾尔族聚居的地区。是不是少数民族聚居地区或者说维吾尔族聚居的地区就一定是发展落后的地区呢？其实上面的分析已经给出了否定的答案。在初步的相关分析中，我们发现，少数民族人口比重与人均GDP并无显著的相关性，而文盲率、第一产业比重、城镇人口比重与地区的人均GDP呈显著的相关关系。

各地人均GDP的绝对差距和相对差距的变化，同样反映了区内地区间的发展差距在扩大。1985年，新疆最富裕的克拉玛依市的人均GDP为6245元，最贫穷的喀什地区的人均GDP仅为479元，二者相差5766元；20年后的2006年，最富裕的仍然是克拉玛依市，其人均GDP为96006元，最贫穷的变成了和田地区，其人均GDP仅为3005元，两者相差93001元，前者是后者的32倍，人均GDP的绝对差距大大增加。从相对差异即相对变差系数变化上看，自1978年改革开放以来到1990年初期，新疆各地之间的相对差异程度在缩小，相对差异从1978年的1.46减小到1990年的0.96。但随着市场经济的深化，这种趋同性在减弱，而呈现出差异扩大趋势。这种变化趋势与中国全国地区之间的发展模式有相似之处，只是比全国地区之间的差距更明显，有过之而无不及。

还需要指出的是，由于历史发展、社会发育、自然环境、地理区位等多方面因素的综合作用，新疆与沿海和内地发达地区之间存在着明显的差距。随着改革开放的不断深化，这种差距并没有得到有效遏制，反而还在进一步拉大。新疆与全国其他地区相比，特别是与西部其他省份相比，近年来经济发展速度较快，一度快于全国的平均水平。2000年新疆人均GDP曾超过了全国人均GDP的水平，但2006年新疆人均GDP为15000元，低于全国16084元的水平，位于全国31个省市自治区的第14位，位于西部12个省市自治区的第2位。其他社会发展指标如文盲率、婴儿死亡率等均优于全国的平均水平。在2005年中国科学院发布的《中国可持续发展战略报告》中，中国科学院建立了一套全面反映和评价一个国家或地区可持续发展现状、能力和潜力的指标体系。这套指标体系由五个基本支持体系构成，分别是生存支持系统、发展支持系统、环境支持系统、社会支持系统、智力支持系统。新疆在环境支持系统和智力支持系统方面比较落后。综合而言，新疆区域可持续发展综合能力指数位居全国31个地区的第18位。[1] 可以看出，无论是纵向比较还是横向比较，新疆的社

---

[1] 牛文元：《2005中国可持续发展战略报告》，科学出版社2005年版，第54—57页。

会经济发展都取得了可喜的成就。不过，与沿海发达地区相比，新疆的社会经济发展存在着明显的差距。上海、北京、江苏、浙江等东部发达地区的人均 GDP 是新疆的二至五倍，而新疆的社会发展水平指标如文盲率、人口平均预期寿命、婴儿死亡率、人口自然增长率等与沿海发达地区相比，更是明显落后。从现代化的综合指标看，新疆的社会经济发展位居全国的中等偏下水平，新疆仍处在第一次现代化进程中的发展期，仍属于现代化发展的第三梯队。①

这在客观上导致一部分少数民族成员心理失衡，并进而对民族关系产生影响。由于有民族因素的存在，问题就往往会变得比较敏感和突出起来，如果长期听任这种差距继续拉大下去，就会对民族团结和社会稳定产生消极影响。就目前而言，发展上的差距已经对新疆的民族关系产生了消极的后果。不少少数民族成员因此而心理失衡，对党和政府的方针政策产生误解，还有的人只看表面现象而迁罪于他人，认为自己发展不起来，都是汉族人把好处捞走了造成的。一些别有用心的人乘机利用发展差距问题大做排汉仇汉文章。②新疆内部的区域之间、民族之间的发展不平衡对民族关系的影响也是显而易见的。从近些年来出现的影响民族关系的事件来看，不论是发生机率，还是影响程度，南疆都大大高于北疆。在现实中南疆的民族关系特别是维吾尔族与汉族之间的关系总体上趋于紧张，彼此之间的交往半径和频率远远低于北疆。

（二）新疆农民的国家认同意识呈现出多重性

对国家的认同表现于对该国家的自豪感、归属感和忠诚感，其中往往包含对国家历史与文化建设的认可与接受。国家认同危机日益成为新疆民族纠纷问题发生的主要因素。这个问题的产生既有历史的原因，也有现实的根源。

---

① 中国现代化战略研究课题组：《中国现代化报告 2006》，北京大学出版社 2006 年版，第 214—236 页。

② 曹征海：《和合加速论：当代民族经济发展战略研究》，民族出版社 2005 年版，第 54—58 页。

表 69　如果您看见有人在村里公开宣扬支持国家分裂的言论，您会：

		频率	百分比	有效百分比	累积百分比
有效	打电话报警	302	67.0	67.4	67.4
	阻止他	133	29.5	29.7	97.1
	装作没听见	6	1.3	1.3	98.4
	停下来听他讲	7	1.6	1.6	100.0
	合计	448	99.3	100.0	
缺失	系统	3	0.7		
合计		451	100.0		

表 70　如果中国与外国发生战争，您会积极支持国家吗？

		频率	百分比	有效百分比	累积百分比
有效	会	429	95.1	95.1	95.1
	有可能	13	2.9	2.9	98.0
	不会	8	1.8	1.8	99.8
	不知道	1	0.2	0.2	100.0
	合计	451	100.0	100.0	

由于调查问卷设计的疏忽，我们在调查问卷中没有问及农民对国家本身的看法。表 69 能简单说明农民对国家的一个理解。表 69 的统计结果表明，当有人在村里公开宣扬支持国家分裂的言论时，67.0%的被调查者选择"打电话报警"，29.5%的被调查者选择"阻止他"，只有1.3%的被调查者选择"装作没听见"，1.6%的被调查者选择"停下来听他讲"。由于本研究对少数民族特别是民族情绪比较大的维吾尔族的样本量不大，导致与我们在个案访谈中所得到的结果有些不一致。在我们与维吾尔族人大量交谈中发现，他们对"中国"的认识还是有巨大差异的，甚至对"泛突厥主义"有一定的认可。这有一定的历史和现实根源。

从历史看，"泛伊斯兰主义"和"泛突厥主义"（以下简称"双泛"）在新疆的传播及"东突厥斯坦"独立思想的出现是一个主要因素。"双泛"思潮是近代以来先后以西亚地区为中心形成的两大社会思潮。前者是阿富汗人哲马鲁丁于 19 世纪中叶首倡的，核心内容是主张信仰伊斯兰教的各个国家打破国家和民族界限，创建统一的伊斯兰教政治实体，以抗御西方殖民主义的影响和振兴伊斯兰教。后者最早形成于近代由沙俄统治下的鞑靼人中，主张所有操突厥语族各语言的民族联合起来组成一个大帝国以便和沙俄统治者推行的泛斯拉夫主义相抗衡。19世纪末20世纪初，"双泛"思潮逐步传入中国新疆，并于民国初年形成了一定规模。[①] 20世纪70年代由于中国封闭的政治环境，世界性的伊斯兰运动没有对新疆造成大的影响。1978年以后，随着中国同世界伊斯兰教界恢复交往，一些宗教激进组织包括其极端的派别也加紧了对新疆地区的渗透。其中，伊斯兰激进组织是目前最具危害性的宗教极端主义。伊斯兰原教旨极端主义运动是政治化、组织化和恐怖主义化的伊斯兰运动，其本质是极端政治运动。其基本特征是：通过鼓吹"圣战"实施恐怖主义，以建立宗教精神领袖统治的政教合一的政治目标。它反对世俗政府，在"圣战"狂热的鼓动下，大搞恐怖活动，对新疆社会稳定构成极大的危害。他们在意识形态领域借口民族权利和民族发展，混淆国家、民族和宗教的界限，总是不择手段地煽动民族情绪和宗教狂热，为其分裂活动铺垫心理基础。民族宗教问题之所以被分离主义所利用，客观原因隐含在新疆民族宗教的特点中。伊斯兰教与信教民族的同一属性，在民族主义浪潮、东西差距的失衡心理的双重影响下，凸显了宗教的民族性、民族的宗教性、民族问题的敏感性。

从现实看，同市场经济相对应，新疆区域信教群众的民族意识普遍增强，这种意识映衬着宗教情结。到2006年，伊斯兰教的信教人数接近一千万，约占全疆人口的60%。全疆仅伊斯兰教的活动场所就有近二万四千多个。[②]

宗教是一种意识形态，宗教信仰和民族语言、风俗习惯、生活方式等一起构成了风格各异的民族文化。我国少数民族有自己的宗教信仰并不罕见，如目前新疆主要的少数民族都信仰伊斯兰教，信教群众数量基数较大，宗教的影响甚至渗透到生活习惯、思想意识、民族心理之中，因此，

---

① 徐杰舜：《新疆民族分裂主义产生的国际背景考察报告》，《广西民族学院学报》2003年第3期。

② 阿不都热合曼·吾拉衣木：《社会转型时期新疆民族关系研究》，《新西部》2007年第14期。

新疆的宗教发展及其带来的影响具有与其他地区不同的特殊性。目前，伊斯兰教是新疆信奉人数最多的宗教，共包括 10 个少数民族，信教群众占新疆总人口的 58.3%。① 在南疆地区，宗教对当地的人文、社会文化发展有着很大的影响。以喀什地区为例，该地区伊斯兰教已经有一千年的历史，是中国伊斯兰教存在时间长、影响大、信教人数多、宗教与民族结合最紧密的地区之一。伊斯兰教在这里非常典型，第一，清真寺多。喀什地区清真寺约占全新疆清真寺总数的 42%，喀什市就有六百多座。② 第二，穆斯林人口多。喀什地区信教群众近 300 万人。第三，宗教职业者多。按照伊斯兰教规定，每个清真寺至少要有一名宗教职业者管理清真寺，在礼拜时领拜，并处理和婚丧有关的事情。第四，学经人员多。喀什地区学经人员较多，学经一般持续几个月，如在经文学校则是三年，毕业以后，能够在清真寺工作。第五，朝觐人员多。朝觐是伊斯兰教的天命，伊斯兰教义规定凡是身体健康、经济条件许可的穆斯林一生中都应该去麦加朝觐一次，对穆斯林来说朝觐的吸引力很大。③

民族意识确能凝聚精神，但如果超越合理或合法的限度就会诱发狭隘的民族主义；宗教意识确可维系民族传统，但一旦它强化到失当程度也会同社会产生矛盾。新疆民族宗教问题的复杂化表现，客观上给利用这一问题大作文章预留了缝隙。我们知道，分离主义利用民族宗教问题的实质，是把新疆内部矛盾敌对化。民族分裂主义为达到其政治目的，常以民族利益和宗教意志的代言人自居，把宗教极端主义灌输到民族意识中，妄图误导民族和宗教的发展。他们利用民族与宗教的对称属性及其对信教民族群众心理、情感和行为方式的深刻影响，利用群众的科学文化素质偏低，抓住群众迷惑、疑虑甚至不满的难点、热点问题借题发挥，歪曲新疆历史、挑拨民族关系，恶意把不同民族成员的个人交往对象民族化，诱导民族意识滑向民族仇恨，把宗教意识升温到宗教狂热，蛊惑、裹胁信教群众同

---

① 李建生：《和谐的宗教关系是和谐的民族关系的重要表征》，《新疆社科论坛》2008 年第 3 期。
② 李进新：《新疆宗教演变史》，新疆人民出版社 2006 年版，第 78—82 页。
③ 崔延虎：《多元文化场景中的文化互动与多民族族际交往——新疆多民族社会跨文化交际研究之一》，《新疆师范大学学报》2005 年第 2 期。

情、支持或参与他们策划、组织的分裂活动。① 新疆宗教具有的信教人数多、活动场所多和宗教教职人员多的特点也是一个根源。

（三）影响新疆民族团结和社会不稳定的国际因素

影响新疆农民民族意识的因素除去上文分析的国内本身存在的问题外，国际因素也不容忽视，在一定意义上说，国际因素是一个主要诱因。

表 71　　　　　　　您认为民族团结对于中国的发展影响：

		频率	百分比	有效百分比	累积百分比
有效	十分重要	396	87.8	89.6	89.6
	比较重要	39	8.6	8.8	98.4
	无所谓	7	1.6	1.6	100.0
	合计	442	98.0	100.0	
缺失	系统	9	2.0		
合计		451	100.0		

表 71 的统计结果显示，87.8% 的被调查者认识到了民族团结对中国发展的重要性，这是值得认可的，但我们在访谈中发现，新疆的民族问题有很大的国际因素影响。由于问卷设计问题，没有考虑到国际因素的影响，这是很大的缺憾。

在影响新疆诸如"7·5 事件"民族纠纷产生的国际因素中，国际势力扮演了重要角色。19 世纪末，"东突厥斯坦独立运动"兴起后，英、德、日、土耳其以及沙俄等国均扶植和支持过泛伊斯兰和泛突厥分子。1933 年，为了削弱苏联在新疆的影响，英国插手在新疆南部建立了所谓的"东突厥斯坦伊斯兰共和国"。日本在内蒙古利用德王的同时，也策划了在新疆建立伊斯兰国。日本人收留了奥斯曼帝国末代苏丹阿卜杜勒·哈米德二世之子，并计划让他出任新疆独立后的首脑。在当代，美国等西方国家的纵容和支持，无疑对新疆的民族分裂活动起到了推波助澜的作用。

---

① 刘仲康：《宗教工作与新疆和谐社会的构建》，《新疆社会科学》2006 年第 3 期。

四 新疆农民民族意识与区域社会稳定

近年来,国际一些势力明目张胆地支持新疆民族分裂活动。在政治上,国际一些势力以新疆少数民族的"人权"问题为借口向中国施压,企图以压促变,以压促乱。自1990年以来,每届联合国人权会议,以美国为首的西方国家都呼吁中国尊重新疆等少数民族地区的"人权"。2002年,美政界、参众两院多次公开要求中国释放被关押的民族分裂分子热比娅,不断攻击中国在新疆"侵犯人权";美国前总统克林顿、副总统戈尔、国会参议院国际关系委员会主席赫尔姆斯还接见了在美的新疆民族分裂组织头目;美国国会召开新疆问题听证会;美国中央情报局派出专门人员负责对"东突"分子进行培训。1999年,美国政府发表的《中国人权报告》首次指责中国新疆的民族政策,克林顿在公开场合与"东突厥斯坦民族代表大会"执委会主席艾尼瓦尔会面,接受了所谓新疆维吾尔人遭受迫害的材料和录像;霍普金斯中亚—高加索问题研究所和史密斯—里查德森基金会也派出专门人员前往阿拉木图,会见"东突"分裂组织头目。[①] 美、英、德、法等一些西方大国的政界要员和议会,也多次发表支持新疆民族分裂势力的讲话和声明。一些国际组织,不止一次要求联合国讨论所谓"新疆问题"。在经济上,他们为新疆民族分裂主义势力"输血",每年提供大量活动经费,积极培植、扶持境外民族分裂组织,操纵他们从事针对新疆的各种分裂破坏活动;在外交上,他们通过邀请、帮助民族分裂组织加入国际非政府组织等举措,鼎力协助民族分裂势力将所谓"新疆问题"推入国际干预轨道;在舆论上,他们利用手中的宣传工具、竭力煽动民族分裂主义情绪。土耳其和一些中亚国家也或明或暗地支持"东突"分裂运动,允许分裂势力在其国境内开展活动,建立基地,向外输出"泛突厥主义"。[②]

在这些国家的支持下,分裂组织创办了多种刊物,连篇累牍地发表文章,攻击中国的民族政策。原设在德国的"解放电台"和"自由欧洲电台"也移至捷克和哈萨克斯坦的阿拉木图,并在土耳其增设了"独立解放电台",加强宣传力度。目前境外"东突"分裂组织正立足中亚这一前

[①] 丁建伟:《地缘政治中的西北边疆安全》,民族出版社2004年版,第78页。
[②] 王智娟、潘志平:《"双泛"与"三个主义"——兼析新疆周边的安全局势》,《西北民族研究》2005年第4期。

沿阵地，对新疆不断进行渗透，设立出版机构，出版煽动独立的书刊和音像制品；建立以维吾尔语、哈萨克语和乌孜别克语进行广播的电台，大肆进行分裂宣传；召开各种名目的国际研讨会、举办展览和发表公开信，为新疆独立摇旗呐喊，以寻求国际反华势力支持；不断派遣骨干分子入境，加强对境内"东突"分裂组织的扶持和领导；拉拢、收买、策反中国驻外人员和出国探亲、朝圣、留学人员，进行情报搜集和颠覆活动；用金钱收买新疆中上层人士，扩大分裂势力；利用宗教进行分裂宣传，煽动宗教狂热。他们的最终目的就是进一步发展扩大"东突"分裂运动。

随着当今世界经济全球化、信息化的步伐不断加快，外界对新疆社会各方面的影响与日俱增。外部极端主义之所以能在新疆生存和蔓延，原因比较复杂。简单地讲，主要有两个方面：一是国际伊斯兰激进主义的渗透。自 1979 年伊朗伊斯兰革命胜利以来，伊斯兰激进主义的影响呈发展的态势。与我国为邻的阿富汗和中亚地区的伊斯兰极端势力活动猖獗。为了扩大政治和宗教方面的影响，他们必然向新疆的穆斯林地区渗透，以实现所谓的伊斯兰教法统治。同时，境内外的民族分裂主义势力往往利用宗教为掩护从事煽动信教群众、制造分裂的活动。二是由于新疆特殊的地理位置和宗教情况，给宗教极端主义提供了一定的生存条件。新疆地区多种宗教并存而以伊斯兰教为主。伊斯兰教在新疆有着漫长而复杂的发展史，已经融入了信教民族的文化、生活之中。新疆的伊斯兰教容易受到与其有着深刻历史渊源的西亚、中亚的宗教影响。加上近年来南疆的某些地区出现了宗教狂热的局面，这使得外部极端主义获得了生存发展的机会。

这些境外势力主要有两股[①]，一股是以土耳其等西亚地区为活动中心的艾沙集团；另一股是以原苏联中亚地区为活动中心的牙孜·赛买提集团。他们的组织主要有"东突厥斯坦慈善基金会""东突厥斯坦民族统一联盟""东突厥斯坦解放组织""东突厥斯坦青年党""东突厥斯坦、西藏、蒙古民族统一联盟""东突厥斯坦侨民协会""东突厥斯坦哈萨克慈善基金会""东突厥斯坦文化团结委员会""东突厥斯坦民族革命统一阵线""东突厥斯坦救国委员会""东突厥斯坦解放委员会""东突厥斯坦国际委员会""东突厥斯坦人民党""维吾尔跨国联盟"，等等。他们在一

---

① 王继雨：《新时期新疆稳定问题实证研究》，《科学社会主义》2006 年第 4 期。

些国家的支持下，出版《东突厥斯坦之声》、《东突厥斯坦青年报》等刊物，大肆鼓吹泛伊斯兰主义、泛突厥主义和东突厥斯坦独立思想，不断制造分裂主义舆论。

国外一些组织也直接渗透。如在美国、英国、德国、土耳其和哈萨克斯坦等国，有6家电台专门对新疆广播或设有针对新疆的广播节目。《美国之音》还对新疆增设了少数民族语言节目。此外，在上述国家中，有的还以保护"人权"为名，对逃亡在其境内的新疆民族分裂主义分子和组织给以公开、合法的保护与支持。如艾沙集团1992年底在土耳其主办"东突厥斯坦民族代表大会"时，土耳其总统和总理向大会发了贺电。该国文化部长还向艾沙的90岁生日表示祝贺，把艾沙称之为"突厥民族培育的最伟大的领导人之一"，"整个突厥民族的英雄"。

不仅如此，他们中有的还亲自出马，秘密操纵策划，伺机进行颠覆、破坏。国际上的某些伊斯兰教组织和宗教极端势力借助近年来伊斯兰复兴运动重新高涨的势头，插手新疆，在新疆煽动民族仇恨和宗教狂热，支持并参与民族分裂活动。如"伊斯兰世界联盟"（以下简称"伊盟"）。"伊盟"是个总部设在麦加的世界性泛伊斯兰宗教组织，其内部的某些人把在新疆搞"东突厥斯坦"作为他们的既定方针。该组织秘书长穆罕默德·纳赛尔·艾布迪公开声称："东突厥斯坦的穆斯林在汉人的压迫下生活，帮助他们是我们的首要任务。"为此，他们还专门网罗了一批从新疆逃往沙特、土耳其等地的民族分裂主义分子，有的还委任以职务。如艾沙死前曾是该组织的常委；热合木图拉被委任为该组织的"社会主义国家处"处长。[1]

这些组织插手我国新疆的主要手法有以下几种：一是利用中国改革开放的形势，大肆输入夹杂在宗教宣传品中的各种宣传材料，从意识形态、思想观念和认识等方面进行煽动、蛊惑、渗透；二是向新疆输入新教派，通过代理人在中国喀什、莎车、叶城、和田、阿克苏和乌鲁木齐等地建立传教点并制造教派纠纷和民族矛盾，妄图打击排挤爱国宗教人士，伺机夺取宗教领导权；三是以捐资修建清真寺、建立语言学校等为诱饵，实行所

---

[1] 高永久、李丹：《"东突"恐怖势力的"思想体系"研究》，《西北师大学报》2006年第4期。

谓"心战"和思想渗透；四是以邀请并资助新疆穆斯林到麦加朝觐或出国学习经文等为诱饵，进行收买、腐蚀，采取"拉出去，打进来"的手法"埋钉子"，寻找、培养在中国境内的代理人。①

"7·5事件"发生后，西方一些主流媒体不顾事件本身的基本事实大肆渲染、甚至歪曲报道。如CNN 2009年7月7日在题为"中国乌鲁木齐出现骚乱"的报道中，大量引用一个匿名目击者和"世界维吾尔代表大会"发言人的话作为新闻源，以描绘出一幅对"和平请愿行动的血腥镇压"图景。日本《每日新闻》则长篇引用境外"疆独"组织的说法称，5日下午，大约100名学生到乌鲁木齐人民广场示威，警察立刻出现，并向示威人员开枪，造成了3名学生死亡。部分参加者开始在商店放火。因为警车撞了妇女和孩子，所以示威人员为了抗议掀翻了警车。② 2009年7月10日下午，在乌鲁木齐洋行巷清真寺和解放路北大清真寺，来自荷兰、西班牙、日本和英国的记者，以采访之名，反复问一些敏感问题，甚至不时使用一些极具刺激、挑唆和煽动性的语言，企图引诱、"启发"被采访者发泄对政府和现实的不满。当个别受访者被一时蒙骗而开始变得情绪激动时，这几个西方记者大喜过望，甚至不顾媒体从业人员的起码职业准则，充当起临时"导演"和"演员"，当场教唆受蒙骗者如何游行、如何呼喊口号等，同时马上用摄像机进行摄像、录音……③等等。西方一些媒体在对待"7·5"事件上，企图利用民族宗教问题，搞乱中国，分裂中国。其逻辑起点是要赋予"7·5"事件以"正义性"和合法性，按照归谬法，参与打砸抢烧杀的暴徒反而成了勇士，那些大批无辜死伤的群众反而成为暴徒。

同时在后冷战时期，世界范围内的民族分离主义运动风起云涌，成为诱导中国新疆民族纠纷不断产生的原动力之一。民族分离主义运动是当代世界民族问题中最主要、也是最具破坏力的一种现象。它主要表现为多民族国家中的一个或多个少数民族努力推动从现有国家中分离出去，进而建

---

① 王智娟、潘志平：《"双泛"与"三个主义"——兼析新疆周边的安全局势》，《西北民族研究》2005年第4期。
② 程刚、青木等：《"7·5"事件搞不乱中国》，《环球时报》，2009年7月8日第16版。
③ 王慧敏、戴岚、王南等：《看西方记者如何在乌鲁木齐清真寺造假》，人民网，2009年7月14日。

立自己的民族国家或与其他邻国的同一民族合并的运动。这种民族分离现象在一些国家早已存在，只是影响不大。如英国的北爱尔兰、西班牙的巴斯克、加拿大的魁北克等。

但是，进入后冷战时期，民族分离主义运动开始狂飙突起，在很短的时间内，席卷了苏联、东欧体系的每个角落，使苏联一分为十五、南斯拉夫一分为五、捷克斯洛伐克一分为二，并且迅速向世界范围蔓延，今余波未平。据统计，在当今国际社会中，积极推动从其母国分离或具有分离倾向的民族就有20多个。现在仍在为"独立"而斗争的重点地区，有俄罗斯的车臣，前南联盟科索沃和波黑，英国的北爱尔兰，斯里兰卡的北部和东部地区，格鲁吉亚的南奥塞梯、阿布哈兹，加拿大的魁北克，法国的科西嘉，西班牙的巴斯克，印度的旁遮普，印度尼西亚的伊里安、亚齐、马鲁古、西加里曼丹、东加里曼丹等省和菲律宾的棉兰老岛等。后冷战时期，民族分离主义运动的兴起，产生了严重的消极影响。民族分离主义的盛行，导致了世界各地暴力冲突的涌现与升级，严重危及一些国家、地区和国际社会的安宁与稳定。据统计，在后冷战时期的世界冲突中，种族和宗教冲突已占到世界冲突总数的50%以上。[1]

在民族分离主义运动过程中，由于存在着过分追求本民族利益的极端倾向，导致民族间的相互仇恨与敌对加深。当今世界的诸多热点问题大多与民族分离运动有关。俄罗斯的车臣问题、前南地区的科索沃与波黑问题、斯里兰卡的泰米尔人问题、中东的库尔德问题以及塞浦路斯土、希两族分裂分治问题等等，都已经对国家安全、地区安全及全球安全构成威胁，并对国际社会的稳定产生消极影响；同时民族分离主义运动的理论逻辑，直接挑战了现今国际法的主要基础之一——国家主权原则。民族分离主义分子不顾时代发展的潮流和各国的具体情况，刻意曲解民族自决权原则，鼓吹每个民族都有建立独立主权国家的权力，试图通过分裂多民族国家以达到完成民族分离的目的。这显然与国家主权原则等国际法基本准则背道而驰；此外，民族分离主义的盛行，为霸权主义、强权政治干涉别国内政提供了可乘之机，进一步加剧了国际社会的动荡。

---

[1] 徐杰舜：《新疆民族分裂主义产生的国际背景考察报告》，《广西民族学院学报》2003年第3期。

总而言之，新疆民族纠纷产生的原因十分复杂，既有历史的根源，也有现实的因素，既有中国自身的原因，也有国外的背景。仅从国际背景看，20世纪90年代以来，在冷战时期被掩盖的民族矛盾和领土争端在世界一些地区纷纷涌现并日益激烈，宗教极端势力与民族分裂势力、国际恐怖势力结合在一起，以所谓争取民族自决权、建立单一民族国家为幌子，不断进行民族分裂活动，挑起争端，成为制造社会动荡不安的冲突根源。这三股恶势力不仅对国际社会构成巨大的威胁，也严重影响了中国的区域社会安全。尤其是在中国的新疆地区，宗教极端势力与民族分裂主义势力融为一体，不断进行民族分裂活动和暴力恐怖活动，严重危害新疆民族地区的社会稳定与发展。

（四）影响新疆民族问题产生的国内根源

乌鲁木齐"7·5"事件发生后，一些学者反思，为什么在新疆迅速发展、人民生活不断改善提高的情况下，会发生如此残暴的犯罪事件。问题的答案有多个，新疆的经济社会发展不平衡是一个答案。经济是一切事务的基础，只有经济基础打好了，才能搞好上层建筑。防止民族纠纷，必须首先解决新疆少数民族和民族地区经济社会发展问题。

表72　　您认为加强民族团结的最主要途径是：

		频率	百分比	有效百分比	累积百分比
有效	发展经济	167	37.0	37.3	37.3
	进行宣传教育	69	15.3	15.4	52.7
	坚决打击民族分裂分子	208	46.1	46.4	99.1
	其他	4	0.9	0.9	100.0
	合计	448	99.3	100.0	
缺失	系统	3	0.7		
	合计	451	100.0		

从表72可以看出，新疆的被调查农民认为，加强民族团结的最主要途径是"坚决打击民族分裂分子"，占46.1%，"发展经济"占37.0%，

说明经济问题是一个值得分析的因素。

加快少数民族和民族地区经济社会发展,是新阶段解决民族问题的根本途径。要采取一切措施尽快缩小地区间差距,尽快提高少数民族和民族地区的发展能力。其基本路径有两条:一是大力改善民族地区的基础设施。基础设施的落后是制约民族地区经济发展的重要因素,要想把经济搞上去,没有相应的基础设施的建设,是不可能的。因此,必须把优先发展交通、水利、电力、通信等基础产业放在重要战略位置来考虑,从而改善民族地区投资环境和当地群众的生活、生产条件。二是加大政策扶持,加大国家一系列的宏观政策向民族地区的倾斜力度。给予民族地区和谐发展的最有力的政策支持,最主要的就是经济的投入与税收的减免;但是,输血不如造血,要让民族地区自己运转起来是最重要的。可以鼓励少数民族地区利用自身特有的地理环境、民情风俗等搞好旅游产业,既可保护环境,又能增加民族地区的经济发展;也可以从政策上进行规定,让东部的发达城市与新疆少数民族地区结成"一帮一"的对子,把好的项目、好的发展思路引入到西部少数民族地区,从根本上解决它的经济问题,同时增加少数民族群众就业的机会。特别要注意,发展经济的同时,不能破坏环境,不能以牺牲环境为代价。只有少数民族地区经济发展上去了,与东部的差距越来越小,才能从根本上解决我国的民族关系问题,才能进一步巩固全国各族人民的大团结,保持民族关系的和谐发展,全面避免民族冲突的出现。

表73　　　　　　　您认为在新疆生活的风险和生存的压力:

		频率	百分比	有效百分比	累积百分比
有效	很大	89	19.7	20.1	20.1
	比较大	112	24.8	25.3	45.5
	一般	209	46.3	47.3	92.8
	比较小	32	7.1	7.2	100.0
	合计	442	98.0	100.0	
缺失	系统	9	2.0		
合计		451	100.0		

从表 73 可以看出，新疆的被调查农民普遍认为在新疆生活还是有一定风险的，从统计结果看，19.7% 的被调查农民认为风险很大，24.8% 的被调查农民认为风险比较大，二者相加就有 44.5% 的被调查农民认为风险存在。这种结果的发生，除去前面分析的几个因素外，族际交往不活跃也是一个重要根源。

族际交往的前提是居住格局，它是某一区域内人口构成及其居住区域的空间组合方式。一个区域内各民族的居住格局是民族关系在空间上的表现形式。新疆自 1949 年以来形成了各民族杂居的居住格局，只有维吾尔族还有相对集中的居住区。有了各民族的杂居，族际交往成为可能和必需，通过族际交往方式，民族关系得以变迁和改造。比如族际通婚，族际通婚的状况和程度可以从一个侧面折射出新疆民族关系的变迁轨迹。

据中国新疆网的报道，在伊宁市，汉族与其他民族通婚的现象增多。伊宁市民政局的一份统计显示，不同民族通婚数量自 2001 年突破 100 对达到 115 对后，这一数量开始逐年增长。2003 年有 135 对，2004 年增加到 149 对。而 2006 年，通婚的数量则达到了 243 对。[①] 但同时，根据新疆社会科学院关于族际通婚的调查分析显示，各民族间均有通婚发生，但数量多少有所差别。主要表现为：（1）以汉族为通婚对象的民族群体最多，汉族的族际婚姻数量最大；（2）散居民族的族际婚姻发生率较高，如散居在乌鲁木齐市、伊宁市、塔城市的锡伯、达斡尔、蒙古等民族；（3）文化相近的民族之间更容易通婚。如维吾尔与乌孜别克、塔塔尔间，哈萨克与塔塔尔、乌孜别克间，汉与满、蒙、回等民族间的通婚较多。[②] 另有分析表明，族际通婚难度最大的是维吾尔族与汉族的通婚。

前有所述，随着中国改革开放的持续深入，中国的综合国力呈现出稳定的上升态势，同时在转型时期的当下，一方面是社会功能性调节过程中，人与人或人与共同体之间的关系出现了一些新变化；另一方面，随着

[①] 尹安科：《伊宁市各民族间通婚人数逐年增加》，http://www.chinaxinjiang.cn/news/xjxw/shjj/t20070514_235591.htm。

[②] 李晓霞：《新疆族际通婚的调查与分析》，http://www.xjskw.org.cn/content.asp?id=518。

收入、教育背景、社会保障等可利用资源的分布不均，社会分层等也出现了新倾向，具体表现为贫富差距的扩大、城乡差距的扩大以及东部沿海地区与西部地区差距的拉大。因此，对如何增进边疆居民对"中华民族"这一民族实体的认同，如何促进民族团结和多元一体格局下少数民族对其自身的认识等问题需要学界进行深入研究。

从新疆发生的民族纠纷诸多事件本身来看，虽然它不是实质意义上的民族问题，但它给民族工作带来的警示却是异常深刻的，民族工作做好了，少数民族和民族地区更加团结和睦相处，才可能从根本上铲除滋生"民族分裂"毒瘤的土壤。新疆作为中国版图内重要的多民族聚居区，又是涉及到地区安全与区域稳定的前沿阵地，在处理转型时期出现的诸问题的过程中，尤需谨慎。共同的民族认同、文化认同，无疑是解决转型时期所出现问题的一把重要的钥匙。可以说，"中华民族"认同，既是在中国既有领土上生活的民众理当具有的基本认同，也是在有效应对可能的"认同危机"时的历史文化根源之所在。增强对中华民族、中华民族文化认同的理解，可以使在共同发展这一总体框架内的各民族之间存在的矛盾减少到最小，同时也使中国人的总体凝聚力得以增强，更好地协调经济建设中存在的矛盾。就政治治理而言，在政治认同危机及相应的危机认同出现端倪时，也要求执政者在制定和施行政策的过程中，把广泛性的基本要求与先进性的较高要求有机结合起来，从而塑造一种普遍的政治认同。诸如民族认同、文化认同等等并非是一种完全独立的存在，它往往也由其他认同的综合影响所构成。如在广大信仰伊斯兰教的国家中，民族认同实际上是通过其穆斯林认同来完成的。关于历史上"中国人"的概念，实际上在经济共生关系及文化共享的基础上，经历了一个逐渐扩大的过程，而每一次扩大的结果，除了吸纳更多的个体接受这一认同外，实际上还起到了促进认同核心的强固的作用。这对处理现实问题具有非常重要的意义，就中国当前社会建设的需要而言，"发展"要求个体都能在深层次上强化自身的中华民族认同，加强其自身因共享同质资源及文化心理而造成的认同感，以使社会在和谐的氛围中更好地进行经济建设；"稳定"则是中华民族认同强化的必然结果，共享认同的群体，在重大选择上的表现也是高度一致的。新疆的发展与稳定也不例外，地区发展必然需要抛弃狭隘的民族情绪，扩大认同基础，通过追溯历史形成更为稳固的民族认同和区域认同；地区稳定也只有在形成积极的国家认同的前提下才能得以实现。就可能的认同危机而论，应当重视其作为"有危险同时又存在机遇的转折关头"这一契机所在，充分运用认同的可塑性，将不利因素转化为有利因素，从而促进区域的稳定与发展。

（五）新疆农民民族思想教育的基本策略

发生在新疆的诸多民族事件，是境内外民族分裂势力相互勾结，由境外策划煽动，境内组织实施，有预谋、有组织的打砸抢杀烧严重暴力犯罪事件。他们的目的就是制造民族纠纷。一般而言，有民族存在，就会有民族问题发生。当今世界的民族问题具有普遍性、长期性、复杂性、国际性和重要性等特点，而民族纠纷问题的治理又是一项长期、艰巨、复杂的政治斗争和系统工程。随着国际局势特别是中国周边国家和地区形势的发展变化，中国反民族纠纷斗争必然会出现新的情况、新的变化、新的方略。从宏观上看，需要综合治理，标本兼治，重在治本。

民族区域自治是指在国家的统一领导下，在少数民族聚居的地区设立自治机关，行使自治权。中国的民族区域自治既不是单纯的地方自治，也不是单纯的民族自治，而是民族自治和区域自治的结合，是政治因素和经济因素的结合。实行民族区域自治，既可以充分保证少数民族在政治上的平等地位和平等权利，又有利于促进各民族间的团结合作共同发展，有利于调动广大少数民族劳动人民的积极性，推动各民族地区经济建设发展。

在自治机关的建设中，应充分重视少数民族干部的配备和培养。[1] 选拔少数民族干部在自治机关中担当重要的职务，代表少数民族群众行使自治权利。明确规定自治地方的权力机关和行政机关领导人的配备，要体现少数民族当家作主，依法配备实行区域自治民族的公民，自治地方的行政机关和司法机关中要尽量配备少数民族人员。通过民族区域自治制度的建设，促进少数民族干部队伍的成长和素质的提高。在民族区域自治制度下，各民族自治地方都是中华人民共和国不可分离的一部分，确保了中央

---

[1] 梁铭：《从新时期新疆农村教育的发展看和谐社会的构建》，《伊犁师范学院学报》（社会科学版）2008年第2期。

政府的政令畅通，维护了国家的统一。各民族在统一的国度内，休戚与共，同甘共苦，从而有利于民族团结、有利于民族地区经济社会发展。

充分行使自主权是发展民族经济的根本条件。[①] 过去多年来，不少人总是把民族地区经济建设发展的希望寄托在上级政府的支持上，但从根本上说来，这只是"扬汤止沸"的措施。多年的实践经验告诉我们，伸手向上边要钱不能从根本上解决问题，最主要的还是民族地区要有自主权，加上有正确的政策，在经济建设中才会产生无穷的威力，才可以从根本上防止在经济改革和经济建设上再搞"一刀切"的弊端。这是调动各族人民的积极性和主动性，依靠民族地区的特点并适应民族地区的需求，发展民族地区经济建设的根本措施。

民族问题是关系到国家前途命运的重大问题，民族政策制定的正确与否，对国家的稳定和发展有至关重要的影响。各民族经济、文化发展上的差距是一切不满和摩擦的根源，如果少数民族地区的经济、文化的发展长期地、严重地落后于其他地区，势必影响民族团结，那就不仅是一个经济问题，而且更是一个重大的政治问题。相反，如果少数民族地区的经济、文化得到比较快的发展，各民族人民的物质和文化生活有较快较大的改善，那么各民族的团聚力将会不断增强。民族团结之花只有深深根植于各民族经济文化共同繁荣的沃土之中，才能开得更加鲜艳不败。

利用好国际舞台加强与周边国家的友好联系也是一个可行的措施。新疆与八国接壤，虽然边境线很长，但周边大多数都是些不发达国家。中国目前与哈萨克斯坦和土库曼斯坦的经济发展水平较为接近，按照世界银行的标准，其他中亚三国均属最不发达国家，人均 GDP 不及中国的一半，如果单纯与周边国家经济往来的话，对于新疆的经济促进和拉动作用不是很大。从稳定因素上来分析，新疆周边一些地区存在不稳定因素，这些不稳定因素或多或少地将影响新疆的稳定，对于经济持续的发展产生不利影响。

跨界民族关系处理的好坏不仅仅影响国与国之间的关系和发展，对于毗邻的地区也将产生很大影响。如前所述，新疆和中亚地区存在着跨界民

---

① 朱新武：《新形势下新疆少数民族地区农村公共产品供给问题研究》，《黑龙江民族丛刊》2010 年第 1 期。

族，这些跨界民族除了上述的积极作用外，还存在着一些消极作用。中亚五国在苏联时期虽然是加盟共和国，但其地位实际只相当于一个省，其各主体民族处在少数民族地位。随着中亚五国的独立，这五国的民族一跃成为了国家的主体民族，在国家和社会生活中处在主导位置，这种地位的变化势必会对新疆境内的相关民族产生心理上的影响，容易激发他们的民族自我意识和民族独立意识，出现民族分离主义。

还有，从历史上可以看出，新疆和中亚是多元文化交汇的地区，不同的文明不断碰撞、交融，形成了以伊斯兰文化为主要特点的文化。纵观历史，新疆和中亚地区都曾经历了"突厥化"和"伊斯兰化"的过程。在这个过程中，民族的文化不可避免地吸收了这些元素；在吸收这些元素的同时还吸收了其他文明的元素，于是在新疆形成了多元一体的文化格局。然而在当今民族主义和"双泛"的影响下，"东突"分子利用"突厥化"和"伊斯兰化"过程，进行错误的歪曲，企图建立一个操突厥语、以伊斯兰教为国教的国家。这种极端歪曲的错误宣传造成了新疆个别居民思想的错位，对于主体文化认识较不清楚，错把文化的某些因子作为文化主体，对中华民族主体民族文化地位提出质疑和疑惑，造成了文化分离的倾向，影响了民族团结，形成一些不稳定因素。

在这种背景下充分利用国际舞台是维护中国民族团结和社会稳定的重要路径。因为这是拓展沟通渠道、有针对性地开展对外工作、坚决制止所谓的"新疆问题"国际化的重要场域。冷战结束后，与新疆相邻的国家大都十分重视和希望同我国发展经济文化诸多领域的友好关系，并从共同的利益出发，就打击"三股势力"进行了富有成效的合作，如1996年中、俄、哈、吉、塔五国上海会议，2000年五国元首签署的《杜尚别声明》，以及2001年中、俄、哈、吉、塔、乌六国共同签署的《打击恐怖主义、分裂主义和极端主义上海公约》等等，表明各国都在以积极的态度，寻求建立多方面的友好伙伴关系。可以说，合作的前景是比较乐观的。但是国际间的合作永远都是以利益为原则的，各国都有自己的利益取向，尤其要充分考虑到这些国家都或多或少地存在着伊斯兰复兴运动和国家民族化等现实，在个别西方国家对中国实施"西化""分化"战略图谋的影响下，新疆的地缘政治显得十分复杂。充分地借助外交平台，采取多种形式，拓展沟通渠道，对于广泛争取境外华侨力量和爱好和平的国际力量，阻止境外分裂组织谋求建立统一的"流亡政府"的活动，防止新疆问题"国际化"十分关键。①

从根本上说，民族团结是新疆各族人民的生命线，是解决中国新疆维吾尔自治区民族纠纷问题的根本前提和保证。新疆乌鲁木齐市爆发的"7·5"事件能够得到迅速平息，社会稳定、社会秩序和正常的社会生活能够得到迅速的恢复，这表明中国的民族宗教和睦、社会稳定发展是有坚实基础的。在新疆目前特殊的内外条件下，一定要把新疆经济发展放在政治的高度上去认识，去部署，去实施。发展新疆经济是新疆一切工作的中心，是加强民族团结、反对民族分裂的强大物质基础。

同时也应认识到，新疆境内的民族分裂主义、宗教极端势力和暴力恐怖主义是一种客观存在，是由国际大环境和新疆自己的小环境所决定的，是不以人们自己的意志为转移的。无论新疆经济发展不发展、发展程度高与低，他们都会存在。经济因素决不是民族分裂主义存在以及进行暴力破坏的原因，新疆的民族纠纷由来已久，并将长期存在，利用新疆经济发展中的某些暂时挫折和矛盾，地区经济发展中某些落后面，新疆与东部地区所存在的一些差距，人民群众生活中出现的某些困难和问题等来蛊惑人心，欺骗煽动民众，这是民族分裂主义惯用的伎俩。因此，应加快新疆区域经济发展步伐，大力促进经济发展，增强物质基础，大力地改善和提高各民族人民群众的生活水平，使民族分裂主义分子无机可乘；运用经济手段，即经济发展、经济政策和经济措施等化解政治矛盾和危机，从而达到让政治为经济发展扫清障碍、让经济发展为政治解决麻烦的治理境界。

面对新疆复杂的民族纠纷，在应对新疆农民民族思想变动、创新农村宣传思想工作方面更应有针对性。

首先应按照协调联动、统筹各方的要求，进一步理顺新疆农村宣传思想工作的体制机制。② 如根据新疆农村的实际和新疆农民的需求，从过去的单向灌输思维转变为双向互动思维，从注重宣传思想工作的防范意识转变为更加注重宣传思想工作的使命意识，切实增强紧迫感；从习惯于搞宣

---

① 龚学增：《妥善处理构建和谐社会中的民族矛盾》，《理论视野》2005 年第 3 期。
② 祖力亚提·司马义：《族群认同感建构的社会学分析》，《西北民族研究》2009 年第 3 期。

传战役、追求轰动效应转变为寻求长效机制，实现宣传工作经常化，追求润物细无声式的潜移默化功效；从过多地单一依靠宣传部门进行宣传思想工作转变为更多地调动全社会资源进行宣传思想工作；从单纯强调宣传工作的领导权转变为积极争取宣传工作的主动权，打好主动仗，开创新局面。具体有如下几方面：一是要加强对新疆各级干部的教育、培训，提高其处理农民思想问题的能力；二是建立农村宣传思想工作的全员工作机制，坚持以人为本，实行全员思想政治工作责任制，把思想政治工作融合、渗透到各项工作之中去；三是建立农村宣传思想工作联席议事机制，建议自治区、市、县建立由宣传文化部门和涉农部门参加的农村宣传思想工作联席会议，相互沟通情况，研究分析农民群众思想动态，及时调整工作思路；四是建立农村文化阵地共建、共管、共享的综合协调机制，建议统筹宣传、文化、科技、卫生、教育、出版、体育和共青团、妇联等部门的文化资源，加强部门之间的沟通与合作，将有限的资金和资源统一整合规划、捆绑使用，实现农村宣传文化设施的共建、共管、共享。

其次要按照精细化、生活化、互动化的要求，创新农村宣传思想的方法手段。具体有如下几方面：一是拓展信息渠道，强化对农民思想动态的前瞻性、系统性研究；二是提供菜单式服务，构筑农民群众平等对话、交流互动的平台，建议先行探索搭建两个交流互动平台：农村党支部书记交流互动平台和农村政策宣传交流互动平台；三是加强组织引导，推进农民群众业余文化活动健康有序开展，建议党委宣传部协调文化、体育等相关部门，组织专业人员编排具有民间特色的秧歌舞、太极拳等农民欢迎的系列文体项目，制作成光盘免费发放到各行政村；每年专门为农村出版两期《文艺演唱材料》；对那些文化活动基础好、经济条件较差的村配送文体器材。

再次要按照系统化、立体化、数字化的要求，打造农村宣传思想工作新亮点。[①] 具体有如下几方面：一是典型宣传开放化，建议近期集中推出一批农村基层的先进典型，对典型的推荐、评选、宣传进行全过程展现；二是政策宣传系统化，定期编发系统全面的农民政策教育读本，对农村干部、群众进行分层次宣传教育，运用各种媒体进行立体化、系统化、多样

---

① 这方面的内容主要是参阅了李文静、谢佳奇：《新中国成立初期中国共产党对农民进行思想政治教育的动因探析》，《河北农业大学学报》2009年第2期的相关分析思路。

化宣传;三是道德宣传人性化,运用电视公益广告、手机公益短信、道德建设网站、系列道德宣传动画片等新型载体,增强宣传的趣味性、震撼力和感染力。

特别要注意的是创新新疆农民思想教育形式不是要割断历史,而应该是在继承历史成果的基础上创新,总结和梳理过去的"好传统""好办法",盘点农民思想教育的历史形式,这应该是农民思想教育形式创新不可或缺的历史性前提。① 针对新疆幅员辽阔、经济相对落后、民族复杂等特点,在新疆农民思想教育形式上要有别于内地的做法。以下几点需要特别注意:

集中式与分散式的结合。集中教育造声势,分散教育抓广度。如曾经一年一度的农村党的基本路线教育采取的就是这种形式。先是集中全乡镇、街道全体群众或群众代表召开"千人"或"万人"教育大会,营造浩大的教育舆论和声势;后以行政村或党小组、村民小组为单位进行梯级辐射型分散教育,使教育层层扩展,遍地开花。这是一种开展大规模主题教育运动的好形式。

常态式与突出式的协调。前者是指配合农村每年有规律的阶段性中心工作(如春耕生产、夏粮入库、秋季征兵、冬修水利等)所进行的思想教育,这种教育要年复一年,持之以恒,常抓不懈;后者是指突出重点、集中力量配合解决农村中突发或偶发的关键性问题(如征地拆迁、违规建房、群体上访、迷信活动、赌博诈骗、侵占公物等),以打歼灭战的力度和形式所进行的思想教育。这二者的交互结合,使农民思想教育轻重有度、张弛相宜、长短呼应。

讲授式与对比式的综合。把农民集中起来,请领导、专家、教师讲授政策法规、时事形势等是简单易行的教育方法,农民群众也习惯于授受这样的教育方式,但因为太抽象效果不佳。因此,针对教育内容,采用前后对比、新旧对比、先进与落后对比等纵向或横向的对比形式进行教育,可以避免教育内容的抽象灌输或空洞说教,具有直观性和比照性,能达到"不比不知道,一比吓一跳"的感官刺激和"有比较才有鉴别,有鉴别才

---

① 这方面的思路参阅了刘宗洪:《中国共产党执政规律研究》,三联书店2004年版,第110—114页的分析。

有提高"的教育效果。

阅读式与讨论式的调适。阅读就是利用报刊、图片、墙报、文件等进行自主性学习，从中领会党的方针政策精神，但由于新疆农民群众特别是少数民族群众的文化水平普遍偏低，又缺乏自主学习的习惯，因而阅读式教育的效果可能不好。可是农民们却有在田间地头、房前屋后、河沿桥头聚在一起"讲大道""侃大山"的习惯，因而讨论式教育最能激发他们的学习兴趣。在各级干部和相关专家的启发引导下，大家可以围绕教育内容，你一言我一语地开展讨论，使农民"知无不言、言无不尽"，让问题在讨论中解决，让道理在争论中明白。

总之，行之有效是基本原则，只要有利于加强农民民族团结思想的各种方式方法都可以加以利用。

五 新疆农民合作意识与农村有序发展

当前我国正处在社会主义市场经济条件下，市场经济对人们的思想观念和价值取向的影响有双重性，市场经济是当代社会一种最具活力的经济运行载体，它有利于培养人们的效率观念、竞争观念、开放观念、自主观念等，使农民求富盼富心切，生产积极性被充分调动起来，给农村社会带来蓬勃向上的活力。同时市场经济也势必带有负面效应，表现为一些人在心灵上容易丧失三种东西：共识、秩序和意义。由于缺乏共识，就会产生误会和冲突，引起彼此疏离；因为缺少秩序，社会就会呈现某种程度上的无规范；加上缺乏意义，没有明确的目标和方向，就会由困惑而迷惘，使得部分群众感到心理失衡、苦闷，个人命运难以把握，需要精神安慰和解脱。在这种情况下，少数人也容易转向宗教和各种正式或非正式的小团体寻求帮助。因此中国农村的发展必须走农民合作化的道路，分散的小农必须组织起来、形成一定的集体行动能力才能更好地实现自己的利益。近年来，学术界已经从各个方面论证了这一观点[①]。

从经济学角度看，市场经济是一种规模经济，而且目前中国农业已经越来越卷入全球化的浪潮，在这种背景下，单个的小农既无法把握市场瞬息万变的信息也无法抵御市场的风险，既无法形成规模效应也不具备市场谈判的能力；从乡村治理结构上来看，2004年全国范围内免除农业税以来，农村基层行政功能弱化，非法的家族势力、黑恶势力、宗教势力等迅速崛起，如果不主动将农民组织起来，这些低成本的组织可能会迅速填补

---

① 参见温铁军：《政府和集体"退出"之后的农村组织问题》，载于《新农村建设与和谐社会论文集》，2006年；曹锦清：《黄河边的中国》，上海文艺出版社2000年版；苑鹏：《中国农村市场化进程中的农民合作组织研究》，《中国社会科学》2001年第6期等文的论述。

传统正规组织弱化留下的组织空间,乡村治理结构问题会进一步恶化①;从乡村文化发展来看,只有将农民组织起来,共同参与村庄文化活动,才能形成一种村庄认同,从而克服目前农村普遍存在的信仰危机、闲暇危机,使村庄真正成为农民生活的乐园②;从对国家优惠政策的承接角度看,中央已经明确,新增财政支出的大部分都要投向县以下的基层乡村,如卫生、教育、基础设施、文化等方面,但是高度分散的、兼业化的、小规模的农户不能承接国家的优惠政策和资金投入③;从国际经验上看,高度分散的小农经济只有合作才能形成相对有效的内部监督和管理机制;从社会资本角度看,当前"三农"问题之所以如此严重就在于农民缺乏必要的社会资本,只有大家联合起来,才能弥补这一缺陷。④

如果再往前追溯的话,马克思、孙中山、列宁、毛泽东、梁漱溟等都非常深入地阐述了分散的小农必须组织起来才能克服其既有缺陷,适应现代生产方式的道理。⑤

---

① 贺雪峰:《农民行动逻辑与乡村治理的区域差异》,《开放时代》2007年第1期。
② 赵晓峰:《农民合作:客观必要性、主观选择性与国家介入》,《调研世界》2007年第2期。
③ 秦晖:《新农村建设凸显"农民组织"问题》,http://vip.bokee.com/article.php?id=239487。
④ 徐勇:《如何认识当今的农民、农民合作与农民组织》,《华中师范大学学报》2007年第1期。
⑤ 如马克思在分析法国小农时形象地讲小农比作一个个的马铃薯,他分析道:"小农人数众多,他们的生活条件相同,但是彼此间并没有发生多式多样的联系,他们的生产方式不是使他们互相交往,而是给他们互相隔离……法国国民的广大群众,便是由一些同名数目相加形成的,好像一袋马铃薯是由袋中的一个个马铃薯所集成的那样。"(马克思,《路易拿破仑的雾月十八日》);列宁一针见血地指出"在现代资本主义国家的环境中,小农的自然经济只能混一天算一天,慢慢地被折磨死,绝对不会有什么繁荣"。(列宁,《帝国主义论》);孙中山也感叹中国社会一盘散沙,无法团结起来(孙中山,《三民主义—民族主义》);毛泽东在名为《组织起来》的著名演讲中说中国"几千年来都是个体经济,一家一户就是一个生产单位,这种分散的个体生产,就是封建统治的经济基础,而使农民自己陷于永远的穷苦。克服这种状况的唯一办法,就是逐渐地集体化;而达到集体化的唯一道路,依据列宁所说,就是经过合作社"。(毛泽东,《组织起来》)。梁漱溟先生也说中国农民很散漫,他们必须"从分散往合作里走,以合作团体利用外部技术"(《梁漱溟全集》第二卷,第303页,山东人民出版社1990版)。这些人找到一条共同的道路就是将农民组织起来,马克思、列宁、毛泽东更是明确指出必须走合作化的道路。当然,合作化的内涵在不同论者那里是有些许不同的,组织起来的具体任务和形式也是各有侧重,但在农民必须合作起来这一点上则是一致的。

总之，让农民组织起来、形成合作的优势已成为多数学者的共识这一战略思想，当前也得到了国家政策方面的回应——于 2007 年 7 月 1 日正式开始实施的《农村专业经济合作组织法》为农民合作提供了政策和法律方面的保障。实际上，在中国历史上农民合作的主张和实践并不鲜见，特别是近代以来，基本上每一个时期都有或政府推行或社会有识之士推动的大规模农村合作实践。[①] 但是，令人遗憾的是，无论是历史上的还是当下的农民合作实践都进行得相当艰难，特别是由民间推动的农民合作实践更是举步维艰。其中具体原因当然是各有不同，但大都面临一个共同困境，那就是农民很难真正合作起来，即使在外力的推动下合作起来了也很难持久。这个问题一直困扰着农村的真正进步。

农民合作意识培养是当代农村社会建设的基本出发点之一，而农村有序发展是农村社会建设的基本目标之一。

从大的方面讲，"社会建设"在中国的学术语言里，并不是一个新概念。在 20 世纪三四十年代，"社会建设"曾经是一个热门话题。但当时的社会建设主要指社会事业的建设。"社会建设"现在是一个通俗易懂的词，但它与过去社会学里的"社会建设"概念，并没有一种历史上的话语延续。过去我们常说"社会主义建设""现代化建设""国家建设"或"经济建设"，但很少提到"社会建设"。在过去论述社会主义建设的任务时，常常提到在经济、政治、文化领域的任务，但通常不把"社会"作为一个单独的领域来部署任务。如果要对我们现在说的"社会建设"的概念下一个定义的话，可以说社会建设就是按照社会的发展规律和运行机制，通过发展社会事业、完善社会治理、改进社会管理、维护社会秩序等工作来推动社会的发展和进步。进入 21 世纪以后，中国提出全面建设小康社会的目标，指出要达到"经济更加发展、民主更加健全、科教更加进步、文化更加繁荣、社会更加和谐、人民生活更加殷实"，在社会领域的目标就是"社会更加和谐"。"社会建设"思想的明确提出，是在 2004 年党的十六届四中全会的决定中。这个决定有两个重大的理论贡献：一是

[①] 解放前的国民党政府、共产党政权以及以晏阳初、梁漱溟为代表的乡村建设学派都推行了声势浩大的农民合作运动，解放后新中国的合作化运动自不需言，本世纪初以温铁军为代表的知识分子承接晏阳初、梁漱溟等人的血脉又推动了一场影响较大的农民合作试验。

从执政能力的角度提出了"构建社会主义和谐社会"的重大战略思想，一经提出就在全国上下引起强烈反响和受到广泛认同；二是适应社会结构的巨大变迁和经济社会发展的新阶段，提出了"社会建设"这个很重要的新概念，用以概括社会结构、社会事业、社会秩序等方面的建设。2005年2月19日，胡锦涛总书记在中央党校省部级主要领导提高构建社会主义和谐社会能力专题研讨班上，发表了关于构建社会主义和谐社会的重要讲话，全面阐述了构建社会主义和谐社会的思想来源、现实针对性、基本要求和战略部署，提出中国特色社会主义建设的总体布局，由原来的经济建设、政治建设、文化建设的三位一体，变为包括了社会建设在内的四位一体的新格局。党的十七大报告，则首次以"加快推进以改善民生为重点的社会建设"为题，把"社会建设"单辟一节，"社会建设"成为中国特色社会主义建设总体布局的一个重要方面。

农村社会建设，是一项庞大的系统工程，它既是经济建设、政治建设、文化建设成果在社会领域的综合体现，也可为其他三项建设特别是经济建设创造良好的社会条件。从这个意义上讲，社会建设居于重要的保障地位。社会建设与农民幸福安康息息相关，发展农村教育事业、解决农民就业、健全农村社会保障体系、发展农村医疗卫生事业、提高农村居民居住质量和完善农村社会管理"六位一体"，缺一不可。在全面推进社会建设的进程中，农村社会建设是最为薄弱的环节，必须引起高度重视并采取有效措施强力加以推进。

随着社会主义市场经济的迅速发展和改革的不断深化，农村社会经济生活和人民的利益关系发生了深刻变革并不断调整，农村各种问题凸显出来，主要体现为五个字，即"钱""粮""人""地""权"等。"钱"的问题首先是农民收入问题；其次是乡镇财政问题；再次是乡村公共建设短缺问题。"钱"的问题，加剧了社会的不公平，影响了农民的生产积极性，影响了农村经济健康和可持续发展，影响了农村的政权建设，进而影响了农村的稳定基础。"粮"的问题主要是粮食安全问题；"人"的问题主要表现为三个方面，即农村人口基数大、农村基础教育薄弱、农民受教育的机会偏低、农村的医疗保障滞后；农村土地问题包括内部土地承包关系的稳定问题和外部征占土地问题。"权"的问题既有农民的合法权益问题，也有农村基层政权的问题。针对这些问题，党和政府为顺应我国经济社会发展的阶段性变化和中国特色社会主义建设长期性要求,提出把建设中国特色社会主义农村作为我国现代化进程中的一项重要历史使命,并作为全党全社会的共同认识和共同行动。本部分研究正是在这种背景下开展的。

(一) 新疆农民思想中的合作制度性思维

众所周知,有关制度的研究源自经济学的推波助澜,在其发展的过程中形成了新老制度经济学的流派。但时至今日制度的概念却未能准确界定。制度学派的创始人凡勃伦将制度定义为"个人或社会对有关的某种关系或某种作用的一般思想习惯"[①]。由此他认为,制度不是人为设计的,不可随意更改,只能发生渐进性的改变。但由于私有财产、价格、市场、货币、企业、政治结构和法律、意识形态等都属于"一般思想习惯",因此这个定义过于宽泛,同时由于他们除了在观点上强调制度的作用和制度分析的重要性外,并没有真正做到从理论上把制度分析融入到经济学分析之中去,因此这个界定本身就是模糊的。产权学派的代表人物科斯将产权作为其研究的焦点。他认为,产权即对财产的所有权和支配权,亦即所有权、使用权、收益权和处置权的统一,认为"必须考虑各种社会格局的运行成本(不论是市场机制还是政府管理机制)和转变为一种新制度的成本,在设计和选择社会格局时,应考虑总的效果"[②]。由于这个理论过度重视交易成本在制度变迁需求分析中的重要性,更多地把研究的重点集中到了也是作为一种制度或制度安排的企业的组织结构的形成和演变及其与资源配置、经济绩效的关系,因此产权学派既未能给予制度明确的界定,同时其分析也是狭隘的。

诺斯和戴维斯秉承并发展了科斯的分析框架,认为当在现有制度结构下,由外部性、规模经济、风险和交易成本所引起的收入的潜在增加不能内在化时,一种新的制度可能应运而生,并使获取这些潜在收入的增加成

[①] 凡勃伦:《有闲阶级论》,商务印书馆1983年版,第139页。
[②] 科斯:《社会成本问题》,载《财产权力与制度变迁》,上海三联书店1991年版,第52页。

为可能。① 后来他又将制度变迁的供给方面纳入他的分析框架中。但无论需求还是供给其共同点都是因袭了"经济人"的基本假设,即追求利益最大化,把相对价格和交易成本作为研究的核心。需要指出的是诺斯和戴维斯的分析已经超越经济体系之外,涉及了包括历史学、政治学和社会学等在内的几乎研究人类行为的所有方面的学科。

　　舒尔茨是当代最先尝试用现代分析方法分析制度及其变迁的少数经济学家之一。在他看来,制度是"一种行为规则,这些规则涉及社会、政治及经济运行"②,这一概念虽仍然有些宽泛和抽象,但对规则的强调突破了现有的分析框架。在此基础上,诺斯直接将制度从组织中抽象了出来,并严格区分了二者。他认为,组织是制度的代理实体,是在现有制度约束提供的机会集合下有目的地创设的,而制度变迁的一个重要动因是企图实现这个目的。③ 与诺斯的制度变迁理论相对应,哈耶克更强调"自发社会秩序"的分析方法,在他看来,如果没有政府的当权者和政治企业家的刻意制度设计和对自发秩序的人为干扰,由斯密的"看不见的手"所支配的市场经济的"内生力量"定当型构或衍生出一种理想的、有效率的社会经济制度来。④ 在制度理论的后期发展中,青木昌彦和柯武刚是卓有成就者。青木昌彦用"共有理念"这个概念将诺斯的关于制度的正式方面与非正式方面同时概括起来。他列举了三种情况来说明制度的正式方面与非正式方面的关系,第一种是制度存在某种"共有理念",但作为制度正式方面的法律与条令没有相应的规定,如日本的年功序列工资;第二种是"共有理念"与法律、条令相冲突的情况,如贿赂;第三种是"共有理念"与法律、条令相一致的情况,这种情况下的法律、条令就是实际运行的制度。⑤ 他的分析实际是强调了规则和文化的关系。柯武刚将制度分为内在制度和外在制度,他认为,内在制度是指群体内随经验而演化的规则,包括各种习惯、习俗和礼貌等,外在制度是由政治权力机构自上而下设计出来强加于社会并付诸实施的规则,包括外在行为规则、专门

---

① 诺斯:《经济史上的结构与变革》,商务印书馆1999年版,第9页。
② 转引诺斯:《财产权力与制度变迁》,上海三联书店1991年版,第253页。
③ 诺斯:《制度、制度变迁与经济绩效》,上海三联书店1994年版,第6页。
④ 哈耶克:《自由秩序原理》,邓正来译,上海三联书店1997年版,第64页。
⑤ 青木昌彦:《什么是制度?我们如何理解制度?》,《经济社会体制比较》2000年第6期。

指令和秩序化规则。①

通过以上追述我们可以发现，学界有关制度理论的研究基本上是沿着需求与供给两条主线不断完善与发展，形成了一个对历史和现实具有一定解释力的分析框架，但就制度的内在结构分析却不尽相同。总体来说，规则、秩序与文化是诸多制度流派谈论的共同点。

制度作为发展的内生性变量，无论在计划经济时代，还是在当今的市场经济时代，对于农村的发展，都发挥着重要的作用。因而在新疆农村和谐有序发展道路选择中，必须研究农村制度供给的有效性、科学性和规范性问题。今天说来，必须对行为主体的功能定位进行制度性规划，为行动主体的参与提供程序化流程，为农村资源优化配置方案的选择、事务管理、物品和服务供给的协商方式提供政策支持，从而为农村的经济发展、政治发展、社会生活和文化共同体的建构提供制度化保障。

在全面落实科学发展观，构建社会主义和谐社会的进程中，解决"三农"问题，首先要解决好农民问题。农民是社会主义新农村建设的主体，建设社会主义新农村，离不开有理想、有文化、有道德、有纪律、懂科学、懂技术、会经营的新型农民。但是，由于农民的整体文化素质不高，长期受封建思想积习和传统落后意识的影响，加之改革开放以来市场经济趋利性的负面作用，近些年来，农民在物质生活水平提高的同时，思想道德状况却不容乐观。如对爱国主义、集体主义、社会主义及社会公德、职业道德、家庭美德尚停留在一种自发和朴素的感性认识上，缺乏自觉的理性认识。此外，在一定程度上存在的干群矛盾和社会心态失衡，也影响着农民的思想道德状况。在农民的思想道德观念中，科学与迷信、开放与保守、文明与丑陋、求新与守旧、奉献与贪欲等种种激烈的矛盾冲突与斗争，形成了先进与落后并存、封建与现代共在的复杂心态和道德心理。而体现在道德行为上，单就消极方面而言，一些农村基层干部和农民群众的国家观念、集体合作意识和道德责任感淡漠，拜金主义、享乐主义、个人主义滋生和膨胀，部分地方歪风邪气上涨，丑恶势力蔓延，封建迷信活动猖獗，宗族行为增多等，败坏了道德品质，污染了社会风气，造

---

① 柯武刚、史漫飞：《制度经济学》，商务印书馆2000年版，第264页。

成与社会主义思想道德和现代文明格格不入的状况。合作意识的变迁已经影响到了新疆农村发展的进程,因此,加强新疆农民合作思想研究,是当前一项紧迫而重要的任务。

1. 新疆农民合作的制度性文化比较浓厚,但对改革开放前的集体经营制度普遍反感

从中国特有的历史来看,在封建社会中,中国农民阶级是一个人口众多、分布广泛、以从事农业生产为主的阶级。按其所处的经济地位来看,有占据小块土地、自耕自食的自耕农民;有部分或全部佃种地主土地、向地主缴纳地租的佃农(有少数是较大的佃农,其性质又当别论);还有自己没有土地,受雇于地主,为之佣耕的雇农。农民们祖祖辈辈从事农业生产,依靠自己的辛勤劳动谋取生活资料,解决衣食住行的需要。劳动成为他们生活中不可分割的一部分,构成他们生存的基础。长期的劳动生活自然形成了他们热爱劳动、主张自食其力的思想,与地主阶级轻视劳动、靠剥削寄生的思想形成尖锐对立。

农业生产活动季节性和空间散布性的特点,使得企业化团队生产方式在农业生产领域很少具有经济合理性。以家庭为单位的生产方式能够有效地节约监督费用,形成理想的自我鼓励和约束机制,但这种组织制度形式在参与社会生产分工,在与其他经济主体的交换中实现自身利益方面却是缺乏效率的,家庭经营在从事外部市场活动时的收益往往小于成本,农业中增产不增收的实质就是市场成本大于市场收益。在这种情况下,农民合作就显得犹为重要。

表74 您喜欢大家一起耕作,一起劳动的生活吗?

		频率	百分比	有效百分比	累积百分比
有效	非常喜欢	103	22.8	23.4	23.4
	喜欢	240	53.2	54.4	77.8
	不喜欢	75	16.6	17.0	94.8
	无所谓	23	5.1	5.2	100.0
	合计	441	97.8	100.0	

续表

		频率	百分比	有效百分比	累积百分比
缺失	系统	10	2.2		
合计		451	100.0		

从表74的统计结果看出，新疆农民"非常喜欢大家一起耕作，一起劳动的生活"的占22.8%，"喜欢大家一起耕作，一起劳动的生活"的占53.2%，而明确表示不喜欢的只占16.6%。由于计划经济在积累社会财富、社会建设方面的优势和新中国成立以来的成效，在基层政治内涵的信息不对称与行政指令偏好条件下，政府对计划型制度具有强烈的依赖性，而农民教育资源的贫乏与制度意识刚性又强化了这种"路径依据"和"体制锁定"，这与现代化所需的制度灵活形成鲜明的反差。农村自发的需求诱致性制度变迁力量不足导致制度创新供给严重不足。同时由于农村厚重的家庭人情传统和现实落后的经济基础，注定了中国农村现代化建设需要一个很长的过程。

表75 您认为您现在耕种的土地是属于国家的或者集体的还是你自己的？

		频率	百分比	有效百分比	累积百分比
有效	国家或者集体的	320	71.0	73.1	73.1
	自己的	96	21.3	21.9	95.0
	不知道	10	2.2	2.3	97.3
	其他	12	2.7	2.7	100.0
	合计	438	97.1	100.0	
缺失	系统	13	2.9		
合计		451	100.0		

表75调查的是一个常识性问题。其实在正式的法律规定中，关于土地的归属权早已明确。我们设计这个问题主要是考察新疆农民的集体意识。表75的统计结果表明，新疆农民认为"自己现在耕种的土地是属于国家的或者集体的"的占71%，认为"自己现在耕种的土地是属于自己的"的占21.3%。这个调查结果很有意思，说明了农民的一种矛盾心理：

一方面追求集体性生活，另一方面追求个人利益，本书在前面已经做过很多类似的分析。

这种结果的产生与农村家庭承包责任制的多年施行有密切联系。我们知道，农村家庭承包责任制是作为改革过去"一大二公"的农村生产制度而在20世纪70年代末期由农民自发兴起、中央政策肯定和鼓励的一种经济制度，20多年来，它为解决中国粮食问题做出了重要贡献。然而随着中国融入世界的步伐加快，农业科学技术的飞速发展，其弊端也越来越突出，主要表现在：1. 土地经营规模过于狭小和分散，束缚了农村生产力的进一步发展；2. 由于工农产品剪刀差等问题导致农产品利润极低，从而导致农民生产积极性不够，农业投入不足，基础设施老化，造成生产后劲不足，劳动生产率难以提高；3. 农业科技应用受阻，手工耕作以及工农产品比价不合理，导致农产品成本增加，效益下降；4. 产生了与小农经济和以手工操作为基础的生产方式相适应的意识形态，家庭承包责任制是以家庭为独立核算单位，农民顾个人、家庭及眼前效益多而顾他人、整体和国家效益少，这种状况使农民的集体观念淡薄，小农意识增强，精神文明建设受阻；5. 宗族势力死灰复燃并有增强趋向；6. 水利建设严重滞后。这些弊端制约了现代化发展所需的技术推广、大面积机械化作业等要素，从而导致中国农产品成本与国外相比差距增大，引发农村的危机。①

但要说明的是，新疆农民的合作思维并非是对改革开放前的农村集体经营制度的认可，事实上农民对那种生活十分反感。

表76　　　　　　　您认为过去的集体经营：

		频率	百分比	有效百分比	累积百分比
有效	好	94	20.8	21.4	21.4
	不好	278	61.6	63.2	84.5
	无所谓	28	6.2	6.4	90.9
	没想过	40	8.9	9.1	100.0

---

① 这方面的内容主要是参阅综合了李增元：《农村社区建设：治理转型与共同体构建》，《东南学术》2009年第3期；贺雪峰：《缺乏分层与缺失记忆型村庄的权力结构——关于村庄性质的一项内部考察》，《社会学研究》2001年第2期等文的分析。

续表

		频率	百分比	有效百分比	累积百分比
	合计	440	97.6	100.0	
缺失	系统	11	2.4		
合计		451	100.0		

从表76的统计结果可以看出，新疆农民认为"过去的集体经营"不好的占61.6%，认为好的占20.8%，这个结果也可以从表77的统计结果得到验证。

表77　您对国家现行的一些土地政策条规满意吗？

		频率	百分比	有效百分比	累积百分比
有效	非常满意	91	20.2	20.8	20.8
	满意	227	50.3	51.9	72.8
	比较满意	90	20.0	20.6	93.4
	不满意	19	4.2	4.3	97.7
	其他	10	2.2	2.3	100.0
	合计	437	96.9	100.0	
缺失	系统	14	3.1		
合计		451	100.0		

表77的统计结果表明，新疆农民"对国家现行的一些土地政策条规非常满意"的占20.2%，"对国家现行的一些土地政策条规满意"的占50.3%，"对国家现行的一些土地政策条规比较满意"的占20.0%，三者相加为90.5%。

我们的调查结果在其他学者的研究中也得到证实。一些学者将"现有土地承包关系要保持稳定并长久不变"解读为对土地承包关系三十年不变的进一步承诺，而更多的学者认为长久不变就是承包关系比三十年更长。[①] 国家为了提高种粮农民的积极性，鼓励农民加大对土地的长期投

---

① 见温铁军、贺雪峰等"三农"专家诸多文章的分析，在此不赘述。

入,在1998年二轮承包时将土地承包年限延长到30年,并规定"增人不增地,减人不减地",承包关系的30年不变便可以认为是土地承包关系的长期化政策;而2008年党的十七届三中全会的"长久不变"更是将长期化政策进一步确认和巩固。众多调查显示,土地承包关系长期化政策受到了多数农民的赞同和支持。杨学城等于2000年2月选取了山东、江苏、江西、河南4个省作为重点调查对象,了解农民对农村土地承包30年不变政策的态度,发现大部分人(64.7%)赞同这一政策,并且还发现这一政策对农民对土地的长期投入有积极性的影响。[①] 陈廷贵的调查也发现有80%以上的农民赞成土地承包关系"30年不变"这一政策。[②] 2007年中国海洋大学"中国农村土地承包经营权研究项目组"进行的调查显示,有53.5%的农民认为30年承包期限比较合理,也有6.2%的农民认为30年的承包期太短。[③] 不仅对"30年不变"政策,农民对土地承包关系长久不变也显现出了较高的认同度。

如何来解决农民的集体生活需求与现有土地需求之间的矛盾呢?制度变革可能是一条可行的路径。《农村土地承包法》规定:"通过家庭承包取得土地承包经营权可以依法采取转包、出租、互换、转让或者其他方式流转。"在此首先需对土地流转的方式进行相应的讨论。土地承包经营权主要包括承包权和经营权(或使用权)两部分。转包是土地使用权自发流转的主要形式,转包后原土地承包关系不变,原承包方继续履行土地承包合同规定的权利义务;出租则是指维持原承包农户双方约定的权利和义务关系,接包者只交纳租金给原承包农户或社区;互换即承包农户之间和社区之间为便于耕作一类的需要,相互交换地块,主要解决土地细碎化和经营分散问题;转让是指承包农户经社区同意将承包期内全部土地或部分土地让渡给第三方经营,由第三方履行土地承包合同的权利和义务,转让后原承包关系终止。[④] 可以说,转让是承包权与经营权的同时流转,是对

[①] 杨学城、罗伊·普罗斯特曼、徐孝白:《关于农村土地承包30年不变政策实施过程的评估》,《中国农村经济》2001年第1期。

[②] 宋敏、陈廷贵、刘丽军:《中国土地制度的经济学分析》,中国农业出版社2008年版。

[③] 胡家强、葛英姿:《关于土地承包经营权若干问题的调查报告》,《调研世界》2008年第4期。

[④] 张红宇:《中国农地调整与使用权流转:几点评论》,《管理世界》2002年第5期。

土地承包权的放弃，转包和出租是经营权的流转，而非承包权的流转。互换则与前几种流转方式不同，不是权利的流转，更大意义上是只是土地方位的变化。

表 78　你们家现在主要收入来源，是农业还是其他？

		频率	百分比	有效百分比	累积百分比
有效	农业	297	65.9	66.3	66.3
	集体企业工作	28	6.2	6.3	72.5
	打工	71	15.7	15.8	88.4
	经商	13	2.9	2.9	91.3
	其他	39	8.6	8.7	100.0
	合计	448	99.3	100.0	
缺失	系统	3	0.7		
合计		451	100.0		

从表 78 可以看出，农业收入是新疆农民的主要生存来源，土地对新疆农民的重要性不言而喻。就新疆目前状况而言，农民也在通过自身的变革满足自身的需求。据新疆自治区统计局统计，2006 年末，全区共有农业生产经营户 255.42 万户，在农业生产经营户中，经营农用地的占 96.5%，承包农用地的占 91.7%，经营其他农业用地的占 56.8%，承包其他农业用地的占 43.6%，经营耕地的占 88.8%，从户籍所在村集体承包过耕地的占 84.4%，有自留地、开荒地的占 17.7%，租入或租出耕地的占 18.4%。其中，租出、包出过耕地的有 8.35 万户，租入、包入、转入耕地的有 39.89 万户。[①]

由于历史、国际背景等诸多因素的影响，新中国在成立后相当长的一段时间内一直游离在国际规则之外，形成了一系列与国际规范有些不相适应的制度安排。在 21 世纪全面建设社会主义新农村的目标感召下，在保留中国特色社会主义基本社会制度的同时，必须加快制度建设与国际融合、接轨的步伐。全面建设社会主义新农村根本是制度创新的供给，这不

[①] 鲜祖德、张淑英：《第二次全国农业普查手册阅》2006 年；张建江，《新疆维吾尔自治区农村土地承包纠纷仲裁工作指南》，新疆维吾尔自治区农经局编印 2007 年。

仅是当前现实的迫切要求，也是制度安排的必然要求。社会主义新农村建设首先要求一个稳定、有序、有活力的国内外环境，这正是有效的制度安排所能保障的；同时，在社会发展状态中进行制度变革和制度重构，必将进一步促进社会的良性运转和协调发展。这似乎是一种双向的对应关系，但其实这种关系不是平衡的，全面建设中国特色社会主义必须以制度的变革与重构为基石，脱离了基石，中国特色社会主义建设就成为无本之源。当然，值得说明的是，制度的变革与重构并非凭空创设或照搬西方，它又必须立足中国特色社会主义全面建设的实践，立足于中国的特色和现实。这是任何时候我们都必须把握的。

2. 新疆农民合作的制度性规则和秩序比较完善

所谓规则是制度的内核，制度是规则外在表现。无论需求、供给，还是需求与供给的共求，制度首先提供给社会的是规则。规则是制度所提供的激励动力、社会利益集团与行动者的知识结构共同博弈的最终产品，它表现为安全、财富、权力、信仰四者共同组合的效用水平，这也就是诺斯所称的"路径依赖"和"道路锁定"，它是制度的初始供给。

任何规则的变化都有一定的内在依据，这个依据就是文化。如果说规则是制度的内核，那么文化就是制度的基础。制度的存在与变迁必以文化的相对稳定和转型为先导。文化作为制度内在结构的一个重要组成部分，其作用至少表现在三个方面：第一，维持制度的存在，它使制度获取了生存的内在精神支柱；第二，推动制度的演变，它使制度在文化的驱动下有秩序、有目的地平稳转型；第三，赋予制度发生效用的合法性基础。前有所述，规则发挥作用的外在表现是制度，制度使一个社会有了行为标准，但规则作用的发挥实质是社会对规则所体现的文化的认可。

秩序是制度的最终目的。第一，在制度的内在结构中，秩序是一种动态的过程，它首先表现为对文化和规则的亲和。[1] 在一般研究中，秩序是一种静态的稳定状态，是组成社会的各部分关系相互均衡制约的"世外桃源"，但在制度的结构中，秩序随文化与规则的变迁而变迁，它不断重新组合制度所产生的效力。第二，秩序的平稳和动荡是制度转型与否的一

---

[1] 张继平：《制度内核的社会学分析》，《长白学刊》2007年第3期。

个重要评判标准。秩序是制度的最终目的，任何一个制度的制定者或执行者其最大的愿望是坚决维持制度的延续，也即在现有的制度框架下追求社会的平稳与进步，而在文化发生变迁并对规则产生反作用时，其外在的表现则是社会秩序的不稳定。第三，新秩序的形成标志着制度转型的完成。在新旧制度转轨或转型时期，由于规则和文化的不适应导致社会秩序的相对不稳定，而且从世界转型的规律看更可能导致社会的大衰退，诚然这是前进中的后退，但必将经历一个艰难的摸索时期才能完成文化的重新定位，在文化与规则再次适应后，新的制度框架也随之建立，同时适应文化与规则变迁的新秩序在一种新的整合关系中确立下来。

表 79　　　　　　　您对农村基层干部的印象如何？

		频率	百分比	有效百分比	累积百分比
有效	能及时为民解忧排难	149	33.0	33.5	33.5
	基本满意	256	56.8	57.5	91.0
	不满意	38	8.4	8.5	99.6
	其他	2	0.4	0.4	100.0
	合计	445	98.7	100.0	
缺失	系统	6	1.3		
合计		451	100.0		

从表 79 的统计结果可以看出，新疆被调查农民认为农村基层干部"能及时为民解忧排难"的占 33.0%，对农村基层干部"基本满意"的占 56.8%，而不满意的只占 8.4%。说明农民对基层干部普遍认可，这是农民展开合作的先决性制度条件。

农村工作实践证明，村党支部与村民委员会（简称"村两委"）的关系虽"小"，但直接影响到党在农村的效力能否有效发挥，影响到基层社会秩序建设能否有效开展。这是制约农村基层组织今后发展的一大难题，很值得深入研究。

就新疆农村村委会（包括村党支部与村民委员会）本身建设而言，根据的调查，目前还存在着诸如两委相互打架、宗教因素渗透影响、民族之间发生冲突等制约农村有序的问题。根据在新疆 5 县（团场）7 乡

（连）的实地调查并参考相关学界的研究成果①，就"村两委"关系问题，通过案例分析和统计归类，我们把当前新疆"村两委"关系分为以下四种类型："协调型""包揽型""对立型""一肩挑"。"协调型"是指村党支部支持村委会的工作，村委会也定期向村党支部汇报工作，"两委"工作比较和谐，各方面反映都不错。"包揽型"是指村党支部包揽一切，完全失去监督，使村委会成为摆设。"对立型"是指村两委在开展工作中经常出现矛盾，而这种矛盾并非由立场、观点的不同所导致，更多的是"村两委"对权力的争夺。"一肩挑"即村委会主任兼任村党支部书记。

"村两委"的关系问题本质上是"谁占据领导权"的问题，也即权力归谁所有的问题。村委会和村党支部之间不团结、工作关系不协调主要表现为：

（1）各自为政、相互对抗。一方面，村委会以"自治"为借口，片面强调对村民负责，不服从村党支部的领导，甚至在工作中违反政策。另一方面，村党支部则片面强调其领导核心作用，党支部书记独断专行，力图把村委会当作摆设，完全包办代替村委会工作，从而使村民自治流于形式。

（2）权力不分、职责不明。在个别新疆农村基层组织中，村委会与村党支部不仅相互对立，而且职权交错、责任不清。这一现象严重影响农村的社会稳定和新疆农村基层组织建设，导致村民以村委会和村党支部为中心形成重大的分化现象。

（3）无制可依。从一定意义上说，现行的农村基层组织制度仍然存在着一定的不完善之处，正是这些不完善的制度，造成了村两委关系的不和谐。制度作为一种对行为准则的规定，应该具有明确的可操作性。不可否认，现行的《村委会组织法》对村两委的关系也提出了要求和规定，但相应的制度在调整现实问题时，显得过于"宏观"和"庞大"，不够精准，导致操作难度偏大。村党支部如何将乡村经济发展的目标和精神文明

---

① 如张平伟：《新疆农村基层组织建设的研究》，新疆农业大学硕士论文2009年；胡晓霞：《非正式制度与中国农村基层治理》，新疆农业大学博士论文2007年；范瑜、贺雪峰：《村民自治的村庄基础：来自全国十个省市的村民自治调查报告》，西北大学出版社2002年版；齐清顺、川卫疆：《中国历代中央王朝治理新疆政策研究》，新疆人民出版社2004年版；姚伟、马乐勇：《新疆少数民族社会心态与民族地区发展研究》，新疆人民出版社2005年版等。

建设的意见转化为村民委员会的工作，以党的路线方针政策为准则来领导村委会的工作，是一个难题。《村委会组织法》规定，凡是涉及到乡村重大利益的工作，都要经过村党支部会议讨论决定。那么什么是重要工作，重要和不重要的界限在哪里，对于这些问题，都没有明确的制度规定。协调村委会同其他组织（如经济合作组织）的关系是党支部的一个重要职责，然而，在"村两委"关系都不和谐的情形下，又如何协调其组织之间的关系呢？由此可见，在对村两委的具体要求上，仍然有许多问题需要进一步明确。这种制度的缺失导致了村两委关系缺乏指导性的规范。

（4）现行的有关对村两委的职责定位的制度法规存在着冲突。《中华人民共和国村民委员会组织法》第八条规定："村民委员会依照法律规定，管理本村属于村农民集体所有的土地和其他财产，教育村民合理利用自然资源，保护和改善生态环境。"这表明村委会是村级集体财产的法人，对村级集体财产具有管理权、处置权、使用权，也可统称为产权。而《中华人民共和国村民委员会组织法》第四条规定："中国共产党在农村的基层组织，按照中国共产党章程进行工作，发挥领导核心作用；依照宪法和法律，支持和保障村民开展自治活动、直接行使民主权利"。《中国共产党农村基层组织工作条例》也明确规定：村党支部是农村各种组织和各项工作的领导核心，要充分发挥好战斗堡垒作用。也就是说，无论是村党支部还是村委会都可以找到利于自己的制度，这种制度本身存在的冲突，也是导致"村两委"关系不和谐的另一个原因。

（5）制度本身刚性与惩戒性不足。政治学上认为，权利与义务相辅相成、不可分割。现行各种制度对村两委的制度安排缺乏一定刚性原则，其中很难找到惩戒性的制度说明，从而使得一些规范性的要求很难顺畅执行。如《村委会组法》规定，村党支部依照宪法和法律，支持和保障村民开展自治活动，直接行使民主权利。但如果村党支部过度干涉村委会工作，或不支持村委会工作，对属于村委会工作范围内的工作大包大揽、粗暴干涉，那应该怎样对党支部的行为进行约束，出现了这种问题又如何对村党支部进行"处罚"呢？再比如，村党支部是核心，要领导村委会的工作，但如果村委会不服从村党支部的领导，又怎样"惩罚"村委会的这种行为？对于这些问题，制度上都没有刚性的、惩戒性的规定。正是由于存在着制度的刚性与惩戒性不足的情况，在某种程度上，加剧了村两委关系的紧张局面。

（6）有些乡村干部公开信教，参与宗教活动，行为严重失范。新疆伊宁县是以维吾尔族为主体的多民族聚居区，伊斯兰教传播历史甚久，绝大多数少数民族群众都信仰伊斯兰教。在大多数群众都信仰宗教、宗教氛围较浓的社会环境下，一些农村基层干部在信仰问题上存在十分严重的失范行为。在我们的调查中发现，部分乡村党组织不能严格依法加强对宗教事务的管理，部分乡村干部联系清真寺制度、与宗教人士谈话、组织宗教人士学习、定期思想汇报等制度流于形式。少数乡村党员干部对非法宗教活动危害性认识不足，依法管理宗教的制度措施不能完全落实到位，对"三股势力"和非法宗教活动，不敢管、不愿管和不会管，立场不稳、态度暧昧、行动动摇，有些甚至与民族分裂势力同流合污，成为反动势力的帮凶，严重损害了党和国家在农村的权威，这也是危害这些少数民族地区农村社会稳定的又一重要因素。

这些农村基层政权组织建设的问题与新疆农民认同的矛盾在一定程度上影响了新疆农村的社会和谐、有序局面的形成。

（二）新疆农民精神共同体建设问题

新中国成立以来特别是改革开放以来的社会主义农村建设不仅使农民的物质生活水平有了明显提高，而且也使农民的传统思想受到了巨大冲击。伴随着社会转型，当今农民文化价值观所处的历史方位正由传统向现代转型和过渡。农民的思维方式和行为方式正在不断调整，表现为逐步从封闭稳定型向开放变动型转变。但文化价值观改造中的社会主义意识形态与农民社会心理的脱节状况为中国特色社会主义在农村的实践和农村的可持续发展产生了影响。

1. 新疆农民社会融合的意愿仍然存在，但社会基础已经发生变化

从宏观上说，文化价值观转型成功的主要标志之一就是传统文化价值的演变和改造的完成。新中国成立以来，维系农民文化价值观的农村社会基础发生了两次大的变革，即前30年的人民公社体制与后30年的市场化改革。特别是改革开放以来，农村社会已经完成了农民职业的多元化、生活场域的个体化和社会交往的功利化趋势等三个方面的转变，其后果是农村群体存在的文化精神纽带发生变化。在这个转型时期，农民的价值观正在由传统价值观向现代价值观转变，出现了价值观的断层和混乱[1]，其特点主要表现在：一是传统价值观的破碎，传统价值观的约束力下降；二是新的社会主义价值观遭到扭曲，部分人思想中的集体主义、为人民服务或为社会奉献观念相当淡薄，追求金钱，一切以自我为中心，同时不讲公德、无视公共秩序现象及代际矛盾也经常出现；三是思想观念不适应，经济较发达的农村地区小富即满、小富即安、满足现状、墨守成规的心态较普遍，而落后地区抓机遇、加快发展的社会责任感、紧迫感还不十分强烈，实现农村现代化的观念还未形成。文化价值观混乱的农村面对市场经济的冲击就表现的矛盾重重，各种利益纠纷增加。当代农民文化价值观混乱是当前农村各种利益矛盾和农村社会问题爆发的一个重要文化根源。为此，课题组特地设计了四个指标明，以真正了解新疆农民目前的真实状态。

表80　　　　　　　　　　您光顾科技下乡活动吗？

		频率	百分比	有效百分比	累积百分比
有效	经常光顾	167	37.0	37.4	37.4
	一般，次数不是很多	205	45.5	46.0	83.4
	很少光顾	60	13.3	13.5	96.9
	不清楚	14	3.1	3.1	100.0
	合计	446	98.9	100.0	
缺失	系统	5	1.1		
合计		451	100.0		

根据萨缪尔森1954年对公共产品"效用的不可分性、消费的非排他性和非竞争性"的经典解释，我们可以将农村公共产品定义为在农村地域范围内为农民、农村和农业发展所提供的具有非排他性、非竞争性和收

---

[1] 具体参阅秦刚《中国特色社会主义理论体系》，中共中央党校出版社2008年版；刘善仕《精神共同体的建构及其伦理意义》，《广东社会科学》1998年第2期；申晓纪，《低层次需求——中国民众的特征、问题和自我改造》，学林出版社2004年版等论著的相关分析。

益外溢性物品或服务的总称。农村公共产品按照消费的非竞争性、收益排他性以及外部性的大小，可分为农村纯公共产品和农村准公共产品；根据公共产品的内容，农村公共产品又可分为农村公共设施和公共服务；根据公共产品服务范围的大小，农村公共产品又可分为全国性的公共产品、地区性的公共产品、社区性的公共产品和农户共有型的公共产品；根据农村公共产品的用途或服务对象，可以将其分为生产所需公共产品和生活所需公共产品。

由于各种环境的限制，我们在设计问卷时没有详尽列举农村公共产品的内容以供调查，仅特别选择了"科技下乡活动"这一新型的内容，这也是目前农民最感兴趣的公共活动。从上表统计结果看，新疆农民"经常光顾"的占37.0%，"一般，次数不是很多"的占45.5%，"很少光顾"的占13.3%。从结果看，农民参与性并不十分积极。这与新疆农村的特殊性有关系。

我们知道，新疆经济基础薄弱，缺乏支柱财源，地方财政对中央财政的依赖度总体较高，各级地方政府大多属于"吃饭财政"，并没有足够的能力为居民提供广泛优质的公共服务。如2006年新疆的GDP在全国排名第25位，财政收入占全国地方财政收入的比重仅为1.2%，在全国排名第26位。全区地方财政收入仅为219.5亿元，是江苏省的1/8，仅相当于经济发达省区一个经济强市的财政收入水平。[①] 新疆"十五"期间财政支农支出共计130亿元，占财政支出的比重为6.26%，低于国家"十五"期间7.78%的比重。薄弱的财政保障能力仅能维持一般性的机关事业单位正常运转，地方财政支出缺口大，直接导致对农村公共服务的投入严重不足。

同时我们在前文已经谈到，新疆地域辽阔，地广人稀，地理环境复杂，民族构成复杂，经济发展滞后，有着多元的宗教、语言和文化，特别是近年来境内外"三股势力"不断加紧对新疆的分裂分化和破坏渗透活动，广大的农村区域是"三股势力"从事分裂活动的重点地区，这些因素都在一定程度上增加了新疆地方政府管理农村事务的难度，增加了政府

---

① 新疆维吾尔自治区财政厅课题组：《推进新疆社会主义新农村建设的财政政策研究》，《经济研究参考》2008年第68期。

规模和行政供养人口，财政负担加重，农村管理和服务成本相比全国和东部地区而言要高得多。如果考虑到新疆的财政能力和财政缺口问题，那么在同等条件下，新疆地方政府所能提供的农村公共产品和公共服务数量要比东部地区少得多。

在这种情况下，完善中央对新疆特殊的转移支付制度尤为重要。要充分考虑新疆土地面积的辽阔性、生活环境的艰苦性、边疆经济发展的艰巨性、公共服务的分散性、民族地区宗教文化的复杂多样性、社会发展的滞后性和维护国家安全的战略重要性等因素，将这些特殊因素纳入转移支付计算公式，并赋予相应权重，以科学合理的标准和技术手段统筹调控新疆各级政府的财力，使新疆地方财力与新疆所处的战略地位和社会经济发展的需要相适应，并切实充实农村。可喜的是，我们在调查的地方已经看到了来自东部发达地区的支持项目。

表81　　　　　　　　　　遇到村里人争吵，您会怎么做？

		频率	百分比	有效百分比	累积百分比
有效	尽量避开	43	9.5	9.7	9.7
	实在避开不了就假装劝说几句	55	12.2	12.4	22.2
	主持公道	344	76.3	77.8	100.0
	合计	442	98.0	100.0	
缺失	系统	9	2.0		
合计		451	100.0		

一般而言，家庭联产承包责任制使生产资料和集体财产分散到户，乡（镇）村基层政权失去了对土地及其他资源的垄断权，加之其他原因，致使乡村基层政权组织在农村社会中组织、指挥、行政控制功能大大减弱。一些乡村社区为数不多的邪教和封建迷信活动依然存在，加上新疆特殊的地理位置，容易被境外宗教极端势力和恐怖势力所利用，以传教为名进行宣传和渗透，争夺村落和乡（镇）社区的控制权，阻止政策落实。这种乡村社区控制权弱化现象既影响国家政令畅通和基层政权组织的稳定，也直接影响群众团结和社会生产、生活秩序，直接破坏着农村社会的稳定。

在这种情况下，与表 80 重点考察新疆农民社会融合的路径不同，表 81 着重考察新疆农民社会融合的态度。俗话说，"家和万事兴"，村民之间发生小矛盾是正常现象，但需要"热心人"去调解。能否主动"主持公道"是考察乡村人际关系变换的一个重要指标。从表 81 看，主动"主持公道"的占 76.3%，说明新疆农民的社会融合基础仍然存在。

表 82　　　　　　　您对自己的小孩的期盼是什么？

		频率	百分比	有效百分比	累积百分比
有效	多读书找份体面的工作	251	55.7	56.4	56.4
	尽早回家帮忙	42	9.3	9.4	65.8
	随他们自己的喜好	145	32.2	32.6	98.4
	其他	7	1.6	1.6	100.0
	合计	445	98.7	100.0	
缺失	系统	6	1.3		
	合计	451	100.0		

新疆是一个少数民族聚居的区域。主要少数民族在农村的分布如下：维吾尔族 579.72 万人，占 45.53%；哈萨克族 89.23 万人，占 7.01%；回族 56.59 万人，占 4.44%；柯尔克孜族 10.72 万人，占 0.86%；蒙古族 10.95 万人，占 0.84%；其他少数民族合计为 16.34 万人，占 1.33%。少数民族占新疆农村总人口的 60.01%[1]，分布在不同地区，同源民族集中度高，且多数民族集中区都是贫困地区。考察新疆农村少数民族进行人力资源开发状况，关系到新疆的经济发展与社会稳定。

根据课题组在新疆农村的实地观察和学界的相关研究，新疆农村少数民族人力资源开发状况主要存在两个特点：一是农村劳动力综合素质偏低，少数民族人口增长过快。新疆农村劳动力主要以初中以下文化程度为主，少数民族地区农村劳动力文化程度更低，劳动者大多没有专业技能；少数民族的人口增长速度快于汉族，2000 年以来，新疆农村汉族人口比例呈逐年下降趋势，已从 2001 的 45.12% 下降到 2007 年的 39.99%；而

---

[1] 李光明：《少数民族地区农村人力资源开发的难点与对策：以新疆为例》，《安徽农业科学》2009 年第 13 期。

少数民族人口比例由2001年的42.31%上升到2008年的45.53%，成为新疆农村人口的主体。[①] 新疆农村少数民族人口的过快增长，加重了少数民族家庭的生活负担。二是农村低素质劳动力富余，高素质劳动力缺乏。据统计，目前新疆农村剩余劳动力达130万人左右[②]，导致少数民族集中区人力资源的闲置浪费。同时，现代化集约型农业迫切需要具备一定科技知识和专业素质的劳动力，以及经营和管理人才等，但是，高素质的劳动力在农村极为缺乏，农村基本没有本科生。新疆农村人力资源总量配置失衡，劳动力供给过大、结构不合理，在不同程度上发生了扭曲。

表83　　　　　　　　　您与亲人的关系：

		频率	百分比	有效百分比	累积百分比
有效	很好	325	72.1	72.9	72.9
	良好	89	19.7	20.0	92.8
	一般	31	6.9	7.0	99.8
	其他	1	0.2	0.2	100.0
	合计	446	98.9	100.0	
缺失	系统	5	1.1		
合计		451	100.0		

亲情关系作为一种中国乡村特别重要的文化在中国特色社会主义体系建设中有特别的意义。前有所述，文化与制度的关系不是孤立、矛盾的，而是辩证互动的关系，它们相互交叉，相互影响。一般来讲，文化作为一种传承、积淀和整合了数千年的非正式制度形态，是一个巨大而深厚的存量，它被特定的社会群体所选择、收纳、共享，并经过时间的积淀、净化、得以绵延、传递，它具有高度的稳定性、延续性、群体认同性和内化性特征。文化是一个精神层面的东西，是一种价值观念，它最终要解决的是人的心灵和价值层面所要追求的最本质的东西，但是文化必然要落实于

---

① 李豫新、殷朝华：《新疆生产建设兵团人力资源开发与就业的战略思考》，《人口与经济》2008年第4期。

② 李光明：《少数民族地区农村人力资源开发的难点与对策：以新疆为例》，《安徽农业科学》2009年第13期。

现实的制度之中，没有制度的支持，文化无法自行解决它所设定的基本问题，所以，文化必须依靠制度来实现。从最单纯的制度层面看，制度并不包括文化因素，制度所要解决的是规则、秩序层面的东西，它是一种可操作、可把握、可遵循的准绳；但制度作为一种人类的规则与秩序，它必然要有一个更高的文化价值、文化精神为支撑，只有这样，制度才会真正发挥作用，所以，制度又必须依靠文化来实现。

从大的方面讲，中国农村社会中的传统文化主要是儒家文化，中国农村的治理长久以来是一种伦理型治理。对于新疆地区而言，伊斯兰教宗教文化是对新疆影响较深的一种文化，它是一种宗教型治理。伊斯兰教的思想意识在潜移默化地影响着新疆农村社会。儒家文化与伊斯兰文化是两种不同的文化，一般来讲，儒家文化是本土文化，伊斯兰教是外来文化。儒家文化可以被看成"人学"，它注重人与人之间的关系，重道德伦理；伊斯兰宗教文化则注重对超自然的神的崇拜。伊斯兰教经过在中国的长期流传和发展，出现了本土化的转变，而这种本土化是与儒家文化紧密相联的。在本土化的过程中，伊斯兰教开始重视家和家族，家的作用逐渐与清真寺的作用相当。信仰伊斯兰教的青少年在家庭中复制着父辈所接受的信仰传统，结合在清真寺的认识，成为具有特定信仰素质的社会成员，从而形成了信仰族群共同的民族特性。这种本土化主要是受到主流环境的影响。

"仁""礼"是儒家文化的核心内容。"仁"在《论语》中出现105次，意思主要有"爱人""先难而后获""克己复礼""己所不欲，勿施于人""能行五者于天下"等，"仁"的本意在《说文》中解释为"仁，亲也。从人二"，可以说"仁者爱人"是"仁学"的基本思想。孔子"爱人"的具体方法是"忠""恕"，所谓"忠"是指"己欲立人而立人，己欲达人而达人"[1]；所谓"恕"是指"己所不欲，勿施于人"[2]。"忠"与"恕"既是对自己的要求，又是对他人的态度。对己是要求"克己"，对人是要做到"爱人"，应该做到"恭、宽、信、敏、惠"[3]。所以，

---

[1] 《论语·雍也》。

[2] 《论语·颜渊》。

[3] 《论语·阳货》。

"仁"含"克己"与"爱人"这两个方面，这也是儒家文化的伦理基础。但是，儒家的"爱人"带有明显的宗法性，渗透着血缘关系的根脉。因为"爱人"首先是要做到"孝""悌"，并以"尊尊"与"亲亲"为原则。儒家文化中的"仁"是最高的道德标准、最高的人格追求和最高的精神境界。在这种传统文化的影响下，中国的乡村治理特别重视"亲情"因素。事实上，中国古代乡村秩序均衡是以乡村社会的自足为基础，并与长期形成且内化程度很高的主导意识形态相结合的。在国家与乡村社会关系方面，国家的强力程度较低，对资源的控制主要集中于意识形态资源。中国古代乡村秩序均衡的基础是国家与乡村社会的相对分离和儒家文化的有力渗透，这种秩序均衡无须国家行政的处处干预即可自然保持，此种均衡，可以称作乡村秩序的一般均衡。

由于新疆的特殊性，我们必须认识到并分析宗教的影响力。前有所述，新疆自古以来就是个宗教比较盛行、各种宗教并存、宗教信仰比较复杂的地区。历史上、除自然崇拜和萨满教之外，佛教、祆教、摩尼教、景教、天主教、道教和伊斯兰教都曾在新疆地区传播、流行过。各种宗教传播的时间、分布范围也并不相同，对新疆各民族的影响也不尽相同。新疆宗教总体情况的最大特征是多种宗教并存。伊斯兰教是新疆的主要宗教，新疆的伊斯兰教主要为维吾尔、哈萨克、回、柯尔克孜、乌孜别克、塔吉克、塔塔尔、东乡、保安、撒拉等10个民族所信仰，信教人口过千万，约占全疆总人口的60%，占全国信仰伊斯兰教总人口的一半以上。[①] 新疆现有宗教活动场所24050座，其中，伊斯兰教清真寺23753座，其数量超过了宗教氛围十分浓厚的西亚各国。埃及全国人口约7000万，信仰伊斯兰教的人口约6000多万，有清真寺82000多座，平均每730多人拥有一座清真寺，新疆不按信教人数而按穆斯林群众人口数来算，大约是每435人拥有一座清真寺，人均占清真寺的数量居世界前列。

伊斯兰教的整合力主要是通过家庭礼仪和宗教礼仪来完成。对穆斯林家庭生活、家族来说，穆斯林家族习俗和伊斯兰宗教法律、宗教伦理一道，都是家族、家庭生活的行为规范和道德准则。家庭或家族习俗对个体

---

① 胡晓霞：《非正式制度与中国农村基层治理》，新疆农业大学博士论文2007年，第69页。

穆斯林的约束力通常是由公众舆论的非难或褒扬而产生，特别是穆斯林"小社会"舆论的指责，可以使一个穆斯林感到自己言语行为的离经叛道。伊斯兰教的社会整合力不是依靠国家和政权力量的强制实现的，而是依靠民间教缘、利缘和业缘群体组织的非官方社团所形成的共同遵守的行为、观念模式。来自父母的言传身教，往往使伊斯兰教具有完善的继承性。穆斯林的家族习俗通常不需要任何官方的认可，穆斯林家庭通过编修家谱、设定门风家教、举办岁时祭祀、遵守宗教礼仪等措施，保证伊斯兰教教义在民间社会的传沿。

以此看来，无论是伦理型治理，还是宗教型治理，它们的相同点是重"情"。正如刘维钧所认为的"世界文化从本质上看，只有两种，一是'理'，二是'情'"[①]，儒家文化与伊斯兰教都属于"情"文化的范畴，所以，两种农村基层模式的最大的相同点就是依靠人与人之间的"情"来维持着不同治理主体之间权利与义务的平衡。儒家文化与伊斯兰教教义基本宗旨有许多融通之处。在这种认识之下，本研究特别选择了"与亲人关系"这个指标，从表83的统计结果看来，新疆乡村还弥漫着"亲情"，在被调查农民中，认为"与亲人的关系很好"的占72.1%，"与亲人的关系良好"的占19.7%，二者相加就占了91.8%，说明新疆农民的"亲情"合作基础仍然高度存在；但同时又要看到，新疆与内地相比，这种亲情的社会基础和文化背景是不同的，政府部门在制定相关农村治理政策时要特别注意新疆的这一特殊性。

2. 新疆农民精神生活追求意识很强，但精神共同体还没有形成

谈到新疆农村，我们往往就会把它和贫困联系到一起。新疆农村的贫困是众所周知的。为了帮助农村贫困地区解困，国家投入了大量的物力和财力，一些社会团体也为这些地区送去了扶贫物资，但结果并未达到预期目的，这种给钱给物的扶贫措施最终非但没有使这些地区富裕起来，反而滋生出了"等靠要"的懒汉风气，即所谓"越扶越贫"。后来这种被称作"输血"式的扶贫方式逐渐发生转变，随之而来的是修路、送技术、送文化，即称之为"造血"的扶贫方式。扶贫方式由"输血"转为"造血"。

---

① 刘维钧：《当代人生格言》，中央文献出版社2006年版，第478页。

但不久人们发现虽然"血"造出来了,如路有了,农技推广站有了,文化站建立了,但对贫困地区的帮助却没有像人们现象的那样有效果,这样的结果让许多扶贫工作者和农村问题专家百思不得其解。

与此同时,另外的一些问题也引起了人们的进一步的反思:为什么有些地方,本地各种资源都很丰富,但是反而不如自然资源禀赋很差的地区发展得快?为什么有些地区虽然发展得比较快,人们衣食丰足,但是人们却空虚无聊、无所事事,村里出现的问题并不比贫穷的村子少,富裕也并没有使各种社会问题、各种公益问题得以解决,有时甚至是越发展得快,麻烦偏偏越多?

更让学界始终难以理解的是,20世纪五六十年代,尽管国内的生产能力和物质状况和今天相比差距巨大,根本不可同日而语,但是农民却能够战天斗地,排除万难,气概豪迈。他们克服困难,改造农田,改进技术,兴修了道路和水利工程。今天在农村能够见到的基础设施,大部分是那时候修建的。村民们主动地去参与基层政府的管理工作,农民们组织起来,改善社会,活跃生活,把自己看作是乡村的主人。但是今天,农村技术进步了,生产能力也大大提高了,各种物质条件也改善了,农村以外的城市支持也有更大的可能了,更有能力做事情了,而农民却变得无能麻木、无所作为了。

这是为什么?农村的现实让我们终于意识到:农村的贫困,更为根本的是精神贫困。这种精神贫困又是如何产生的呢?

一般认为,是市场经济造成了小农经济的不自信,基层政权又没有尽到自己的义务,农民素质需要提高等等。但是这远不是主要原因,根本的原因在于农村的非组织化。目前农村已经如同一盘散沙,缺少必要的凝聚力;与此同时基层政府除了要粮要款、刮宫流产之外,什么事情都做不了。基层的整合能力基本丧失,靠基层政府和现有的农村组织力量根本没有办法把农民再凝聚起来,更没有办法从内部产生出推动农村向前走的推动性力量。没有这些,不仅农村的各项事业没有办法进行,富裕小康也不过是纸上谈兵。处于松散状态的农户依靠个人的力量肯定没有能力克服遇到的困难,一个人无法治理水旱荒灾,一个人也无法应对市场的挑战,一个人更无法应对来自政府和其他群体的利益侵害,最后的结果必然是自信心的丧失。所以表面看来农民的精神贫困表现在个人素质和能力的下降,但是根本原因却是农民没有自己的组织,失去了群体关爱。失去了组织的个体小农在市场经济和强大的政府面前是无法做到自信的。没有了自信之后，也就只有他信，依靠别人了。①

近年来的调查显示②，在市场经济的背景下，农村家庭的价值生产意义正在迅速衰退，家庭已经越来越不能承载精神生活的功能。今天的村庄已经失去了传统村庄在农业生产、抵御入侵等方面的合作功能，而成为纯粹的生活社区，农民之间在生产上的合作已经非常困难，村庄生活共同体的意义日益凸显。

表84 改革开放后至今，您所在村的村里人从事的文化娱乐活动最主要是：

		频率	百分比	有效百分比	累积百分比
有效	看电视、电脑上网	384	85.1	86.9	86.9
	去KTV唱歌	17	3.8	3.8	90.7
	去舞厅跳舞	19	4.2	4.3	95.0
	其他	22	4.9	5.0	100.0
	合计	442	98.0	100.0	
缺失	系统	9	2.0		
合计		451	100.0		

闲暇时间是一种社会财富，是社会文明与进步的标志。闲暇时间的拥有量和闲暇时间的使用，与社会经济状况及生活方式有着密切关系，有效合理地利用闲暇时间，是社会进步和经济发展的标志之一。闲暇时间作为一种社会资源，是每个人应该平等占有与享用的利益和权利。不同群体对闲暇时间的支配及其闲暇活动方式，是其社会地位的反映。伴随改革开放和农村经济的发展，农民的闲暇生活发生了多层面多方位的变化，农村人口尤其是农村老年人口的闲暇时间明显增多，并逐渐成为影响他们生存与生活质量的重要的社会资源。从表84的统计结果可以看出，新疆农民用于看电视、电脑上网来打发闲暇时间的占85.1%，根据我们的实地观察，

---

① 申端锋：《新农村建设与乡镇体制改革》，《中国社会导刊》2006年第1期。
② 代俊兰、史艳红：《当代中国农民精神生活质量解析》，《当代世界与社会主义》2007年第6期；肖红军、秦在东：《中国农民精神共同体的特点及其形成背景研究》，《党建与思想教育》2011年第18期等文。

这其中又以看电视为主。

我们知道，电视为乡村带来了文化结构的重大改变，它除了带来对外界世界的认识上的改变之外，对乡村社会而言，更深层次和长久的影响在于以往日常与娱乐的二元对立的时间结构被打破，娱乐从过事入侵到日常生活的每一天，过事娱乐的概念因此被冲淡。电视成为农村文化生活的主要媒介形态，并对村民的心理和行为产生了深刻的影响。在中国，电视是最为普及的媒介形态，其三分之二以上的受众在农村地区，而对这部分受众的研究是目前中国媒介研究中缺失的一块。虽然政府和社会对电视寄予了强烈的科学普及和推进发展的期待，但娱乐功能和仪式功能仍然是电视在现实世界中所发挥的最为重要的作用。

表85　　　　　　　　不同年龄群体的三大闲暇时间

		29岁以下	30~39岁	40~49岁	50岁以上
总的闲暇时间（分钟/日）		280.04	276.39	305.51	357.38
看电视	分钟/日	119.03	99.61	109.70	112.48
	占闲暇时间的%	42.50%	36.04%	35.91%	31.47%
户外交往交谈	分钟/日	38.51	43.56	47.22	43.92
	占闲暇时间的%	13.75%	15.76%	15.46%	12.29%
无事休息闲待	分钟/日	21.19	32.23	39.72	53.15
	占闲暇时间的%	7.57%	11.66%	13.0%	14.87%
三项活动占总闲暇时间的%		63.82%	63.46%	64.36%	58.64%

资料来源：田翠琴，《农村老年人口的闲暇生活方式研究》[1]，2010中国社会学年会论文集。

从表85可以看出，不同年龄群体闲暇活动时间分配利用的特征主

---

[1] 在2001年2月至2003年3月，文章作者对河北省5个县8个经济发展程度不同的村庄的农民进行了"农民闲暇生活方式调查"、"农民生活时间分配调查表"、"农民闲暇时间日记账"的记录等工作，对另外10个村的农民进行了典型调查与比较性研究。其中，《农民闲暇生活方式调查问卷》在8个调查村共取得有效样本548个，其年龄分布是：29岁以下的124人，占被调查者的22.6%；30~39岁的208人，占38.0%；40~49岁的113人，占20.6%；50岁以上的103人，占18.8%。由157农民记录的1238个有效的四季《农民生活时间分配调查表》的年龄分布情况是：29岁及以下占10.9%；30~39岁占39.1%；40~49岁占23.1%；50岁以上占26.9%。

要是：

（1）看电视、户外交往交谈、无事休息闲呆，构成了各年龄群体的三大闲暇时间。在29岁以下、30～39岁、40～49岁、50岁以上四个年龄群体中；平均每天看电视的时间分别是119.03分钟、99.61分钟、109.70分钟、112.48分钟；平均每天户外交往交谈的时间分别是38.51分钟、43.56分钟、47.22分钟、43.92分钟；平均每天无事休息闲呆的时间分别是21.19分钟、32.23分钟、39.72分钟、53.15分钟（这说明年龄与闲呆时间呈正相关，年龄越大，每天的闲呆时间越长，即无效闲暇的时间越长）。从三组数据可以看出，每天看电视时间最长的是29岁以下的年轻人（各年龄群体之间最多相差19.42分钟），户外交往交谈时间最长的是40～49岁的人（各年龄群体之间相差不足9分钟），无事休息闲呆时间最长的是50岁以上的老年人。不同年龄群体在无事休息闲呆方面差别最大，其中耗时最多的老年人比耗时最短的29岁以下的年轻人多31.96分钟，前者是后者的两倍半，说明老年人闲暇时间的有效利用率远远低于年轻人。看电视、户外交往交谈和无事休息闲呆三项活动时间之和，占四个年龄群体闲暇时间总量的比例分别是63.82%、63.46%、64.36%和58.64%，说明各年龄群体的大部分时间主要用在了这三项活动上。

（2）老年群体从事的闲暇活动种类最多，闲暇活动类型的集中度相对较低。在25项闲暇活动中，有4项是只有50岁以上老人才从事的闲暇活动，它们分别是平均每天养花鸟鱼虫2.01分钟、书法绘画0.83分钟、祭祀活动0.59分钟、观看各种展览0.01分钟。四项活动的平均时间都不高，说明只有极少数的老年人从事这4项活动。另外，老年人中有8项闲暇活动支付的时间位于各年龄群体之首。它们分别是夫妻之间交流交谈19.52分钟（占5.46%）、阅读书报杂志14.22分钟（占3.98%）、社会工作社会公益活动13.02分钟（占3.64%）、下棋打扑克10.53分钟（2.93%）、散步10.47分钟（占2.93%）、听广播8.17分钟（占2.29%）、学习与自学5.38分钟（占其闲暇时间总量的1.51%）、宗教活动5.59分钟（占1.56%）。老年群体因为其每日闲暇时间总量远远高于其他年龄群体（分别比29岁以下、30～39岁、40～49岁三个年龄群体多77.34、80.99和51.87分钟），所以他们的一些闲暇活动时间的绝对值虽然在各年龄群体中最高，但占其闲暇时间总量的比例不一定最高。如老年群体每天阅读书报杂志 14.22 分钟（占闲暇时间总量的 3.98%），比 29 岁以下的人多 2.99 分钟，但后者该项时间却占其闲暇时间总量的 4.01%。又如，老年群体每天下棋打扑克 10.53 分钟（占闲暇时间总量的 2.93%），比 40～49 岁群体多 1.44 分钟，但后者该项活动占闲暇时间总量的比例却为 2.98%。

一些学者认为，与许多其他社会不同，中国的乡土社会关系结构在很大程度上是由流动的、个体中心的社会网络而非凝固的社会制度支撑的，费孝通在《乡土中国》一书中，把中国的乡民社会格局用"差序格局"来描述，认为"（乡民）社会中最重要的亲属关系就是这种丢石头形成同心圆波纹的性质。亲属关系是根据生育和婚姻事实所发生的社会关系。从生育和婚姻所结成的网络，可以一直推出去包括无穷的人，过去的、现在的、和未来的人物"。费老进一步认为："在我们乡土社会里，不但亲属关系如此，地缘关系也是如此。在传统结构中，每一家以自己的地位做中心，周围划出一个圈子，这个圈子是'街坊'。有喜事要请酒，生了孩子要送红蛋，有丧事要出来助殓，抬棺材，是生活上的互助机构。可是这不是一个固定的团体，而是一个范围。范围的大小也要依着中心的势力厚薄而定。"[①] 一些中国学者已致力于建立一套基于中国人本土概念——关系（个人网络）、人情（道德规范和人的情感）、面子（脸）和报（互换）的分析框架[②]。这种明确界定的中国式视角强调人际关系的重要性。

表 86　　您认为今后的文化娱乐生活将朝着哪个方向发展

		频率	百分比	有效百分比	累积百分比
有效	健康化	245	54.3	55.1	55.1
	多元化	170	37.7	38.2	93.3
	休闲化	29	6.4	6.5	99.8
	其他	1	0.2	0.2	100.0
	合计	445	98.7	100.0	

---

① 费孝通：《乡土中国》，三联书店 1985 年版，第 3—4 页。
② 见金耀基、孙隆基、黄国光、翟学伟等人的分析。

续表

		频率	百分比	有效百分比	累积百分比
缺失	系统	6	1.3		
合计		451	100.0		

从表86的统计结果看，54.3%的被调查农民认为今后的文化娱乐生活将朝着健康化方向发展。"健康化"作为一个模糊概念，寓意很多，我们在设计问卷的时候也刻意模糊化，主要是为了把握农民对生活方式的理解。生活方式作为人们在一定社会、文化、经济条件影响下形成满足自身需要的一系列的生活习惯、生活制度和生活意识，是一种长期以来的形成的生活"样式"。生活方式既是经济发展水平的直接表征，又是文化价值观念的外部体现，总是和某种非正式制度相联系。非正式制度作为"个人或社会对有关的某些关系或某些作用的一般思想习惯""公认的生活方式"和"精神状态"[1]，是"生活在一定地域范围内的居民在长期的生活中自然形成的、社会共同认可的、不成文的行为规范，包括风俗习惯、伦理规范、道德观念、意识形态等无形的约束规则"[2]。这种非正式的制度对生存在特定地域的民众具有内在强制性，并且和特定的地域文化和地方性知识具有非常复杂的勾连关系。和正式制度相比，"非正式制约的改变是一个长期的过程"[3]，从而具有更强的制度惰性。按照威廉·奥格本的"文化堕距"理论，在文化变迁过程中，物质文化变化发生在前，非物质的适应性文化变化在后。但是非物质文化一旦变迁以后，必然对物质文化的变迁产生极大的推动作用，并且带来社会结构的巨大变化。这种巨大的变化就是"社会实践的结构性巨变"[4]。在人类历史发展中，历次技术革命都伴随着生活方式和社会结构的巨变。

从全国的情况看，近年来，农村信息化工作的持续推进和"村村通"

---

[1] [美] 托斯丹·凡勃伦：《有闲阶级论》，蔡受百译，商务印书馆1964年版，第139页。

[2] 张继焦：《非正式制度、资源配置与制度变迁》，《社会科学战线》1999年第1期。

[3] [美] 道格拉斯·C·诺思：《制度、意识形态和经济绩效》，载《发展经济学的革命》，上海人民出版社2000年版，第110页。

[4] 郑杭生、杨敏：《社会实践结构性巨变的若干趋势：一种社会学分析的新视野》，《社会科学》，2006年第10期。

工程、"家电下乡"工程等专项工程的顺利实施,极大地改善了农村居民获取信息的渠道和方式。据国家统计局数据显示,截至2009年底,中国固定和移动电话用户总数已达10.6亿,电话普及率达到79.9部/百人,网民规模已经超过3亿人,呈迅猛发展势头。全国第二次农业普查数据表明,截至2006年末,中国农村81.9%的乡镇已经完成农村电网改造,98.7%的村通电,98.3%的自然村通电;97.6%的村和93.7%的自然村通电话;81.1%的乡镇有邮电所;平均每百户拥有彩电87.3台,固定电话51.9部,手机69.8部,电脑2.2台。这种历史巨变表明中国农村居民的信息获取方式和沟通方式发生了翻天覆地的变化。

新疆农村也随之发生了大的变化。根据政府2008年的调查①,目前大部分农村家庭都已经拥有了电视和固定电话这两种信息设备。虽然全疆的平均比例只有不到60%,但在部分地区农民的拥有率都已经接近甚至达到了80%;手机的拥有率也已经超过了50%,北疆农村拥有手机的比例已经高达80%,相比之下,南疆个别地区还仅仅只有25%。

信息化的推进和由此带来的现代性的入侵改变了农村传统生活方式,也改变了农村居民长期沿袭下来的沟通方式、行为方式和非正式制度,从而改变了农村社会的秩序基础。"二亩地、一头牛,老婆孩子热炕头"这类小富即安的生活目标已经成为历史。农村再也不像以前那样是一个个"鸡犬之声相闻,老死不相往来"的自封区域,而是变成全球信息社会的一个节点和单元。这种转变在生活方式层面最重要结果就是农民传统世界观、价值观和农业经营理念的转变,是生活理想的转变。在信息社会里,农民能够在传统农业生产以及与此相关的地方性知识之外了解和认识外部世界和工业化、城市化带给人类的巨大变化,从而自觉地卷入这种现代性进程之中。

这种由自发到自觉的意识转变对农村社会结构变迁和生活方式转型具有根本性的意义:农民的生活基础不再是基于糊口经济的道义经济学,而是基于理性算计的商业化经营活动;农民不再是斯科特所谓的"道义小农",而是波普金所谓的"理性小农"。从这个意义上说,近十多年来出现的所谓"民工潮"并不是人们惯常所认为的人地矛盾压力下农村剩余

---

① 林柯、杜敏:《新疆农村信息化建设现状及对策建议》,《新疆财经》2008年第3期。

劳动力的自发转移，而是农民在理性计算和权衡利弊基础上发挥比较优势的自觉行为，因为在农产品价格低谷徘徊和生态危机导致的农业产量持续走低的今天，外出务工无论如何也是一种相对比较划算的经营行为，土地只不过是一份零风险的最低生活保证，政府的各种农业补贴则是无本万利并与农业生产没有多大关系的"意外收获"。

恰亚诺夫在《农民经济组织》中提出了农民家庭劳动力的"自我开发程度"概念，认为"这种自我开发程度是靠需求满足程度和劳动艰苦程度之间的某种关系来确定"[①]。这种"自我开发"行为显然是一种理性计算的结果。近年来，特别是2010年的"民工荒"更是彰显了中国经济发展传统的劳动力无限供给下的低工资竞争力优势的破产和农民工具理性的增长。农民的生产性理念的转变必然引起农村社会秩序基础的转变，农村传统的基于地方性知识的以乡规民约等非正式制度为基础的社会联接方式逐渐式微，现代的基于民族国家认同的统一的成文法和正式规则深入农村，并形成了对传统地方文化的侵蚀和改造，农村传统的社会秩序基础发生转型。

表87 传统文化娱乐活动在您所在的村里：

		频率	百分比	有效百分比	累积百分比
有效	有保留并有所发展	228	50.6	52.1	52.1
	几乎没有保留	71	15.7	16.2	68.3
	和以前差不多	113	25.1	25.8	94.1
	不太清楚	26	5.8	5.9	100.0
	合计	438	97.1	100.0	
缺失	系统	13	2.9		
	合计	451	100.0		

从表87看，新疆农民认为，传统文化娱乐活动在被调查农民所在的村里"有保留并有所发展"的占50.6%。这是一个可喜的现象。农民的精神振作离不开具体个人的自觉，更离不开农民整体的组织化。农民的精

---

① [俄] A. 恰亚诺夫：《农民经济组织》，中央编译出版社1996年版，第53页。

神蕴藏于并表现在农村的各个层面。就获得、维系和表现手段而言,也表现在生产、生活中。这种内在精神有一个非常重要的载体也是表现手段,它同时也可以作为创生手段,这就是农村的精神文化生活。没有精神文化生活,想有精神振作几乎是不可能的。不要小瞧了那些文艺演出队、歌声口号还有集体秧歌,或者读书看报,这里面就蕴藏着巨大的力量,农民的精神崛起就从这里开始。

表88　　　　　　　　您认为现在的文化生活与以前相比:

		频率	百分比	有效百分比	累积百分比
有效	相当丰富	323	71.6	72.6	72.6
	和以前差不多,没有太大变化	98	21.7	22.0	94.6
	不如以前丰富	24	5.3	5.4	100.0
	合计	445	98.7	100.0	
缺失	系统	6	1.3		
	合计	451	100.0		

农村不同于城市,文化娱乐条件很差,一般的地区,电视还不能普及,除了电视机、收音机外再没有任何能够提供文化娱乐的方式。每天晚上,天黑以后大家就回家早早休息了。每天最大的乐趣就是到邻居家串串门,聊聊天,简单而又单调。拿农民的话说,就是"二十多年没有笑过"。但是并不是农民不想玩、不想跳、不想高兴,我们调查的很多老人都仔细而又兴奋地给我们回忆二十年前他们村里的秧歌和文艺演出;大学生们的到来让村子里的男女老少尤其是孩子们如同过节一般,一个简单的演出就能吸引那么多的人让他们快活,由此可见农村精神文化的匮乏,也可以看出农民对文化娱乐的渴望。我们认为理想的文娱活动应该能够让广大村民都参与进来,不能仅仅作为几个文艺精英的小团体,因为它肩负着带动全村走向振作乃至小康的使命。

表89　　　　　您最赞同通过哪种途径来丰富农民的文化生活?

		频率	百分比	有效百分比	累积百分比
有效	设立更多的棋牌室	69	15.3	15.8	15.8

续表

		频率	百分比	有效百分比	累积百分比
	组织农业科技知识讲座	251	55.7	57.6	73.4
	组织村里人参加传统的文化活动	106	23.5	24.3	97.7
	其他	10	2.2	2.3	100.0
	合计	436	96.7	100.0	
缺失	系统	15	3.3		
合计		451	100.0		

从表89的统计结果看，新疆农民认为丰富农民文化生活的最佳途径是"组织农业科技知识讲座"，占被调查农民55.7%，这与当前新疆农村信息化工作仍然处于起步阶段和新疆农村发展状况有密切关联。

新疆农村在信息内容方面还存在许多不足，主要表现在以下方面：

第一，信息资源分散。目前农业网站体系尽管已经建立，基本覆盖农业和农村经济的各个方面，但农业网站占网站总数的比例偏小。[①] 同时，农业信息服务站点少且不集中，关联性较差，形成了一个个信息孤岛，城乡差距明显。即使是在一个地方的农业信息内容服务网站，有价值的信息资源也分别属于不同的农业部门、农业企业和相关的科研机构，相互之间没有交叉。大量的社会信息服务资源由于条块分割、信息封锁，使用效率很低，而且效果也不好。比如，大量的科技信息和科技成果本来是面向农民的，但往往到不了农民手里，或者到了农民手里也看不懂、用不好。又比如，关于农产品的价格和质量标准信息，一些大的经营主体与农民之间存在着明显的信息不对称，农民在交易中常常处于不利地位。总体上看，新疆农业信息服务平台呈现出布局分散，缺乏横向交流沟通的特点。

第二，信息内容重复。目前农业网站的建设水平还不够高，在内容上为领导服务的信息较多，而指导经营者生产营销、真正适用于农业的信息太少；反映现象的信息较多，有分析、协助领导宏观决策和经营者微观决策的信息较少。

[①] 林柯、杜敏：《新疆农村信息化建设现状及对策建议》，《新疆财经》2008年第3期。

第三，信息时效性差。信息对时效性的要求比较强，而目前农业网站过时的信息较多，缺乏第一手信息，不能实现信息的及时更新；网站提供的信息不完整、不准确，信息内容单调，使用价值和实用价值低，用户得不到有效的信息，重复访问率和页面点击率低。

第四，信息形式单一。农民对信息形式的需求是多样化的，例如很多农业种植养殖技能需要大量的图片和视频进行讲解和演示，而目前农业网站页面静态的多、动态的少，缺少网站导航，信息规范化、标准化程度差，站点不够生动，缺乏个性和专业特色。数据库大多是文本型的，以文献为主，涉及的领域也比较狭窄，多媒体信息和全文数据库更少。信息开放性和共享程度低，数据库的利用率没有得到充分发挥。

在这种信息缺失的背景下，新疆农民认为丰富农民文化生活的最佳途径是"组织农业科技知识讲座"。

表90　　　　您认为目前网络信息服务最大的问题是：

		频率	百分比	有效百分比	累积百分比
有效	市场信息时效性差	121	26.8	27.6	27.6
	农资产品质量、售后服务及厂商信用得不到保障	155	34.4	35.4	63.0
	技术培训内容不切实际或接受困难	44	9.8	10.0	73.1
	发布信息渠道不畅	48	10.6	11.0	84.0
	查找到的信息虚假	42	9.3	9.6	93.6
	其他	28	6.2	6.4	100.0
	合计	438	97.1	100.0	
缺失	系统	13	2.9		
	合计	451	100.0		

表90主要考察的是农民收集信息的取向。信息，也称资讯，是一种以文字、符号、声音、语言、图像、动画、视频等形式传播的消息，承担

着人际沟通、思想表达、场景描述等多重功能。信息化是一个涉及经济生产、政治发展、文化繁荣、社会进步等多个社会层面的系统性历史发展过程，是一个国家或地区由物质生产向信息生产、由工业经济向信息经济、由工业社会向信息社会转变的动态的、渐进的过程；是信息在经济生产、社会生活和科技进步中发挥基础性作用的新型的社会历史形态；是充分利用信息技术，开发利用信息资源，促进信息交流和知识共享，提高经济增长质量，推动经济社会发展转型的历史进程。农村信息化是国家信息化建设的重要组成部分，也是社会主义新农村建设的题中之意，已经被纳入国家信息化建设的总体框架之内。农业部在2007年制定的《全国农业和农村信息化建设总体框架（2007—2015）》中，明确提出了以信息化推进现代农业发展、提升农村公共服务和社会管理水平、建立健全乡村两级信息化组织、创新乡村信息服务模式的农村信息化发展路径。在全球性生态危机和西方工业化发展道路受挫的今天，农村信息化是推动农村地区经济社会发展的重要力量。

中国传统的农村社区的经济基础是土地私有，人们也是从事着一家一户的分田单干，但是并没有导致散沙状态。除了人们有公共的劳动和管理之外，比较重要的原因是人们一直保持着集体的精神文化生活。这种活动成为维系农村群体存在的精神纽带。但是我们今天的分田单干变成了真正的分家，没有任何公共财产，没有任何群体活动的媒介，也没有什么公共事务，没有任何公共权威，加之掠夺性的税收又打倒了唯一可以作为公共权力来源的基层政府。于是农村就再也没有合作的基础了。

所以，当今农村精神文化生活的恢复与重建已经具有非同寻常的意义。精神文化生活将在两个方面对农村的发展起作用。一方面是农民是依靠这种方式来达到自身的精神砥砺，实现思想教育；同时这也形成了农村的一种公共空间，村庄的公共舆论、公共生活就从这里开始了，它是整合分田分心的大包干后果的重要手段。另一方面，农民需要这些歌声、秧歌、笑声，这是就是农民的精神需要，所有人都需要精神生活，这是现实生活的一部分，农村也概莫能外，而且似乎更为强烈一些。

农村的文艺活动是精神生活的最重要的一部分。其功能表现在这样几个方面①：

（1）农村的精神文化生活具有独特的动员作用。今天的农村很难让大家聚在一起，开个会或者商量点什么事情。大家已经习惯于冷漠和旁观。但是一旦你说要唱戏，来得人就多了，而且来得人也会很高兴参与。所以我们在农村每次开会一般都会和文艺相配合。我们一般的思路是：在新开的实验点，一般都要建起一支农民文艺演出队。但是这个演出队的定位不应该是文艺精英团队，而应是大众参与的文化活动。

（2）精神文化生活起到了协调和和解的作用。各个村社几十年来都积累了深刻的矛盾，这些矛盾一般都只是在逐日的积累，但却很难化解。在矛盾积累的过程中又伴随着税费、腐败等现象。这样的结果，就是整个村社的分崩离析，有时是冲突甚至于暴力事件。有时候村里的不同派别，不同民族之间很难沟通交流。但是，文娱活动就给大家创造了一个很好的空间，文艺无界限，不同民族的人，甚至于不同信念，从来不说话的人，只要不是死敌，都可以参与到文化活动中来。慢慢就形成了一种和解和交流的气氛。这个作用在曾经有过冲突的村落非常见效。

（3）精神文化生活和经济组织相辅相成，互为补充。合作社借助文艺队给自己提高影响，增强凝聚力；而文艺队则可以借助合作社的经济优势，可持续发展。像合作社这样的需要高度合作精神和信任感作为基础的组织，在现有的农村村社建立起来，其基础相当的脆弱，如果没有持续不断的信任和道德教育，只依靠金钱和利益维持，用不了多久，就会垮掉。所以，合作社需要形成一种文化作为纽带。这种文化就是依靠文化娱乐活动来达到的。不仅仅是合作社，像妇女协会、老年人协会，文娱活动都是其中必有的内容，没有文娱活动为内容的组织，发展中多半都会出问题。

（4）精神文化生活的教育、舆论功能，创造了公共空间。街头剧、唱歌、快板、戏曲等形式都能达到教育目的，把法律政策、道德风尚、表扬批评融于这些具体的表达形式中，农民更容易高高兴兴地接受。不仅如此，这种娱乐也造成了一种公共空间，并进一步形成了公众舆论。舆论空

---

① 参阅肖红军、秦在东：《精神共同体及其形成路径探析》，《学术论坛》2011 年第 6 期；张雅静：《居民休闲：从"政治附属"到"精神支撑"——改革开放前后我国居民休闲生活的嬗变及启示》，《科学社会主义》2009 年第 5 期的相关分析。

间的形成,是农村社区真正形成的开始。在此之上,农村的公共生活才得以恢复。

(5)精神文化生活本来就是农民生活的一部分内容。与此相类似的如秧歌队、象棋协会、读书协会、夜校等精神文化活动都具有相类似的特征。

在农村,这种精神文化娱乐活动具有非常独特的作用:既具有工具意义,同时本身也是目的。有序发展的新乡村建设是少不得文化娱乐这块内容的。

(三)通过合作组织建设来重新聚合农民迫在眉睫

农村合作组织作为农村的一种经济组织形态,在我国改革开放前就已经存在并对农民产生了重大影响。农村合作组织有新型和传统之分,农村新型合作经济组织是相对于农村传统合作经济组织而言的,农村传统合作经济组织是指我国在自然经济和计划经济条件下,农民之间通过劳力、畜力、农具余缺调剂结成的生产互助组织和新中国成立前民间的互助合作组织、社会主义改造时期的互助组、初级社、高级社、人民公社,计划经济时期由政府组织建立的为农业服务的农村信用合作社、农村供销合作社,以及人民公社留下的制度遗产——社区合作经济组织。

不可否认的是,无论是在新疆,还是在全国,20 世纪 80 年代开始的农村联产承包责任制大大地促进了农民的生产经营的积极性,农村的劳动生产效率因而得到空前提高。但是随之而来的问题也日益增加,这种以分散生产经营为基础的生产方式,直接加剧了农民的离散状态。农村的各种公益事业无人问津,新中国成立初期形成的水利设施已经处于崩溃边缘,农村医疗卫生教育各项事业也逐渐衰败,农村的公共管理甚至像村民自治这种法定的政治管理模式也无法推广,农村文化娱乐、农民自我教育已经如同沙漠。

经济发展也随之受到冲击,农民的规模化生产、经营、技术普及、推广,生产资料的优化组合等,都因为这种离散状态而无法实现。这种分散状态还进一步导致了农民自身权利难以保障,基层政府、垄断部门和农村的各种集团势力利用农民的分散状态对农民进行利益剥夺,而农民因为自身抵抗能力不强,缺乏利益维护集团的有效保护,经常受到利益侵害。

因此,农村的这种离散状态已经成为农村经济以及政治文化发展的障碍,在现有的经济制度框架下,必须改善现有的农村组织结构才能使农村有所发展。新疆农民的合作状况如何呢?根据我们的调查,有这样几个发现。

1. 新疆农民有合作的基础和意愿

近年来,各地农民根据自己的实践需要已经创造出了形式多样的合作方式,如金融合作互助组织、农民的文艺团体、农民自主的技术推广团体、农民自我组织起来的互帮互助学习小组以及农民联合起来的维权团队等,这些组织是在克服困难和维护自身权利的过程中自发形成的,这些团体的存在在一定程度上加强了农民克服生产生活上的困难的能力,同时也在一定程度上维护了自身的合法权益。

表91　　您认为将来最有希望的农村信息服务模式是:

		频率	百分比	有效百分比	累积百分比
有效	龙头企业引导	123	27.3	28.5	28.5
	服务组织带动	98	21.7	22.7	51.2
	与中介或经纪人保持联系	61	13.5	14.1	65.3
	成立专门机构提供有偿信息服务	101	22.4	23.4	88.7
	网络教室培训	27	6.0	6.3	94.9
	自家上网	15	3.3	3.5	98.4
	其他	7	1.6	1.6	100.0
	合计	432	95.8	100.0	
缺失	系统	19	4.2		
	合计	451	100.0		

从表91可以看出,从农村信息服务模式看,新疆农民认为主要应由组织化机构提供,依次是龙头企业引导占27.3%,成立专门机构提供有偿信息服务占22.4%,服务组织带动占21.7%,与中介或经纪人保持联系占13.5%,说明农民更加认可的还是组织化机构。这与农民的组织合作化思维习惯有密切联系。

改革开放前新疆传统农村合作组织变迁的基本路径是由个体分散的小农户生产到统一的集体化规模生产,主要经历了以下两个阶段[①]。在1949~1956年阶段,新疆农村合作组织的变迁采取了循序渐进的"三步走"的步骤。第一步,按自愿、互利的原则,号召农民组织带有社会主义性质的、几户或十几户的农业生产互助组。互助组可以说是新疆农村合作经济组织最初的萌芽形式。新中国成立后的1950年,新疆自治区人民政府在农村实行"谁种谁收""生产发家、劳动致富"的生产政策,号召农民在自愿互利的原则下,用变工互助、互相调剂的方法解决籽种、农具、耕畜、土地、劳动力不足的困难,以推动农业生产。1950~1952年3月,农村互助组迅速发展,1953年初召开的省第三届生产会议,提出1953年新疆农业生产互助合作运动的主要任务是"全面整顿,重点提高,个别发展",1953年底,互助组的数量较1952年减少1/4,但质量显著提高。第二步,在全疆农业区大力发展互助组的基础上,组织以土地入股和统一经营为特点的小型的带社会主义性质的初级农业合作社。1952年6月,一些乡先后成立农业生产初级合作社。1953年12月,新疆自治区召开第四届生产会议,提出在互助组、农业生产合作社平等发展的同时,尤其要办好农业生产合作社。到1954年初全省建立合作社149个,分布在全疆55个县市内,基本达到农业区县县有合作社。第三步,在初级社的基础上,进一步组织大型的完全的社会主义性质的高级社。1955年5月31日中共新疆分局根据中央指示精神,发出《关于加强和巩固现有农业生产合作社的指示》,决定1955年秋收前一律停止发展农业生产合作社,对已建立的则进行整顿,巩固和提高现有的农业合作社,加速了农业合作化高潮的到来。1955年7月后中央错误地估计了农村实际,批判所谓

---

① 有关新疆农村合作组织的发展历程主要是参考了赵俊敏:《新疆农村组织的考察与分析》,新疆大学硕士论文2009年。

"保守思想",助长了农业合作化运动中左倾错误的发展,包括新疆在内的全国农业合作化运动皆不同程度受到影响,新疆掀起全疆范围的群众性合作化运动高潮。1957~1978年称为第二阶段。1958年,中央通过了《关于在农村建立人民公社问题的决定》。从此,我国农村基层政权建设正式进入人民公社时期。原来的农业生产合作组织与农村基层乡政权组织合二为一,形成了经济、社会和政治三位一体的组织体系,即"一大二公"的人民公社制度。1958年9月4日,新疆农村第一个人民公社——和田县红旗公社成立,到10月上旬全疆共建人民公社562个,加入公社的农户占总户数99.7%。这种农村经济组织形式的快速演变,违背了合作化初始中央提出的循序渐进与自愿互利的原则,犯了严重的"左"倾冒进错误。1959年,自治区党委贯彻执行中央召开的一系列会议和毛泽东关于人民公社问题的指示精神,着手纠正当时已经认识到的错误。自治区党委发出《贯彻党的八届六中全会的决议》、《关于迅速整顿和健全人民公社》的指示、《关于农村人民公社实行工资制与供给制相结合的分配制度的暂行办法》、《关于做好人民生活工作的几项规定》等文件,并决定对人民公社进行一次全面整顿。据自治区统计局资料,1963年底全疆共有人民公社727个,生产大队5906个,生产队26838个。然而人民公社的政社合一,违背了当时中国农村社会的基本状况和社会发展规律,增加了国家对乡村社会的控制成本,最终决定了人民公社体制的命运。[1]

改革开放后,随着农村体制环境与政策环境的变化,农村合作组织又迅速发展起来,并呈现出蓬勃发展的态势。这是经过了一个对原有农村合作组织的辩证否定过程之后,农民自主选择的结果。和全国一样,新疆农村也选择了以市场化为导向的变迁路径。它是农民为抵御市场风险与适应市场经济发展的需要,寻求相互合作、共担风险、共享利益的自发联合行动。因此,这一时期的农村合作组织变迁方式实质上是诱导性制度变迁。根据新疆农村的情况,这一时期也分为两个阶段。1978~1989年称为第一阶段。20世纪70年代末,随着家庭联产承包责任制的兴起,确立了我国农业以家庭为基本的生产和经营单位体制,这实际上确立了农民家庭作

---

[1] 杨丽:《20世纪社会变革中新疆农村基层政权组织的历史演变》,《新疆社科论坛》2006年第6期。

为市场经济微观主体的地位，为农村市场经济发展提供制度前提。到1985年，在以家庭联产承包为基础的生产责任制逐步完善、农村商品经济迅速发展的情况下，新疆的农村合作经济组织已经开始建立，已经建立的农村合作经济组织可分为三种类型：一是各种形式的联合体，1986年全区农村新型经济联合体已发展到373个，参加新经济联合体的农户达到3934户；二是地域性合作经济组织，到1989年底，全区乡一级的农业合作社、经联社有304个，村级合作社有1328个，村民小组合作社或生产队1673个，如巴音郭楞州在1987～1989年，已有68%的村建立了合作社，塔城地区村级合作社占行政村的54.2%。三是专业性合作经济组织。1989年底自治区专业性合作组织共有8922个，参加农户1.2万左右，主要分布在经济发展水平较高的伊犁、吐鲁番和昌吉一带。此时的合作经济组织属于从单一的社区性集体经济逐渐变成多种经济成分交错、融合的乡村集体经济组织。由于农村商品生产的发展，迫切需要社会化服务，在1985年7月，新疆维吾尔自治区人民政府批转了农业厅《关于建立农村合作经济经营管理服务体系的请示报告》后，新疆建立了农村合作经济管理服务总站，到年底新疆已有9个地州建立中心站，63个县（市）建立指导站，505个乡镇建立了经营管理服务站，占乡镇总数的66.01%。20世纪90年代至今称为第二阶段。20世纪90年代以来，特别是1992年以来，随着社会主义市场经济体制改革目标的确立和国民经济不断向市场经济方向迈进，农村经济也加快了从不完全市场经济向完全市场经济的转换，市场化的纵深发展，使"小农户大市场"的矛盾更加尖锐，在客观上需要建立完善的农户与市场之间的联结机制，或者说需要一种沟通两者的组织。而且，市场化的纵深发展，使农业行业内部分工不断加深，农业产业化迅速发展，分立后的各个环节需要一定的组织形式进行连接和协调，农业产业化也需要有效的组织载体来保障其运行，在这种背景下，农村合作组织不仅得到快速发展，而且组织的内部和形式也得到了较大创新，形成了各种新型的农村合作组织，农村合作组织进入自发展与政府推进相结合的新阶段。2002年底，新疆共有乡镇级合作经济组织527个，其中村级合作经济组织8181个，村以下765个。2002年，自治区农经管理局向国家农业部申报农民合作经济组织6个，其中哈密市大泉湾乡棉花专业合作社和库尔勒市上户镇香梨开发服务专业协会被批准为全国专业合作经济组织试点。截至 2004 年底，新疆有农民专业合作经济组织 1287 个，会员 169855 人。①

从上述新疆农村合作组织的实践看来，新疆农民既有合作的基础，也有合作的实践。

2. 新疆农民有合作的组织制度保障

改革开放前 30 年的农村发展教训告诉我们，农民合作单纯依靠政府力量是不够的，而且只用行政力量的结果可能导致一个个有名无实的空壳产生。这样就完全扭曲了当前农村建设的本义。到现在为止，恢复到人民公社时期还是一个令很多人，包括农民担心的事情，这在前文已经有调查证明。但是中国的志愿者基础又如此的薄弱，NGO 不是很发达，而且 NGO 同样也在官僚化和盈利化，这也同样令人放心不下。而一些颇具理念的知识分子虽然可以把事情做好，但是却少得可怜。我们现有的大学生志愿者虽然已经可以做一些事情，而且形成了比较宽泛的网络，但是毕竟经验以及深入能力不足。那么，应该如何发展农民合作呢？

由政府选拔优秀的干部、经过培训的知识分子、经过培训的大学生志愿者、地方有责任感热心的农民以及 NGO 的工作人员组成"工作队"可能是组织农民的一条路径。这个工作队一定要具有行政协调能力，但又不完全是政府角色，但政府角色要有，否则在现在的农村很难推进类似的工作；知识分子的角色初期主要是研究和形成模式以及给出具体工作模式，以后是跟踪和改进，还有很重要的角色是监督和形成平衡，对单纯行政人员是个制约；大学生的角色是进行具体操作，从调查到实干，到推进，很重要的角色是进行精神传导，以自己的朝气和斗志激励农民的奋斗精神，同时经过培训的大学生将会更为有利地克服官僚化倾向和腐败；农民的参与是必要的，事实上，所有这些工作真正的目的就是带动村子中那些真正有带头意义的农民的参与，农民的参与是一个很好的培训和意见综合的过程。这样，事实上就形成了一个非官非民党领导下的中性组织。

由这个新组织来负责各个村落的农民的选拔、培训、指导、动员、组

---

① 杨丽：《20 世纪社会变革中新疆农村基层政权组织的历史演变》，《新疆社科论坛》2006 年第 6 期。

织和跟进,在全国各个地区都可以广泛建立,每个乡镇都可以建立一个,这样的组织可以基本改变一个乡镇的面貌。这个工作队应该是农村发展的推进器。当然这个组织需要各方面广泛的力量,在我们的调查中我们设计了村干部、农村孩子的教育水平意愿、党员的作用和党的政策几个指标。

表92　您认为具备以下什么条件,才能做您村的党支部书记?

		频率	百分比	有效百分比	累积百分比
有效	人品好,办事公正	175	38.8	40.0	40.0
	觉悟高,有奉献精神	36	8.0	8.2	48.3
	能力强,带领大家致富	226	50.1	51.7	100.0
	合计	437	96.9	100.0	
缺失	系统	14	3.1		
	合计	451	100.0		

从表92的统计结果看,被调查农民认为农村党支部书记的聚合魅力主要是"能力强,带领大家致富",这是与当前农民所要解决的"脱贫致富"中心问题相关的。

众所周知,分散化和非组织化是当前中国农业问题的主要症结所在,而目前农户一家一户地直接进入市场还存在许多困难。家庭承包责任制作为一种制度创新,主要是解决了农业生产体制问题,并没有解决农户与市场衔接问题,像过河需要桥梁一样,农户进入市场需要一种中介组织,为此中共中央《关于建立社会主义市场经济体制若干问题的决定》指出,要发展市场中介组织,发挥其服务沟通公正监督作用。这就是说一个统一开放、竞争有序、完备发达的大市场,不仅要有合格的市场主体和健全的运行规则,还需要有起沟通协调服务作用的社会合作组织。发展社会合作组织需要带头人,需要一定的制度保障,在目前农村现实情况下,发挥党支部在农村的领头羊作用可能是发展农村社会合作组织的一条比较可行的路径。农村基层干部是党联系农民群众的桥梁和纽带,他们既是农民群众了解党认识党的窗口,又是党的上级机关了解农民愿望、倾听农民呼声的重要渠道,更是党在农村思想政治工作的主要依靠力量。作为党的农村思想政治教育工作组织者和骨干力量,他们自身素质的好坏、结构的优劣都直接影响到思想政治工作的效果，关系到把受教育者培养成什么样的人。农民群众有句顺口溜："村看村，户看户，群众看党员，党员看支部"。岗位和职责决定了领导干部必须在各方面起模范带头作用，过去是这样，在改革开放新的历史时期仍然是这样，一个党员一面旗帜，一个干部一个标杆，党员干部特别是领导的一言一行，无论是正面的还是负面的，对群众的影响都很大。"行动是无声的教育，形象是有形的道理，喊破嗓子不如做出样子"，有理想的人讲理想，有道德的人讲道德，守纪律的人讲纪律，思想政治工作才有说服力、感召力，为群众所乐于接受。在这个基础上说，农村党支部书记的聚合魅力对于农民合作组织的建立有重要的整合功能。

表93　　　　　　您希望您的孩子能达到什么教育水平？

		频率	百分比	有效百分比	累积百分比
有效	本科及以上	355	78.7	80.1	80.1
	职业技术学校及大专	67	14.9	15.1	95.3
	中专	10	2.2	2.3	97.5
	高中	9	2.0	2.0	99.5
	初中	1	0.2	0.2	99.8
	小学	1	0.2	0.2	100.0
	合计	443	98.2	100.0	
缺失	系统	8	1.8		
合计		451	100.0		

表93考察的是在日益市场化的农村，农民对知识的期望值。从表93的统计结果看，新疆农民期望自己的孩子受教育水平达到本科及以上的占78.7%，职业技术学校及大专的占14.9%，二者相加就等于93.6%，说明新疆农民已经认识到了知识在未来农村发展的作用。

表94　　　　　　您对村内党员在全村致富工作上的满意度是？

		频率	百分比	有效百分比	累积百分比
有效	非常满意	114	25.3	25.7	25.7

续表

		频率	百分比	有效百分比	累积百分比
	基本满意	284	63.0	64.0	89.6
	不是很满意	36	8.0	8.1	97.7
	不清楚	10	2.2	2.3	100.0
	合计	444	98.4	100.0	
缺失	系统	7	1.6		
合计		451	100.0		

表94考察的是党员能否在农村发挥应有的作用。统计结果显示，新疆被调查农民对村内党员的全村致富工作非常满意的占25.3%，基本满意的占63.0%，二者相加等于88.3%，说明党员的作用能得到农民的高度认可。

理想信念是灵魂、是动力、是方向、是思想和行动的总开关。邓小平曾说："中国要坚持社会主义制度，要发展社会主义经济，要实现四个现代化，没有理想是不行的"[①]，"我们多年奋斗就是为了共产主义，我们的信念理想就是要搞共产主义。在我们最困难的时期，共产主义理想是我们的精神支柱，多少人牺牲就是为实现这个理想"[②]。他还进一步指出："现在中国提出'四有'，有理想、有道德、有纪律、有文化。其中我们最强调的是有理想。根据我长期从事政治和军事活动的经验，我认为，最重要的是人的团结，要团结就要有共同的理想和坚定的信念。我们过去的几十年的艰苦奋斗，就是靠坚定的信念把人民团结起来，为人民自己的利益而奋斗，没有这样的信念，就没有凝聚力，没有这样的信念，就没有一切。"[③] 当前新疆农村的发展进入关键时期，农民的社会生活发生了重大变化，经济成分和经济利益多样化，社会生活方式多样化，社会组织形式多样化，就业和收入分配方式多样化，这些变化必然会在人们的思想中反映出来。应当承认人们在思想觉悟和精神文化需求方面的差异，但多种意

---

① 邓小平：《邓小平文选》（第3卷），人民出版社1993年版，第124页。
② 邓小平：《邓小平文选》（第3卷），人民出版社1993年版，第137页。
③ 邓小平：《邓小平文选》（第3卷），人民出版社1993年版，第190页。

识形态长期并存,决不是多中心的共存共荣,决不是无中心的放任自流。农村党员是党在农村全部工作的战斗力的基础,担负着直接联系和教育组织农民群众、把党的路线方针政策落实到广大农村的主要责任,农村改革的推进、经济的发展和社会的稳定,都要依靠基层党组织战斗堡垒作用和广大党员先锋模范作用的充分发挥来实现。可以说农村思想政治工作千头万绪,抓农村基层党员的建设是治本之策,这是做好农村思想政治工作的关键环节。如果农民对党员不信任,农民合作的组织制度就得不到保障,农民的思想教育就会成为一句空话,不但是思想政治工作搞不好,农村其他工作也不可能搞好。

我们知道,发展市场农业面临的最大困难,就是千家万户分散的小生产与千变万化的大市场的矛盾。如何把农户和市场有效联结起来,从发达国家的实践看,就是大力发展农村中介组织,通过农村社会合作组织引导和帮助农户走上专业化、社会化、一体化和集约化经营之路,形成较大的区域规模和产业规模,产生聚合规模效应,依仗农村社会合作组织来防范自然风险、市场风险和社会风险,特别是在新疆宗教、民族问题与贫困问题胶合在一起的特殊情况下。实践证明,农村社会合作组织是农村社会由传统的计划经济转变为社会主义市场经济、由传统农业转变为现代农业、从粗放数量型增长转变为集约效益型增长、由农民个体生存到群体联系的有效途径,是引导农户家庭经营进入市场经济、提高农村有序发展能力、形成农村和谐发展机制,实现自立进步的必然选择。因此必须采取有效的组织方式,大力提高农民的组织化程度,使分散的小农户家庭经营模式得以与国内外的社会发展趋势接轨。其中党员的严密组织性和动员能力是一个保证。

表95　　您相信共产党能把改革开放走向深入吗?

		频率	百分比	有效百分比	累积百分比
有效	相信	420	93.1	94.6	94.6
	不相信	10	2.2	2.3	96.8
	不清楚	14	3.1	3.2	100.0
	合计	444	98.4	100.0	

续表

		频率	百分比	有效百分比	累积百分比
缺失	系统	7	1.6		
	合计	451	100.0		

组织化是解决农村问题的先决条件，是农村经济发展、技术进步、公益发展、自我教育的最好的手段。组织化必须有核心、有支撑力量。表95的调查结果显示，93.1%的被调查农民认可中国共产党的领导地位。

事实上，党中央随着国内外形势的发展，与时俱进，不断地对农民专业合作组织的发展提出建议。从2004年到2009年，中央关于"三农"问题的五个一号文件对农村合作组织发展提供了政策性的策略。《中共中央国务院关于促进农民增加收入若干政策的意见》（中发［2004］1号）中指出"鼓励发展各类农产品专业合作组织、购销大户和农民经纪人。积极推进有关农民专业合作组织的立法工作。从2004年起，中央和地方要安排专门资金，支持农民专业合作组织开展信息、技术、培训、质量标准与认证、市场营销等服务。有关金融机构支持农民专业合作组织建设标准化生产基地、兴办仓储设施和加工企业、购置农产品运销设备，财政可适当给予贴息"；《中共中央国务院关于进一步加强农村工作提高农业综合生产能力若干政策的意见》（中发［2005］1号）中指出"支持农民专业合作组织发展，对专业合作组织及其所办加工、流通实体适当减免有关税费。集体经济组织要增强实力，搞好服务，同其他专业合作组织一起发挥联结龙头企业和农户的桥梁和纽带作用"；《关于推进社会主义新农村建设的若干意见》（中发［2006］1号）中指出："积极引导和支持农民发展各类专业合作经济组织，加快立法进程，加大扶持力度，建立有利于农民合作经济组织发展的信贷、财税和登记等制度"；《中共中央国务院关于积极发展现代农业扎实推进社会主义新农村建设的若干意见》（中发［2007］1号）中指出，要"大力发展农民专业合作组织"。在此进程中，新疆各级、各类有关农村合作组织的地方性政策、法规、条例相继出台，为新疆农村合作组织建设提供了制度保障，农村合作组织发展向合理化和规范化迈进。

在农业和农村经济由计划经济向市场经济转变过程中，农村经济中千家万户分散的小生产与千变万化的大市场的矛盾日益凸显，特别是新疆远离国内外大市场，区内地域辽阔，交通不便，宗教、民族等问题凸显，农民的个体化不能适应新疆日益发展的愿望，因此在稳定家庭承包经营这一基本国策不变的情况下，通过社会合作组织形式把分散经营的千家万户农民联合起来，增强抗御市场风险和社会风险能力已成为当前新疆农业和农村社会发展和社会秩序建构中要亟待解决的一个问题。农村经济社会和谐有序发展是实现中国特色社会主义的重要战略选择，农村经济社会和谐有序发展的关键是中国农民思想的引导与重构问题。新中国成立特别是改革开放以来，我国的农村已经从封闭发展走向开放发展、从单一发展走向多元发展、从稳定发展走向快速发展、从对政府的依附性发展走向政府引导、自主独立的发展道路。但农民还没有真正达到实现农村经济社会有序发展所必需的思想转变要求，总结农民思想变迁的历史规律，加强对农民的思想政治教育引导，促进农民思想的转型，从更高的思想理论层面建构农村和谐有序发展的长效机制迫在眉睫。

总之，随着农民收入的大幅提高，新疆农民生活水平和质量已实现了本质性飞跃，农民思想变迁呈现出多维性。同时，在当前整个中国社会发生深刻变革的大背景下，农村社会各个阶层和政治、经济利益诉求日益强烈，新疆各种社会矛盾显性化，农村加快发展面临困局。要全面建成中国特色的社会主义农村，就必须有效化解各种潜在的社会风险，调节冲突，实现社会各层面的和谐，构筑安定和谐的新疆农村社会发展局面。

六 新疆农民思想变迁的逻辑与思想引导路径的创新

如前所述,进入21世纪之初,中国共产党提出了建设社会主义新农村的重大战略任务。改变千百年来农村的落后面貌,使农村实现"生产发展、生活宽裕、乡风文明、村容整洁、管理民主",将成为21世纪中国社会深刻的历史性变革。实现这样的变革,呼唤农村全面协调可持续发展,也呼唤农村人的全面发展,包括农民思想素质从传统向现代的提升。思想是行动的先导,占人口绝大多数的农民是农村建设的主体力量,他们的思想状况直接影响着农村的社会风貌和新农村建设的进程。准确把握农民的思想动态,认真分析其存在的问题,积极探索应对农民思想变动的有效举措,不断激发广大农民建设农村的热情,实现共建共享农村文明成果,应是新形势下推进新疆农村和谐有序建设亟待研究和破解的重要课题。

(一) 新疆农民思想变迁及其逻辑

1. 新疆农民思想变迁的动态情况

前文通过对新疆维吾尔自治区伊犁哈萨克自治州所属的伊宁县、特克斯县、察布查尔锡伯族自治县的农民和新疆生产建设兵团所属的农四师62团、66团等地区的种地工人进行的抽样调查所得的451份有效问卷及诸多个案的分析,总结了新疆农民思想中的利益观念与农村治理、新疆农民民主意识与农村基础秩序、新疆农民民族意识与区域社会稳定和新疆农民合作机制与农村有序发展等四个方面的农民思想变迁状况。

(1) 新疆农民思想中的利益观念变迁状况

通过调查研究,本书认为当今新疆农民的利益思想在经济文化基础方面发生了如下变迁。其一，私有化思想已经占据着主导性影响，人伦的"差序格局"正在转向利益的"差序格局"，对个体利益的追求成为主流；其二，由血缘、姻缘、友缘所连接成的非正式制度特别是家人与亲属的作用在生活上的作用大于诸如村干部等正式制度的作用，在其他方面，作用最大的是诸如村委会等正式制度；其三，安土重迁的传统观念没有打破，单一的、同质的和稳定的传统农村社会关系网络没有发生明显变化。上述变迁的主要原因是：社会主义市场经济体制的建立，农村的经济结构、利益关系、生活习惯都发生了深刻的变化，随之农民的思维方式、价值观念、道德准则、行为规范等也发生了深刻的变化。

当今新疆农民乡镇秩序治理的社会基础方面主要受到村民的个体化和原子化影响。其一，休闲娱乐方式的单一化是导致新疆农民个体化的一个重要根源；其二，对土地的过度依赖也是导致农民个体化的一个重要根源；其三，对法律作用的过度依赖是新疆农民个体化的一个重要外显形式。传统维持社会安定的制度设计主要针对传统自然经济或计划经济下简单的纠纷形态，是可以通过不具备各种专业知识的农村干部权威就能够平息的。而市场经济环境下的这些新的纠纷形态往往使这一制度显得力不从心。一方面，由于熟人社会的解体，居住在同一村落里的人职业、身份都日益复杂化，村民的个体化导致彼此互动较少，甚至"老死不相往来"；另一方面，现代农民"他我"观念非常明确，房产权的私有化和权利意识的增强导致了邻里纠纷一旦发生就可能尖锐化，农民越来越诉求于维护自己实实在在的权利。而且，现代农民都具有一定的法律意识，在传统维持社会安定的制度设计发挥作用的过程中总是会与诉讼相对照。其主要因素有三个：第一，是从文革后期开始的向个人私生活撤退的趋势，个人生活的价值得到重新肯定；第二，是经济主义话语的形成，从20世纪80年代后期以来，官方话语逐步向民间扩散，如关于富裕的话题正是这种使官方话语与民间话语结合为一种具有极强支配力的社会话语，这种趋势得以使人们撤退到一个以经济为中心的日常生活中去；第三，是权力资本向经济资本转化的方便性的增加，如寻租行为的扩展。正是这三个因素的交织作用，构成了工具主义取向的特殊主义关系形成的基础。

对此本研究提出的基本对策是：其一，先赋利益与自致利益的关系协调在国家与市场双重社会机制中运作是保证完善新疆农民公共服务的制度条件；其二，进一步完善人民调解、司法调解、行政调解的衔接联动是完善农村社区治理机制的重要途径；其三，强化党和政府在城市化后的农村治理中的领导地位和主导作用，丰富农民的精神生活内涵，增强农民之间及农民与政府之间的凝聚力是现阶段完善农村治理的关键。农民个体化后的村镇治理建设是一项内涵丰富、领域广阔、任务艰巨的系统工程，必须要有各级政府强有力的推动和倡导。政府的推动和倡导，是村镇治理建设顺利开展的政治保障。在目前农村基础薄弱、资源有限，农民的参与热情仍需激发的情况下，如果没有各级政府发挥决策、执行、组织、协调、控制等作用，通过制定规划、政策、资金、技术等强有力的措施支持，村民自我治理的积极性和创造性是很难调动起来的。但又必须认识到，农民仍然是村镇治理建设的主体，他们既是村镇治理建设的直接受益者，也是推进村镇治理建设的主体力量。开展村镇治理建设必须相信和依靠他们，动员他们广泛参与，积极探索寻求他们的共同利益和个人需求的连接，形成人人有责、人人共享、管理有序的村镇治理参与机制。

（2）新疆农民民主意识变迁状况

从实际政治、社会生活层面看，新疆农民民主意识变迁包括乡镇政权建设意识、农民参与意识及农民平等意识三个部分。

新疆农民平等意识主要体现在以下几方面：其一，家庭男女收入平等在新疆农民中呈正态分布；其二，家中重大事件决策平等在新疆农民中表现出一定程度的绝对性；其三，新疆农民家庭中夫妻受教育水平基本相同；其四，对城市的认识有差异，充满了对城市的信任感，但对于迁移到城市没有十分迫切的愿望。

在新疆农民民主意识与政治制度化方面，我们有以下发现：其一，新疆农民的参与意识还不是很强，体现为大部分农民还停留在传统的"官管民"的思维中，没有意识到个人作为公民有不可剥夺的自由平等之权利，也不知道政治的目的正是保护每个公民的基本权利和合法权益；其二，新疆农民对村组干部的角色定位认识还有一些模糊性，体现为大多数的农民对政治事务的认识往往感性多于理性，他们对事务的评价，也更多是从自身的感受出发，来决定对事务的态度；其三，新疆农民对社会主义新农村建设成果满意度认识有所差异，体现为对生产发展、生活宽裕、乡风文明、村容整洁、管理民主各方面评价都不是很高。由于国家与农村的社会关系以及国家的行政控制能力和意识形态控制能力的弱化,改革开放后的农村社会秩序面临着严重倾斜的危险。

在新疆乡镇政权建设意识与治理效能方面,我们有以下发现:其一,对中央政府和中国共产党的农村政策是普遍认可的;其二,新疆农民对中国共产党高度信任;其三,新疆农民对基层政权的支持度是值得认可的。应该说,当下新疆农民的思想状况随着农村改革的深化和利益关系的调整而发生了多维变化,既有健康向上的,更有消极落后的,多种观念同时并存,喜忧参半。令人欣喜的是,经过三十多年的改革开放和农村经济、文化、教育的发展,多数农民的政策意识、市场意识、开放意识、科学意识、法律意识、文明意识、学习意识等有了明显的增强。但欣喜之余更多的是让人担忧,比如农民的集体意识退化了。土地承包到户以后,由于集体劳动减少,国家、集体观念也随之逐渐淡漠,讲索取的多,讲奉献的少,有的遇事以自己的利益为中心,对国家、集体利益不太关心,甚至趁机横加阻挠,或敲竹杠。又比如义务意识弱化了。部分农民对法律法规和党的政策理解片面,对自己享受的权利乐于掌握,而对自己应尽的义务却知之甚少。同时陈规陋习泛化了。

(3) 新疆农民民族意识变迁状况

新疆农民在民族意识的强弱程度方面存在差异。其一,新疆农民认为影响民族团结的最主要因素是经济问题和宗教问题;其二,新疆农民认为不同民族之间的矛盾存在具有普遍性,主要体现在新疆区域的族际关系、民族认同、跨界民族的影响和区域社会经济发展不均衡四个方面。

新疆农民国家认同意识强,但其中也存在一些问题。一方面,对国家的认同表现为对该国家的自豪感、归属感和忠诚感,其中往往包含对国家历史与文化建构的认可与接受。另一方面,国家认同危机日益成为新疆民族纠纷问题发生的主要因素。这个问题的产生既有历史的原因,也有现实的根源。客观原因隐含在新疆民族宗教的特点中。伊斯兰教与信教民族的同一属性,在民族主义浪潮、东西差距的失衡心理的双重影响下,凸显了宗教的民族性、民族的宗教性和民族问题的敏感性。从现实看,同市场经济相对应,新疆区域信教群众的民族意识普遍增强,这种意识映衬着宗教情结。

此外,国际因素是新疆社会不稳定的一个重要诱因。仅从国际背景看,20世纪90年代以来,在冷战时期被掩盖的民族矛盾和领土争端在世界一些地区纷纷涌现并日益激烈，宗教极端势力与民族分裂势力、国际恐怖势力结合在一起，以所谓争取民族自决权、建立单一民族国家为幌子，不断进行民族分裂活动，挑起争端，成为制造社会动荡不安的冲突根源。这三股恶势力不仅对国际社会构成巨大的威胁，也严重影响了中国的区域社会安全。尤其是在中国的新疆地区，宗教极端势力与民族分裂主义势力相互勾结，不断进行民族分裂活动和暴力恐怖活动，严重危害新疆民族地区的社会稳定与发展。

被调查农民认为，新疆的社会经济发展不均衡和族际交往不活跃是导致新疆不稳定的一个根源。新疆的被调查农民普遍认为在新疆生活还是有一定的风险。新疆作为中国版图内重要的多民族聚居区，又是涉及到地区安全与区域稳定的前沿阵地，在处理转型时期出现的诸问题的过程中，尤需谨慎。共同的民族认同、文化认同，无疑是解决转型时期所出现问题的一把重要的钥匙。可以说，"中华民族"认同，既是在中国既有领土上生活的民众理当具有的基本认同，也是有效应对可能的"认同危机"时的历史文化根源之所在。增强对中华民族、中华民族文化认同的理解，可以使在共同发展这一总体框架内的各民族之间存在的矛盾减少到最小，同时也使中国人的总体凝聚力得以增强，更好地协调经济建设中存在的矛盾。

（4）新疆农民合作意识变迁状况

在新疆农民思想中，合作的制度性思维依然存在，具体体现在两方面，一是新疆农民合作的制度性文化比较浓厚，但对改革开放前的集体经营制度普遍反感；二是新疆农民合作的制度性规则和秩序比较完善。

在精神共同体建设方面，新疆农民文化价值观发生了一些变化，但精神共同体建设的任务依然很重。体现为：其一，新疆农民社会融合的意愿仍然存在，但社会基础已经发生变化。表现为新疆农民的"亲情"合作基础仍然高度存在，但同时又要看到，新疆与内地相比，这种合作的社会基础和文化背景是不同的，需要政府部门在制定相关农村治理政策时注意新疆的特殊性。其二，新疆农民精神生活追求意识很强，但精神共同体还没有形成。农民的精神振作离不开具体个人的自觉，更离不开农民整体的组织化。农民的精神蕴藏于并表现在农村的各个层面。就获得、维系和表现手段而言，也表现在生产、生活中。这种内在精神有一个非常重要的载体也是表现手段，它同时也可以作为创生手段，这就是农村的精神文化生活。其三,在新疆,通过合作组织建设来重新聚合农民迫在眉睫。具体体现为新疆农民有合作的基础和意愿、新疆农民有合作的组织制度保障。在农业和农村经济由计划经济向市场经济转变的过程中,农村经济中千家万户分散的小生产与千变万化的大市场的矛盾日益凸显,特别是新疆远离国内外大市场,区内地域辽阔,交通不便,宗教、民族等问题凸显,农民的个体化不能适应新疆日益发展的愿望,因此在稳定家庭承包经营这一基本国策不变的情况下,通过社会合作组织形式把分散经营的千家万户农民联合起来,增强抗御市场风险和社会风险能力已成为当前新疆农业和农村社会发展和社会秩序建构中一个亟待解决的问题。

总之,随着农民收入的大幅提高,新疆农民生活水平和质量已实现了本质性飞跃,农民思想变迁呈现出多维性,特别是在当前整个中国社会发生深刻变革的大背景下,农村社会各个阶层的政治、经济利益诉求日益强烈,新疆各种社会矛盾显性化,农村加快发展面临困局。要全面建成中国特色的社会主义农村,就必须有效化解各种潜在的社会风险,调节冲突,实现社会各层面的和谐,构筑安定和谐的新疆农村社会发展局面。

2. 新疆农民思想变迁的特点和逻辑

通过上文对新疆农民思想变迁现状的总结,本书认为其变迁的规律主要体现为以下几点:

(1) 新疆农民思想变迁呈网状链态势

新疆农民思想变迁问题,带有很大的综合性。由于新疆农村集老、少、边、穷于一体,农村社会矛盾呈多极性和多样化,既有经济领域的矛盾,又有思想文化领域的矛盾;既有生产问题、分配问题、交换问题,又有宗教问题、法制问题、政治问题、人口问题等等。大至国家安全,小至邻里纠纷,可谓各种思想问题环环相扣,首尾相联,形成一个网状链,使思想问题容易复杂化。针对这种情况,一方面新疆农村宣传思想工作自身应根据新疆实际多加改进;另一方面社会的上下左右需多配合,花大气力保护农民一切积极的、健康的、向上的先进思想因素,采取更为切实有效的措施,纠正和消除各种消极的、陈腐的、低下的落后思想,使广大农民逐步摆脱小农经济意识和宗教势力的束缚,成为"有理想、有道德、有文化、有纪律"的社会主义新农民。

(2) 新疆农民思想变迁具有二重性

改革开放以来，新疆农民群众思想活动的独立性、选择性、多变性、差异性日益增强，与改革开放和市场经济相适应的自立意识、民主意识、平等意识、自由意识、竞争意识、质量意识、效率意识、创新意识、法治意识等蓬勃发展起来。但通过上述对新疆农民思想变迁的分析，也可以看到新疆农民思想变迁具有二重性，一方面他们乐于接受社会主义市场经济的新观念，同时又跳不出小农经济意识的种种束缚；一方面他们在一定程度上懂得社会主义好的道理，同时又难以正确处理"国家、社会与个体"的利益关系；一方面他们看到知识是致富的"金钥匙"，同时又忽视科学文化知识的学习和教育；一方面他们追求健康向上的精神文化生活，同时又摆脱不了陈规陋习的困扰；一方面他们企盼社会秩序的稳定，同时又缺乏知法守法的自我调控能力。在这种背景下进行适应农民分化后的"三化"教育，即非农化教育、组织化教育、职业化教育十分必要。更重要的是，针对新疆的实际，如何把握意识形态工作的规律，加强党对农民民族团结和社会安全的领导，不断增强党的思想理论工作的创造力、说服力、感召力，是广大思想理论工作者必须认真思考和科学回答的重大课题。新时期新疆农民思想政治教育没有可以照搬的先例，需要政府和学界继续开拓创新。

(3) 新疆农民思想变迁具有差异性

新疆地域广大、宗教复杂、民族多，长期以来，新疆农民的个性就十分明显，对于同一个问题，于不同时间，不同地点，各族农民能从不同侧面、不同角度来看待和应对。具体表现为：你念你的"统一"经，我算我的"自主"帐；你要钱要粮，我要条件；你软说，我软磨，你硬来，我硬顶。总之，各人有各人的认识，各人有各人的道理。这就要求在新疆农民思想变迁的引导中既要有全方位的视角，对思想变迁问题综合考察，又要具体分析，切不可用一把尺子来推动工作。新疆农村经济要发展，社会安全要巩固，农民思想要转变，关键靠思想引导创新机制。机制活则市场活，机制新则动力强。机制创新，一是靠农民群众的智慧和实践创造出来的，二是靠各级党委政府的扶助和支持培育出来的。要根据新疆具体的县情、乡情、村情、民情，立足于现实，维护好、发展好农民的根本利益，创新理念机制，通过新机制为农民群众增收致富引路，为民族团结引路。

(4) 新疆农民思想变迁具有小型性、隐形性

如前所述，随着市场经济的发展，当今新疆农民利益思想的经济文化基础方面发生了一些变化。如私有化的思想已经占据着主导性影响，人伦的"差序格局"正在转向利益的"差序格局"，对个体利益的追求成为主流、由血缘、姻缘、友缘所连接成的非正式制度特别是家人与亲属的作用在生活上作用大于诸如村干部等正式制度的作用，在其他方面，作用最大的是诸如村委会等正式制度；安土重迁的传统观念没有打破，单一的、同质的和稳定的传统农村社会关系网络没有发生明显变化等。这种变化在一定程度上使得农户群体变得小型化，每人每户都是一个独立的圈子，一些农民群众或忙于田头，或忙于企业，或忙于家中，或忙于市场，对一些集体活动、公益事业的兴趣淡化，许多思想问题无法得到较好、较快的传递和暴露，有的只是在家庭、至亲好友中传递，甚至仅在个人头脑里消化。这些思想问题秘密成分大，不易被察觉，受思想工作控制的程度低，成了思想教育的"空白点"，所以往往能够自由蔓延滋长，一旦由量变转为质变，纠正的难度就比较大。

(5) 新疆农民思想变迁具有外发性和内生性的统一

农民作为一个阶级整体，在历史上一直受其他阶级的支配。在封建社会，农民是地主阶级剥削和压迫的对象；在资产阶级革命时期，农民被资产阶级所利用；在资本主义发展时期，农民被资产阶级所排挤。农民历史上的最高地位是作为无产阶级的天然同盟者而成为革命阵营中的主体力量。三座大山被推翻，新中国的成立，使中国农民第一次获得了政治意义上的解放，在社会主义建设中，农民成为国家的主人和现代化建设的一支主力军。但随着改革的深入和开放的扩大，中国社会的经济、政治体制都在发生着重大的转换，在这一转换过程中，农民在社会的经济、政治、文化结构中的地位及自身成分也发生了根本性的变化。一般把农民视为"落后生产力的代表者""生产方式上的小生产者""政治生活中的盲从者"，"文化上的农民意识"没有充分考虑到农民思想变迁具有外发性和内生性的统一特点。如我国改革开放后思想领域呈现出的独立性、差异性和多变性，对农民产生了先进与落后、积极与消极交错复杂的影响。从外发的角度看，广大农民理解和拥护党的农业和农村政策，市场意识逐渐取代了小农经济思想，开放开发的意识逐渐取代了保守思想，渴求平等的观

念逐渐取代了服从意识,科技兴农意识逐渐取代了迷信意识,并且知法、懂法、守法的自觉性普遍提高等等。从内生角度看,又存在传统的如农民国家、集体观念比较淡薄,履行义务意识淡化,轻视淡化基层组织及婚嫁丧葬大操大办和封建迷信等陈规陋习普遍存在的现象。在新疆,这些问题又和宗教等问题纠合在一起,使得农民思想的引导更为复杂。

(二) 影响新疆农民思想变迁的主要因素

农民作为一个占我国总人口数大部分的群体,提高其思想道德素质尤为重要,这一目标的实现,有助于改善整个农村现阶段的环境,更是关系到我国和谐社会建设的大事。历史唯物主义的基本观点即社会存在决定社会意识,社会意识是社会存在的反映,社会存在的性质和变化决定社会意识的性质和变化,社会意识对社会存在具有能动的反作用。这一原理要求我们在实践中必须正确认识社会存在与社会意识二者之间的辩证关系,既要认识到社会存在的决定作用,要从社会实际出发,又要认识到社会意识具有相对独立性,对社会存在具有能动的反作用,要大力加强对社会意识的关注,树立并坚持正确的社会意识。新疆农民思想作为一种促进或制约新疆乡村和谐有序发展的主要社会意识,其影响因素是什么?这是我们展开思想引导工作必须要了解的内容。

从上文所谈论的新疆农民思想中的利益观念与农村治理、新疆农民民主意识与农村基础秩序、新疆农民民族意识与区域社会稳定和新疆农民合作机制与农村有序发展等四个方面的农民思想变迁状况来看,影响农民思想变迁的因素主要有以下几点:

第一,历史遗留下来的思想传统对新疆农民思想的发展产生了制约或促进影响。

历史遗留下来的思想传统影响具有两面性,即正面的积极引导功能和负面的消极制约功能。

从消极的功能上说,我国曾长期处于封建社会,封建思想的残余和旧的习惯势力在农村仍有深刻的社会影响,几千年来浸淫在传统文化中的中国农民的思想意识里难免存在着传统文化的糟粕,比如存在于农民思想和行为中的"看重金钱,没有诚信""赌博""封建迷信""干涉或包办婚姻""未尽孝道，不赡养老人"等封建残留仍然发挥作用，并且有日渐抬头的趋势。在本次调查中，新疆农民对自身思想道德素质水平的评价并不是很高，有很多农民认为当前农村中存在封建迷信、铺张浪费、"依赖思想严重""固执守旧"等情况。多数农民认为一个人的价值取决于"金钱的多少""权力的大小""社会地位的高低"等，仅有很少的一部分人认为取决于"社会贡献的大小"，而本应该得到大力弘扬的传统美德，如"自力更生，艰苦奋斗""见义勇为，奋不顾身""尊老爱幼，谦逊有礼""诚实信用，重义轻利"等却被很多人忽视，甚至有人认为这些美德已经过时了，不符合当前"一切向钱看"的形势。在改革开放后，随着市场经济的发展，封建宗法势力和迷信活动沉渣泛起，"黄、赌、毒"从城市进军农村；另外，新中国成立后我国在思想政治教育方面也出现过失误，主要表现为思想政治工作泛化，引起人们对思想政治工作的反感，导致他们对思想政治工作的认识存在偏差，不理解思想政治工作的作用，这些思想的存在会影响当代新疆农村建设的顺利开展。

从积极的功能看，我国五千年传统文化中的精华部分，使以爱国主义、集体主义为核心的民族精神得到发展，逐渐地在广大农民群众中树立起勇于创新、艰苦奋斗的典型。这是奠定起建设社会主义新农村的主要思想基础。新疆农村社会和谐的实现是以全体社会成员思想道德素质的提高为基础和前提的，是以建设小康社会为目标和归宿的。只有实现社会的和谐，才能使每个农民都体现出自身的价值。胡锦涛同志曾在 2005 年的《构建社会主义和谐社会——在省部级主要领导干部提高构建社会主义和谐社会能力专题研讨班上的讲话》中提到：一个社会是否和谐，一个国家能否实现长治久安，很大程度上取决于全体社会成员的思想道德素质。没有共同的理想信念，没有良好的道德规范，是无法实现社会和谐的。

因此，要特别注重提高农民思想道德素质对新疆农村和谐有序建设事业的重大促进作用。在实践中，我们一方面要全面理解和落实邓小平理论、"三个代表"重要思想以及科学发展观，重视科学理论对实践的重大指导作用。要对农民加强马克思主义相关理论的教育，树立起其对共产主义的坚定信仰，使其能够正确理解党的各项政策并切实地贯彻，保证使全体农民都能参与到社会主义新农村及和谐社会的建设中来；另一方面要全面考量历史遗留下来的思想传统，充分引导优秀思想传统作用的发挥。

第二，对农民思想引导工作重视程度的影响。

中国共产党自诞生以来，就一直重视农民思想的引导和教育工作。在一定程度上，农村既是新民主主义革命的基地，也是社会主义建设的基地。新中国建立后，农民在社会主义建设事业中依然占有十分重要的地位，起着重要的作用。毛泽东说："推翻帝国主义和国民党反动派，主要是这两个阶级（工人阶级和农民阶级）的力量，由新民主主义革命到社会主义，主要依靠这两个阶级的联盟。"① 但他对个体农民既是劳动者又是小私有者的两重性，以及这两重性所产生的社会心态，始终有着清醒的认识。他知道，新民主主义革命的胜利，使中国打碎了旧的政治、经济制度，却并不意味着旧的思想意识也随之消失。农民是小生产者的现状，与进行社会主义现代化建设的实际不相吻合，更与他孜孜追求的共产主义理想社会格格不入。他期望共产主义社会中每个人都能得到公平发展的机会，追求个体人格和群体人格都达到绝对和谐的地步。在毛泽东看来，新民主主义革命的胜利，社会主义制度的建立已经开辟了一条通往共产主义的康庄大道，只要人们从旧思想和旧习惯的束缚之下解放出来，经过政治思想上的革命，树立了共产主义思想，就能够飞跃地发展，真正进入自觉地创造自己的历史，掌握自己命运的时代，社会生产力就会得到极大的发展，中国就进入了共产主义社会。因此，在社会主义时期，对农民的思想改造就显得更为迫切，更为重要了。所以，在1949年6月，新中国成立前夕，毛泽东就明确提出，新国家建立后"严重的问题是教育农民"。

在新民主主义革命时期，由于中国革命主要是由战争的形式表现出来，所以对农民的思想改造可以着重在军队中和党的组织中实施。而在社会主义时期，改造农民思想则成为一个全国性、普遍性的问题，涉及我们国家中的每一位农民。在这种情况下就需要创造一种既理想又快捷的环境。毛泽东认为，在个体经济的条件下彻底改造农民的思想意识是不可能的，必须有一种脱离了个人小私有的生产资料占有形式，体现了公有制特点的集体组织形式。他把目光投向了人民公社。与其他领导人把公社化运动看成是社会主义工业化实施的必然步骤这种纯经济愿望不同，毛泽东更

---

① 《毛泽东选集》第一卷，转引自高梧《论毛泽东对农民思想的改造》，《绵阳师范专科学校学报》1994年第1期。

多地关注人民公社所具备的对农民的思想实施教育改造的功能。他设计的人民公社包括工、农、商、学、兵各行业，是工、农、商、学、兵五位一体的社会基层组织单位，公社内部实行组织军事化、生活集体化、行动战斗化的管理。"在这样的公社里，工业、农业和交换是人们的物质生活；文化教育是反映这种物质生活的人们的精神生活；全民武装是为了保卫这种物质生活和精神生活"[①]，全国就被组织在这样一个大公社里面，把中国变成一个大花园。农民就彻底脱离了滋生小农经济思想的土壤，被完全组织起来，农民的思想改造因此有了物质保证。虽然这种超乎于现实之上的空想主义运动注定要失败，公社化的结果，既没有达到预期的政治、经济效果，更没有出现毛泽东迫切希望看到的人的思想被彻底改造的奇迹，但中央政府高层高度重视农民思想改造的决心和在农民思想变迁中所探索出的系列有效方法保证了当时农村的和谐有序局面的形成。

改革开放以来，新疆农村如同全国一样，主要的工作重心是经济建设。而许多农村基层干部片面地理解了党的路线，认为"发展经济是硬指标，思想政治工作是软任务"，认为做思想工作是要嘴皮，做虚功，因而只注重搞政绩工程，狠抓经济，忽视了思想政治工作，甚至有的放弃了思想政治工作的开展。产生了诸如有的农民对生活卫生、生态环境、可持续发展往往不予重视；有相当一部分农民对改革进程中政府出台的政策，对自己有利的就执行，不利的就干扰，达不到要求就上访；有的农民对法律一知半解，对政策断章取义，往往为个人的利益与政府无理纠缠，扰乱社会秩序；有的农民对社会事业不支持、不关心；有的农民看到当前大学生就业困难，为了少花钱、快致富，不等孩子上大学就将其送去打工挣钱；还有少数农民在快速致富心理的驱使下，搞歪门邪道，甚至用欺骗、违法手段达到致富的愿望等。凡此种种，严重影响了农村的和谐有序发展。

第三，农村基层干部素质下降影响农民思想引导工作的有效开展。

农村基层干部是党在农村的"末梢神经"，是乡村经济、政治、文化环境建设的核心。党在广大农民群众心目中的形象和信任度，主要从农村基层组织和党员干部身上体现出来，村党支部在农民心中就是形象，就是

---

① 《毛泽东选集》第二卷，转引自高梧《论毛泽东对农民思想的改造》，《绵阳师范专科学校学报》1994年第1期。

方向。农民群众有句顺口溜："村看村，户看户，群众看党员，党员看支部"。岗位和职责决定了领导干部必须在各方面起模范带头作用，过去是这样，在改革开放新的历史时期仍然是这样，一个党员一面旗帜，一个干部一个标杆，党员干部特别是领导的一言一行无论是正面的还是负面的，对群众的影响都很大。正如前文所指出的，20世纪五六十年代，尽管我们的生产能力和物质状况和今天相比差距很大，根本不可同日而语，但是农民却是能够战天斗地，排除万难，气概豪迈。他们克服困难，改造农田，改进技术，兴修了道路和水利工程。我们在农村能够见到的基础设施，大部分是那时候修建的。村民们主动地去参与基层政府的管理工作，农民们组织起来，改善社会，活跃生活，把自己看作是乡村的主人。这与当时农村基层干部的素质有密切关联。

而如今，由于农村干部的素质普遍偏低、实施思想政治教育的载体资源有限，许多工作也只能停留在凭经验、靠上级，不会独立开展工作，往往收效甚微，因而就影响了农民对他们工作的认可。近年来，新疆地方党委、政府以及农村基层组织作为农民思想引导工作的主要推动力量，在实际工作方面存在严重的角色缺位，具体表现在以下两个方面：一是地方党委、政府作为农民思想引导活动开展的领导者和组织者在农村发展问题上，存在"一手硬、一手软"的片面做法，这一做法客观上影响和制约了农民思想引导工作的健康有序进行；二是从事思想教育工作的专门队伍作为农民思想教育活动开展的具体实施者和推动者，在实际工作层面上存在不断弱化和边缘化的现象，表现为专门从事农民思想引导工作的人员素质不高、工作积极性不高以及工作注意力转移等问题，这种状况在主观上严重影响和制约了农民思想引导工作的实际效果。可以看到的是，如今农村技术进步了，生产能力也大大提高了，各种物质条件也改善了，农村以外的城市支持也有更大的可能了，更有能力做事情了，但是今天的农民却变得无能麻木、无所作为了。所以在农民思想引导工作中，必须加强和改进农村基层干部素质的培养，要真正做到代表广大农民的根本利益。

第四，农民思想变迁引导方式方法的影响。

农村的思想政治工作，与城市、工厂、学校、部队、机关相比有更大的难度：一是农村地域广阔，人员居住分散，交通不便，信息不灵；二是人员结构复杂；三是农民文化水平普遍较其他阶层偏低；四是时间上很难统一。因此，在做农民思想政治工作的时候，一定要从农村现实存在和已经变化了的实际情况出发，采取有别于城市、工厂、学校、部队、机关的方法，如此才能收到预期的效果。目前的困境是：一是教育方法与形势发展不相适应，不注重工作方式的创新，只是孤立地运用某种工作方法，不会将多种具体的方法加以综合运用；二是运用方法时针对性不强，缺乏系统性、前瞻性，只沿袭传统的工作方法和方式，不调查不研究，唯道理而论，从而影响了工作效率；三是工作基于表面，流于形式，忽视了思想教育与解决农民实际困难的结合。正如前文调查所发现的，当今农民所处的政治、经济、文化、社会基础都发生了变化，贫富两极分化一天天严重，许多农民还在为自己的最低生活保障而苦苦挣扎，太大的贫富差距必然导致他们对思想教育产生反感，从而影响思想政治工作的开展。

第五，新疆乡村特殊的多民族、多宗教的因素影响。

新疆与内地及其他边疆多民族地区相比，有其自身特点，体现在历史文化、地缘特征、民族构成、宗教信仰、经济自然结构、经济发展水平等诸多方面，这些特点形成了新疆农民思想变迁引导方式的特定环境，在边疆多民族地区具有典型性。

在全国56个民族中，新疆有47个民族之多，其中有13个世居主要民族、9个跨界民族（其中有6个少数民族的主体在国外）。从民族构成看，新疆农村少数民族乡村所占比例大，达90%以上。在新疆农民思想引导中必须从宏观上科学把握民族政策的制定与运用问题、民族区域自治与村民自治关系、民族团结互助和各民族平等权利保障等问题。同时新疆是我国宗教信仰较多的省区之一，有伊斯兰教、佛教、基督教、天主教、道教等6种宗教，多种宗教文化并存共生。其中信仰伊斯兰教的少数民族占新疆总人口的60%以上，除此以外，还有部分汉族和其他少数民族信仰佛教、道教、基督教、天主教、东正教等。宗教作为一种最古老最深刻的历史文化形态，已渗透到新疆各民族生活的各方面并深刻影响着新疆社会。改革开放以来由于各种因素作用，新疆的宗教问题凸显出来，宗教场所和信教群众增多，甚至一些民族乡村中全民信教，选民即是教民，二者合而为一。在新疆地区，宗教对农村基层社会发展影响突出，这是新疆农民思想引导区别于内地的重要因素之一。

当前农民思想变迁引导的特殊性、复杂性、艰巨性集中表现在新疆农村经济发展、村民生活水平与发展现代社会的物质基础条件有较大的差距;农民对现代民主政治的认知不高;缺乏现代政治制度的充分供给和机制创新;宗教对农民影响十分突出,境内外民族分裂主义等"三股势力"对乡村的渗透和破坏长期存在,成为影响新疆农民思想正面引导的最大影响因素。

当然,还有诸如新疆乡村的贫困、语言的复杂性、国际因素的影响等方面,有些已经在前文详尽论述。这些因素在引导新疆农民思想变迁中都要特别加以关注。

(三) 新疆农民思想引导的路径创新

针对新疆农民思想变迁的动态情况及特殊的影响因素,在综合学界已有的研究成果的基础上,本研究提出以下几点原则性的对策。

第一,在农民思想引导方式上,要根据新疆农民的实际需求变过去单一集中教育为集中与分散相结合,以分散教育、因人施教为主,宜分则分,宜合则合,不拘形式,只求实效。

任何事物或现象都有内容和形式两个方面,总是内容与形式的矛盾的统一体。农民思想引导表现为内容的全面性与形式的多样性的统一。与计划经济时代农民集体生活的环境不同,市场经济时代主要面对的是日益个体化和分散化的农民群体,过去依靠国家的一个号令就能完成的农民思想工作措施现在已经无法实施。当前,增加收入、脱贫致富是现阶段新疆农牧民的最直接、最迫切的任务。因此,大多数的新疆农村社会组织是为解决当前农村经济问题而成立。如农村社会组织主要集中在与农民致富和利益密切相关的领域:一是各种农业产业化经营中出现的组织,如水产协会;二是地方特色农产品在创立品牌、开拓市场过程中形成的组织,如红枣协会;三是农产品加工企业和生产者合作成立的协会,如新疆优质细羊毛生产者协会。而对于丰富农牧民精神文化生活、维护弱势群体合法权益的社会组织则没有发展起来。

在这种背景下,在农民思想引导方式上要特别注意农民的需求变化。为此,要充分利用民间传统文化同时赋予新内容,丰富农民的业余文化生活;要把"三下乡"活动与培育和发展农村特色文化结合起来。各级宣传部门和新闻媒体要抓好农民喜闻乐见的精神文化产品的创作生产，创作反映农村经济建设、社会发展、家庭变化新气象的文艺作品，推出承载"三农"内容的栏目、专题、节目、出版物，推进精神文化产品对农村的有效供给。2006年中央一号文件也特别指出，要积极开展多种形式的群众喜闻乐见、寓教于乐的文体活动，保护和发展有地方和民族特色的优秀传统文化，创新农村文化生活的载体和手段，引导文化工作者深入乡村，满足农民群众多层次、多方面的精神文化需求。在农民思想引导形式上要力求创新，要充分发挥阿肯弹唱会、文艺大篷车、百姓大讲堂、民工俱乐部、图书流动站、电影放映队等各种文化载体的作用，使民族精神和时代精神内化为农民自身的精神力量，从而实现农民自身思想道德素质的提高。如可通过举办短期培训班、农民夜校和上门走访、现身说法、与群众直接对话等多种形式，对农民群众进行具体、生动的思想政治教育，帮助农民群众解放思想，开阔思路，增强他们对改革开放的心理承受能力和适应能力等等。

第二，在农民思想引导手段上，要变过去单一的空洞说教为说教与现代化教育手段相结合。

在计划经济时代，我国根据当时的农村发展状况曾探索出了比较好的形式。如当时通过提出农民容易理解的口号"爱国发家、多种棉花"来对农民进行爱国主义教育；通过创办各种形式的学校，并采用灵活的教育制度来提高农民的科技文化素质；通过广播、电话、电影等各种途径来实现对农民的宣传与教育等。这些不同的形式都推动了农民思想引导的进程。内容与形式的良好统一，是这一时期农民思想引导取得重大成就的原因之一。在新世纪，在文化思想空前碰撞的今天，如何实现文化建设内容与形式的完美统一，是关系到农民思想引导成败的重要问题之一。我们的调查发现，现代新疆农村通讯发达，各种现代媒体已经进入农户，已经可以更多地利用现代化手段，以农民容易接受的、喜闻乐见的如广播、电影、电视、山歌宣传队、录像、影碟、黑板报等形式进行全方位、多角度、多语言宣传教育。

在农民思想引导手段改进的同时，还要做到以下几点。一是政策、形势宣传到户。这主要是围绕党的中心工作，针对当前农村部分基层干部和党员、群众对改革认识模糊，对发展市场经济无从下手，缺乏开拓精神的思想状况，针对部分先富起来的农民担心党的富民政策会变的疑虑心理，加强形势、政策教育，实事求是地讲清当前面临的困难和问题，全面准确地宣传党中央政策措施，引导干部群众正确地理解和贯彻，进一步统一思想，消除疑虑，牢固树立改革和市场经济意识，勤劳致富；二是信息、行情服务到户。及时为农民提供各类经济信息、市场行情，引导农民走向市场，走出山门，走向国内外大市场，大搞农产品流通，使销售渠道更为广泛，然后根据市场需要，合理安排和调整生产经营计划，减少避免失误，降低风险，提高经济效益；三是产业、品种引导到户。积极鼓励农民调整产业结构，加大对农业的投入，逐家逐户引导农民实现种养加贸易一体化，通过多层次增值，达到增收的目的；四是技术、资料指导到户。主要是根据农时，适时组织推广农业生产适用的科学技术，印发农民亟需的农技资料，培养和提高农民发展商品生产的技能；五是温暖、感情送到户。坚持把解决群众思想问题同解决群众的实际困难结合起来，帮助农民，特别是特困村、特困户解决生产生活中的实际困难，做到"一方有难，八方支援"。

第三，在农民思想引导内容上，变单一的思想政治教育为既进行思想灌输，又进行实用科技文化传授的综合教育。

新疆是我国最大的内陆省区之一，地域辽阔，生态环境脆弱，同时也是贫困人口集中的省区之一和边境线最长的少数民族聚居的省区。贫困的区域性特征、民族性特征和不稳定性特征尤为明显。在前文的调查中我们发现，当前新疆农民贫困区域的经济特征，一是经济结构的超稳定性，表现为在产业结构中以农业为主的单一结构，在大农业中又以种植业为主的单一结构，在种植业中又以某一种农产品为主的单一结构。二是贫困县域的经济关系处于超封闭状态中。人们除了到乡镇所交棉、交粮、看病和进行必要的农副产品销售以外，很少与外界来往，有的牧民一辈子没进过县城；有的贫困县域有着丰富的特色农产品资源，却由于种种原因致使贫困县域的优势不能得以发挥；三是经济发展的超缓慢性。这一点是与经济结构超稳定紧密相连的，再加上生产手段落后，几十年不变的生产方式，作为第一生产力的主体，人的能动性表现不出来，被动地依赖自然界的施舍，致使贫困县域的经济发展长时间处于徘徊状态。其实质即技术状况长时期的保持不变。也就是说，传统农业中生产要素的供给不变，农民所使用的生产要素和技术条件不发生变化；获得收入和持有收入的来源和动机长期内不发生变化。也就是说传统农业中生产要素的需求不变，农民没有增加传统使用的生产要素的动力；传统生产要素的供求由于储蓄为零而达到均衡。因此，从这些特征来看，贫困区农业是一种特殊类型的经济均衡状态，本质上是一种生产方式长期没有发生变动和基本维持简单再生产的长期停滞的小农经济。

在这种背景下，在新疆农民思想引导内容上要着重对农民进行爱国主义、集体主义和社会主义教育的同时，还要注重政策法制观念教育和科学文化技术教育，帮助其提高素质，增强脱贫致富本领。如建立新农村信息服务平台，实现"村村通、户户通"的农业信息服务网络和联接主要农村科技服务组织的互动式信息终端，搭建农村科技信息服务体系平台，为农民提供各种急需的科技咨询与市场信息、政府信息、气象信息服务。

第四，在农民思想引导目标上，要变单一政治需求为经济发展与社会稳定的综合。

在目前新疆农村，经济发展与社会稳定同等重要，经济工作与社会稳定是农民思想引导的基础，而农民思想引导又是经济工作与社会稳定的动力和保证。农民思想引导如果不与经济建设、社会稳定结合，不为经济建设与社会稳定这个中心服务，那就失去了根基，而经济建设也就失去了强大的精神动力和保障。因此，必须树立农民思想引导自觉地为经济建设服务与社会稳定服务的观念，从广大农民的切身利益着眼，以帮助村民致富奔小康为目标，有针对性地开展诸如"理发展新思路""出致富金点子"之类的农民思想引导，充分发挥其经济建设的动力作用，同时也推动经济发展与社会稳定目标的同步实现。

具体措施是顺应时代潮流和农民要求，因势利导组织农民开展多种思想引导工作和精神文明创建活动，以满足农民对精神文化的渴求。可以积极鼓励和引导企事业单位、人民团体和社会知名人士、志愿者对农村进行结对帮扶，通过开展"科技、卫生、文化"三下乡活动，组建报告团、宣讲团、工作组，采用直接与群众面对面宣讲等形式，对农民进行思想引导，真正把思想引导工作做到群众身边，做到老百姓的心坎上，从而形成全社会关心、支持、参与农民思想引导的浓厚氛围；鼓励科研机构和大专院校的专家、技术人员深入到农村第一线，创办各种农业科技组织，建立农村科技创新服务中心,提高农民的科技创新能力,实现产学研科技协作攻关;充分发挥各种农业专业经济合作组织和农民协会的作用,开展自我的思想教育。农业专业经济合作组织和农民协会不仅是农业产业化的有效载体,同时也是农民进行自我思想教育的有效切入点。

第五,在农民思想引导效果上,变单一的以软指标考核为软硬指标结合,注重实效,全面推进新疆农村和谐有序局面的形成。

可以说,新中国成立60多年来,新疆充分贯彻落实党和中央政府对农村的各项优惠政策,大力加强农村基础设施建设,使农民群众的生活、生存环境有了较大的改善。如新疆农村基本实现了乡乡通公路、村村通机动车,交通的改善不仅为发展农村经济创造了条件,而且为广大农民群众探亲访友、外出旅游提供了便捷。通电话的农户逐年增加,移动电话等先进的通讯手段迅速进入了农民家庭,为农民的信息交流、扩大视野创造了便利条件。但也应该看到,新疆农民的思想并没有随着各种条件的改善而变得现代,很多制约农村和谐有序局面形成的因素广泛存在,特别是农村稳定还存在很大问题,这与农民思想引导效果不佳有很大关系。

针对新疆的现实,把软指标变成硬指标,对农民思想引导工作要实行目标管理责任到人是一条可行的办法。一方面把农民思想引导工作纳入县、乡、村干部的岗位责任制,年初布置,年终检查评比;另一方面对农民思想引导工作计划中要对"双文明户比例、党风党纪、计划生育、社会治安"等内容均下达具体的指标,采取得力措施,精心组织实施,督促检查,防止走过场。并层层开展达标竞赛活动,对达标的先进单位和先进个人年终进行表彰奖励。这样做,进一步强化了各级领导加强对农民思想引导工作的责任心,又发挥了我们党的政治优势。

具体要做到以下几点。一是阵地落实。重点抓好、完善乡镇党校和村级党员干部之家的建设。二是制度落实。围绕加强农村思想引导工作,在乡镇、村组中健全、完善农民思想引导工作碰头制度、党团员联系户制度、民主协商对话制度。三是活动落实。过去的实践证明,凡是农民思想引导工作搞得好的地方,其对农民引导工作创建活动一定开展得有声有色。可以根据各村的情况开展"五户一村"和"办实事、结对子、搞服务、帮致富"活动,让农民感觉到实惠。四是领导落实。制定农民思想引导工作"一把手"责任制,从县委书记到乡村党委(支部)书记都要有很明确的思想引导工作任务和要求。这样，才能使农民的思想政治工作处处有人抓，一级抓一级，做到不留空当，不留死角。五是资金落实。要从资金上保证制度的真正落实和解除思想引导工作者的后顾之忧。

总之，通过上文冗长的分析，我们可以看到，新疆农民思想变迁既对新疆农村稳定有序的社会环境形成了积极的推动，也造成了一些消极的影响。正视新疆农村的发展现实，以农民的实际需求为根本出发点，让农民在农村社会发展中自觉发生思想转变，是引导农民思想变化的最高境界。而要达到这个目标，需要政府、学界和农民都做出极大的努力。

参考文献

著作类：

阿不都热扎克·铁木尔、董兆武、刘仲康：《2004—2005年：新疆经济社会形势分析与预测》，新疆人民出版社2004年版。

金云辉主编：《中国西部概览·新疆》，民族出版社2000年版。

新疆对外文化交流协会编：《柯尔克族民俗文化》，新疆美术摄影出版社2006年版。

张湛彬等主编：《"大跃进"和三年困难时期的中国》，中国商业出版社2001年版。

何星亮：《新疆民族传统社会与文化》，商务印书馆2003年版。

贾合甫·米尔扎汗：《哈萨克族文化大观》，新疆人民出版社2001年版。

新疆对外文化交流协会：《塔吉克族族民俗文化》，新疆美术摄影出版社2006年版。

[美] D.C.诺斯：《经济史中的结构与变迁》，罗华平等译，上海人民出版社1994年版。

[美] D.C.诺斯：《制度、制度变迁与经济绩效》，杭行译，三联书店1990年版。

于建嵘：《岳村政治》，商务印书馆2001年版。

陈元：《中国农村城镇化问题研究》，中国财政经济出版社2004年版。

勒德行主编，秦英君、李占才副主编：《中华人民共和国史》，河南大学出版社1993年版。

冯海发：《农村城镇化发展探索》，新华出版社2004年版。

马惠娣：《休闲与生活满意度》，中国经济出版社2006年版。

王亚新：《纠纷，秩序，法治——探寻研究纠纷处理与规范形成的理论框架》，载《社会变革中的民事诉讼》，中国法制出版社2001年版。

孙立平：《失衡：断裂社会的运作逻辑》，社会科学文献出版社2004年版。

罗平汉：《大锅饭》，广西人民出版社2001年版。

李佐军：《中国的根本问题——九亿农民哪里去》，中国社会发展出版社2000年版。

宫志刚：《社会转型与秩序重建》，中国人民公安大学出版社2004年版。

沈亚平：《社会秩序及其转型研究》，河北大学出版社2002年版。

中国社会科学院城市发展环境研究中心：《中国城市发展蓝皮书》，社会科学文献出版社2006年版。

钟阳胜：《追赶型经济增长理论：一种组织经济增长的新思路》，广东高等教育出版社2003年版。

罗时法：《消除贫困：正在实现的目标》，贵州教育出版社2003年版。

［美］克拉克：《政治经济学：比较的视点》，王询译，经济科学出版社2001年版。

［德］马克斯·韦伯：《儒教与道教》，洪天富译，江苏人民出版社2003年版。

［美］弗朗西斯·福山：《信任——社会美德与创造经济的繁荣》，彭志华译，海南出版社2001年版。

［德］齐格蒙特·鲍曼：《流动的现代性》，欧阳景根译，上海三联出版社2002年版。

徐增阳：《村民自治进程中的乡村关系》，华中师范大学出版社2003年版

曹征海：《和合加速论：当代民族经济发展战略研究》，民族出版社2005年版。

陈延琪：《"目前新疆少数民族现代化进程中的重大问题研究"调查文集》，新疆社科院内部资料2009年。

丁建伟：《地缘政治中的西北边疆安全》，民族出版社 2004 年版。

金炳镐主编：《中国民族理论研究二十年》，中央民族大学出版社 2000 年版。

金云辉主编：《中国西部概览·新疆》，民族出版社 2000 年版。

张植荣：《中国边疆与民族问题》，北京大学出版社 2005 年版。

新疆维吾尔自治区统计局：《新疆统计年鉴 2007》，中国统计出版社 2007 年版。

温铁军：《政府和集体"退出"之后的农村组织问题》，载于《新农村建设与和谐社会论文集》，2006 年。

曹锦清：《黄河边的中国》，上海文艺出版社 2000 年版。

中国现代化战略研究课题组：《中国现代化报告 2006》，北京大学出版社 2006 年版。

[美] 凡勃伦：《有闲阶级论》，蔡受百译，商务印书馆 1983 年版。

[美] 科斯：《社会成本问题》，载《财产权利与制度变迁》，刘守英等译，上海三联书店 1991 年版。

[美] 诺思：《经济史上的结构与变革》，厉以平译，商务印书馆 1999 年版。

[英] 哈耶克：《自由秩序原理》，邓正来译，上海三联书店 1997 年版。

《维吾尔族简史》编写组：《维吾尔族简史》，新疆人民出版社 1991 年版。

吴泽霖总撰：《人类学词典》，上海辞书出版社 1991 年版。

范瑜、贺雪峰：《村民自治的村庄基础：来自全国十个省市的村民自治调查报告》，西北大学出版社 2002 年版。

齐清顺、川卫疆：《中国历代中央土朝治理新疆政策研究》，新疆人民出版社 2004 年版。

姚伟、马乐勇：《新疆少数民族社会心态与民族地区发展研究》，新疆人民出版社 2005 年版。

朱爱岚：《中国北方村落的社会性别与权力》，胡玉坤译，江苏人民出版社 2004 版。

[德] 柯武刚、史漫飞：《制度经济学》，韩朝华译，商务印书馆 2000 年版。

宋敏、陈廷贵、刘丽军：《中国土地制度的经济学分析》，中国农业出版社 2008 年版。

［美］道格拉斯·C·诺思：《制度、意识形态和经济绩效》，载《发展经济学的革命》，蒋文华主译，上海人民出版社 2000 年版。

邓小平：《邓小平文选》（第 3 卷），人民出版社 1993 年版。

费孝通：《乡土中国》，三联书店 1985 年版。

刘作翔：《法律文化理论》，商务印书馆 1999 年版。

［美］塔什尔曼：《家庭导论》，潘允康等译，中国社会科学出版社 1991 年版。

李进新：《新疆宗教演变史》，新疆人民出版社 2006 年版。

新疆维吾尔自治区人民政府办公厅编：《新疆辉煌 50 年》，新疆人民出版社 1999 年版。

刘维钧：《当代人生格言》，中央文献出版社 2006 年版。

朱俊瑞、赵定东、张孝廷：《人大代表城乡同比例选举价值实现的因素分析》，载《马克思主义理论研究文集（第二辑）》，浙江人民出版社 2011 年版。

论文类：

杨学城、罗伊·普罗斯特曼、徐孝白：《关于农村土地承包 30 年不变政策实施过程的评估》，《中国农村经济》，2001 年第 1 期。

刘文柱、王贵荣、章剑：《新疆城镇化与区域经济发展战略布局研究》，《新疆调查》，2007 年第 8 期。

朱永红：《1956 年至 1966 年党在农村中的阶级路线》，《中共党史研究》，1995 年第 5 期。

张正河：《中国牧区村庄决策权研究——以新疆和甘肃为例》，《管理世界》，2004 年第 1 期。

热依汗·吾甫尔：《新疆农村城镇化建设探讨》，《现代商贸工业》，2009 年第 1 期。

孙兰凤：《新疆农村小城镇建设和发展研究》，《新疆大学学报》，2005 年第 4 期。

王春光等：《村民自治的社会基础和文化网络》，《浙江学刊》，2004

年第1期。

蔡玲:《农民闲暇生活的研究》,华中农业大学博士论文2008年。

马正幼:《我国农民的闲暇生活现状与改善对策——基于闲暇阅读的视角》,《安徽农业科学》,2007年第2期。

于建嵘:《当前农民维权活动的一个解释框架》,《社会学研究》,2004年第2期。

易中华:《浅析新疆多元一体法律文化的形成》,《法制与社会》,2008年第12期。

张齐学:《试析人民公社化运动中党对农民的思想教育》,《当代中国史研究》,2003年第1期。

刘尚希:《基本公共服务均等化:目标及政策路径》,《中国经济时报》,2007-6-15。

石先广:《人民调解、行政调解、司法调解有机衔接的对策思考》,《中国司法》,2006年第8期。

张锋:《农民利益诉求与新农村社区建设》,《云南行政学院学报》,2008年第5期。

刘启明:《中国妇女家庭地位研究的理论框架及指标建构》,《中国人口科学》,1994年第6期。

徐安琪:《夫妻权力和妇女家庭地位的评价指标:反思与检讨》,《社会学研究》,2005年第4期。

李育红、雷水贤:《先进性别观与女性发展》,《中国妇女报》,2003年2月11日。

郑传贵:《转型期农村社区社会资本研究——以赣东北项村为例》,西北农林科技大学博士学位论文2005年。

李晓园:《人力资本和社会资本视野中的女性职业问题》,《上海经济研究》,2005年第9期。

林聚任、刘翠霞:《山东农村社会资本状况调查》,《开放时代》,2005年第4期。

万江红、魏丹:《农村女性家庭地位的影响因素研究》,"中国社会学2009年会论文集"。

秦其文:《农民思想道德素质与农户家庭脱贫致富的关系研究》,《财贸研究》，2008年第2期。

鲁小彬：《当代中国熟人间的人际交往——对人际信任和交往法则变迁的探讨》，《中南民族大学学报》（社会科学版），2006年第1期。

韩永贵：《改革开放30年新疆农民收入变化及对策建议》，《新疆财经》，2009年第6期。

古丽帛斯旦·买买提、古丽娜尔·阿不都拉：《新疆农村经济的贫困分析》，《特区经济》，2010年第4期。

杨丽、武磊：《中国共产党基层组织在新疆农村的建立与发展》，《实事求是》，2007年第2期。

张平伟：《新疆农村基层组织建设的研究》，新疆农业大学硕士论文2009年。

崔延虎：《多元文化场景中的文化互动与多民族族际交往——新疆多民族社会跨文化交际研究之一》，《新疆师范大学学报》，2005年第2期。

段志丹：《"东突"运动是极端民族主义和极端宗教主义的产物》，《新疆社会科学》，2007年第6期。

高永久、李丹：《"东突"恐怖势力的"思想体系"研究》，《西北师大学报》，2006年第4期。

贺萍：《新疆多元民族文化流变述略》，《西北工业大学学报》（社会科学版），2005年第1期。

金炳镐：《论民族发展的诸条件、环境》，《黑龙江民族丛刊》，1989年第4期。

李建生：《和谐的宗教关系是和谐的民族关系的重要表征》，《新疆社科论坛》，2008年第3期。

李晓霞：《新疆族际通婚的调查与分析》，http://www.xjskw.org.cn/content.asp?id=518。

刘仲康：《宗教工作与新疆和谐社会的构建》，《新疆社会科学》，2006年第3期。

马艳：《汉维回民族关系调查与研究》，中央民族大学硕士论文2007年。

毛欣娟：《跨界民族问题与新疆社会稳定》，《中国人民公安大学学报》，2006年第2期。

王智娟、潘志平：《"双泛"与"三个主义"——兼析新疆周边的安全局势》,《西北民族研究》,2005年第4期。

徐杰舜:《新疆民族分裂主义产生的国际背景考察报告》,《广西民族学院学报》,2003年第3期。

祖力亚提·司马义:《族群认同感建构的社会学分析》,《西北民族研究》,2009年第3期。

左力光:《新疆伊斯兰教建筑装饰艺术中的多元文化现象》,《新疆社会科学》,2004年第4期。

苑鹏:《中国农村市场化进程中的农民合作组织研究》,《中国社会科学》,2001年第6期。

贺雪峰:《农民行动逻辑与乡村治理的区域差异》,《开放时代》,2007年第1期。

赵晓峰:《农民合作:客观必要性、主观选择性与国家介入》,《调研世界》,2007年第2期。

秦晖:《新农村建设凸显"农民组织"问题》,http://vip.bokee.com/article.php?id=239487.

徐勇:《如何认识当今的农民、农民合作与农民组织》,《华中师范大学学报》,2007年第1期。

青木昌彦:《什么是制度?我们如何理解制度?》,《经济社会体制比较》,2000年第6期。

胡家强、葛英姿:《关于土地承包经营权若干问题的调查报告》,《调研世界》,2008年第4期。

张红宇:《中国农地调整与使用权流转:几点评论》,《管理世界》,2002年第5期。

鲜祖德、张淑英:《第二次全国农业普查手册阅》,2006年。

张建江:《新疆维吾尔自治区农村土地承包纠纷仲裁工作指南》,新疆维吾尔自治区农经局编印2007年。

张平伟:《新疆农村基层组织建设的研究》,新疆农业大学硕士论文,2009年。

新疆维吾尔自治区财政厅课题组,《推进新疆社会主义新农村建设的财政政策研究》,《经济研究参考》,2008年第68期。

李光明:《少数民族地区农村人力资源开发的难点与对策:以新疆为

例》,《安徽农业科学》,2009年第13期。

李豫新、殷朝华:《新疆生产建设兵团人力资源开发与就业的战略思考》,《人口与经济》,2008年第4期。

李光明:《少数民族地区农村人力资源开发的难点与对策:以新疆为例》,《安徽农业科学》,2009年第13期。

胡晓霞:《非正式制度与中国农村基层治理》,新疆农业大学博士论文2007年。

申端锋:《新农村建设与乡镇体制改革》,《中国社会导刊》,2006年第1期。

朱孔来:《社会主义新农村建设评价指标体系及综合评价方法研究》,《湖南财经高等专科学校学报》,2008年第2期。

周绍斌,李建平:《浙江农村老年人精神需求与精神文化生活状况的调查研究》,《中国老年学杂志》,2008年第11期。

张继焦:《非正式制度、资源配置与制度变迁》,《社会科学战线》,1999年第1期。

郑杭生、杨敏:《社会实践结构性巨变的若干趋势:一种社会学分析的新视野》,《社会科学》,2006年第10期。

林柯、杜敏:《新疆农村信息化建设现状及对策建议》,《新疆财经》,2008年第3期。

赵俊敏:《新疆农村组织的考察与分析》,新疆大学硕士论文2009年。

杨丽:《20世纪社会变革中新疆农村基层政权组织的历史演变》,《新疆社科论坛》2006年第6期。

高梧:《论毛泽东对农民思想的改造》,《绵阳师范专科学校学报》,1994年第1期。

赵定东、朱俊瑞:《新疆农民思想变迁的动态性表现及影响因素分析》,《北华大学学报》,2013年第1期。

赵定东、朱俊瑞、王光银:《非农化的乡镇社会结构及其治理秩序》,《北华大学学报》,2010年第4期。

赵定东、杨政:《社区理论的研究理路与"中国局限"》,《江海学刊》,2010年第2期。

后　记

　　"理论在一个国家实现的程度总是决定于理论满足这个国家的需要的程度。"（马克思《〈黑格尔法哲学批判〉导言》）社会科学理论研究的生命力取决于它能否满足时代发展对理论的需求，能否回答广大人民群众最关注的重大现实问题。2009年12月，杭州师范大学政治与社会学院课题组承担了申报国家重大招标项目的重任，课题组申报的《中国特色社会主义道路：基于农民思想变迁的农村和谐有序发展研究》最终被国家社科规划办批准为重点项目，学校也实现了建校历史上国家重点项目的首次突破。呈现在读者面前的《当代中国农民思想变迁与农村和谐有序发展》（新疆篇）（江西篇）（浙江篇），是该项目的结题成果。

　　课题申报成功后，课题组立即投入紧张的运作中。面对的首要工作是到相对比较陌生的西部新疆乡村进行艰难的问卷调研和资料收集。2010年7月9日至25日，我和课题组成员王光银教授、赵定东教授、龚上华副教授、张孝廷博士、宋桂全老师按照课题规定的调研计划，采用了汉、维两种文字问卷，对新疆维吾尔自治区伊犁哈萨克自治州所属的伊宁县、特克斯县、察布查尔锡伯族自治县和新疆生产建设兵团所属的农四师62团、66团等地区的农民进行了抽样调查，共发放问卷800余份，其中汉文问卷600份，维吾尔文200份，回收有效问卷750份。调查对象涉及汉族、维吾尔族、哈萨克族、锡伯族、东乡族、回族等多个民族。同时，课题组还深入到英塔木乡、察布查尔镇等乡镇的村庄、牧区以及工地和新疆建设兵团第62、66兵团农场的多个下属连队，采取了问卷发放、个案访谈、集体座谈等方式，掌握了关于新疆维吾尔自治区农民思想、农村生活大量的第一手资料。在当地人民武装部、县乡政府、公安部门、兵团等党政军部门的密切配合和大力帮助下，课题组克服了环境不熟、交通不便、语言不通、民族习俗不同等实际困难，顺利完成了调研任务。2010年8月11日至17日，团队又马不停蹄地来到江西进行调研，课题组借鉴新疆调研的经验，又根据当地的实际情况，制订了严密的调研方案。在当地党政部门的密切配合和广大村民的帮助下，克服了时间紧、任务重等方面的实际困难，获得了宝贵的原始材料。而此前已经开始的浙江乡村的调研业已基本完成，王光银教授、赵定东教授组织完成的"萧山区衙前镇农民思想变迁"，卢福营教授负责的"永康市的四村调查"，彭伟斌副教授负责的"县市的中心镇调查"，这一系列调查为团队对发达地区农民思想的研究打下了坚实的材料基础。

"其作始也简，其将毕也必巨"，经过三年多的艰辛努力，科研团队如期完成了国家课题的基本要求，在《马克思主义研究》、《社会学研究》等重要学术期刊发表前期学术论文25篇，最终分析形成了10万字的总报告和60余万字的三个分报告，从政治、经济、社会、文化多学科的角度，对新中国成立以来不同地域农村农民变迁作了富有新意的细致考察。举其荦荦大端，主要形成以下看法：

● 浙江、江西、新疆三地农民思想变化的差异性，主要表现为：一是农民思想中的利益观念变迁方面的差异体现为"我者"与"他者"手段不同；二是农民政治意识变迁方面的差异体现为"积极"与"消极"动力不同；三是农民族群意识变迁方面的差异体现为"公利"与"私欲"目标不同；四是农民合作意识变迁方面的差异体现为"生存"与"发展"机制不同。

● 浙江、江西、新疆三地农民思想变迁的共同性特点，一是在农民利益诉求与经济意识变迁方面，表现为土地情感的复杂性，经济观念的现代化，经济行为的个体性，利益诉求的多元化；二是在民主政治权利与政治意识变迁方面，表现为政治认同意识强化，政治权利的敏感性，民主参与的主动性，维权意识的自觉性；三是在精神生活意识的变化则表现为生活观念的品质化追求，公共服务的均等化诉求，休闲方式的市民化，精神文化低层次化。

● 随着工业化、市场化、城市化和信息化向农村的扩散，农村经济社会发生转型，农民进入国家现代化进程的中心地带。农民的各种观念一方面深受环境变迁的影响，另一方面，反过来也影响着农村和谐有序发展的现代化进程，影响其生产和生活方式以及参与国家政治社会生活的风向标，成为制定和变革农村社会转型政策的重要考量性指标。当前的嬗变具体体现在以下几个方面：土地情感的高度认同，经济行为的个体化，经济理性和利益观念的强化。

● 土地作为农民最基本的生产和生活要素，农民对土地的依附依赖的心理感受，始终是其经济观念的核心。农民历经土地的拥有、土地的使用与土地失去的情感流变，对土地情感的根本问题还在于权利问题。农民通过各种途径维护土地使用权，同时希望实现土地处理权的利益最大化。在城市化和小城镇建设的进程中，农民对土地的复杂情感以及维权过程中有时出现的一些过激行为，也不可避免地引发矛盾。另外，地方政府征地利益和农村土地集体所有尤其是农民个体土地使用权之间的冲突、土地的流转和使用权之间的冲突也是当前农村社会发展过程中急需解决的主要问题。

● 随着经济和社会的转型，乡村传统的亲缘、地缘和业缘关系构成的人伦"差序格局"正在转向个体主义，即以个人经济利益作为自己行为的主要依据。个人主义、理性主义等是现代农民基本的价值取向。农民的经济行为，基本上是以利益为坐标进行导向的。

● 农民利益诉求多元化。在经济利益之外，政治参与的诉求增强，精神文化需求增加，因而对农民基层民主建设、政府公共服务提供能力的要求越来越高。农民政治意识变迁主要体现在以下方面：政治认同的功利化，政治权利的敏感性，政治参与的主动性，维权意识的自觉性。农民的经济利益诉求和政治利益诉求具有融合性特征，存在从生存利益诉求向发展利益诉求的深化，存在利益获取的自主性诉求与依赖性诉求并重等现象，但是这些利益诉求的表象背后都隐含一个稳定的偏好，即一以贯之的以个人利益诉求的满足为标准。对于农村和谐有序发展的制度的安排不仅要关注利益诉求的表象，更要关注个人利益诉求的本质。

● 农村政治意识不断觉醒，公共参与意识和维权意识不断增强。发达地区农村蕴含着非常丰富的民间社会资本、文化底蕴和策略性互动方式，农村公共事务的运作机制包含主动性参与和动员性参与，形成了公益主动性、功利主动性、公益动员性和功利动员性四类人群，因此在民主化推动以及维权方面表现出不同的路径选择。

●外在世界的冲击影响到农民的精神文化生活。现代农民在物质生活方式方面发生的变化体现为市民化的倾向，衣食住行堪与城里人相媲美，追求生活品质，提升幸福指数的意愿明显。农民对自身居住环境、社会环境、农村发展和治理提出了新的要求，对公共服务均等化的诉求越来越强烈。

●对大多数农村来说，在看到积极方面的同时，我们也不能否认农民精神文化生活的匮乏。农民的精神文化意识有待提高。首先，优秀传统文化式微；其次，农民获取信息渠道有限；再次，农民精神世界匮乏，休闲娱乐方式低层次化；最后，没有文化的滋养，农村传统美德、公德意识正在削弱。

"哲学家们只是用不同的方式解释世界，而问题在于改造世界"（马克思《关于费尔巴哈的提纲》）。本课题在农村和谐有序发展对策方面形成了以下基本观点：

●确保农民的正当土地收益，给农民土地"确权"。通过农村土地产权的制度设计和创新，使农民能够获得土地承包权的自由处置权。农民可以通过土地流转使自己所承包的土地转化为经营资本，还可以通过土地流转进行重新配置，得到合理利用，这使农民对土地的价值获得了再认识。同时，实现社会保障和公共服务的均等化，解决农民后顾之忧。

●引导农民合作，避免极端逐利化和个人主义，避免农村出现严重的两极分化。发展农村中介组织，主要通过农村集体组织引导和帮助农户走上专业化、社会化、一体化和集约化经营之路，防范自然风险、市场风险和社会风险。在农民合作和组织化过程中，注意发挥党员干部的引领作用。实现城乡一体化，关键在于从制度层面上解决利益失衡。

●建构政府主导型的农村协商治理结构，改良农村政治生活、优化农村社会治理，实现农村有序发展。农村协商治理结构的发展趋向是在政府主导的基础之上，完善村民自治制度，发掘农村治理人才和资源，培育农村社会自治能力，实现"四个民主"与"三个自我"，即民主选举、民主决策、民主管理、民主监督；自我管理、自我教育和自我服务。因此，协商治理结构需要理顺基层政权、政党组织与村民自治组织的关系，切实放权、赋权于民，处理好政府主导和政府主体的关系，使行政力量逐渐退出乡村政治舞台；促进乡村社会的组织化建设，加强多元利益的整合与凝聚,激发村民参与;吸纳传统治理资源,协调乡村精英与普通民众关系,实现乡村多元合作治理。

● 开发农村治理资源,发挥村庄精英作用。村民自治既是大众参与的过程,也是乡村精英主导的过程,更是一个多元互动的过程。村庄精英在农村治理中发挥着重要作用。农村基层干部是村庄精英的主体。村民自治的发展在相当程度上需要我们面对现实,积极吸纳各种社会精英,发挥社会志愿者等在乡村管理中的主导作用。

● 建构精神共同体,再现文明乡风。乡村文明的建设和农村社会的和谐有序发展,主要依赖于新的乡村生活共同体精神的发育和成熟。从生活共同体提升为精神共同体,将是未来农村乡村文明建设的方向。具体措施包括:提升农村公共文化服务;多种途径开展对农民的教育,培养现代农民;将农民组织起来,进一步强化农民的精神文化活动参与意识。

● 总的来说,农民对于自身的生存与发展具有自主性意识和依赖性意识,它们对于农村社会和谐有序的发展起着积极与消极双重影响,这意味着农村的发展呈现出农民自主和他者自主的多元格局。农村发展已不完全是自治和分治所能解决的,必然是在自治和分治基础的协同共治,这种格局意味着对善治的迫切诉求。善治不仅体现在对治理主体的要求性理解,更体现在对治理方式和治理内容上的要求。有鉴于此,善治要求对治理主体、治理方式和治理内容进行科学、有效的合理安排,具体表现为多元主体通力合作的网络化治理、方法手段的民主化治理、公共物品提供和服务的精细化治理,以使农村走上和谐有序的发展路径。

● 农村社会存在多元主体(政府、农民和第三方组织等)的互动,这些主体的利益各不相同,因此对农村事务要实行网格化治理,以提供一种交叠管理的路径。网格化治理表现为在高度自治理基础上的合作治理。具体包括自治理和合作式治理,自治理是高度的自治,包括高度组织化治理,即选举村两委以及发展自己的组织社团治理和内在化治理,是依其民间德行、教化、风俗和互信而产生的相互认同、适应、关照和协同治理。合作式治理包括依附型合作治理(主导主体和从属主体共治)、权力分享型的合作治理(分权、责任明确、治理内容界定明确等)和伙伴关系下的合作治理(契约、合同的平等协商式治理)。

● 为了达到和谐有序的农村发展道路的建构,有必要在农村实行民主化治理。民主化治理主要体现在民主选举、民主决策、民主管理、民主监督等环节上,以确保民众的知情权、决策权、参与权、表达权和监督权。对于农村事务的治理要努力做到问情于民、问需于民、问策于民、问计于民,从而实现农村治理效益的最大化和管理的最优化。民主化治理必须做好以下几个方面的工作:一是关于权力构成的民主选举制度的完善;二是关于民主决策的民主协商机制的完善;三是关于民主管理的公民参与制度的完善;四是关于民主监督的信息公开、透明、责任制度的完善。

●农民表象意识和本质意识依附并体现在农村复杂多样的事务之中。因此,农村和谐有序发展的治理路径需要对农村事务进行精细化管理。精细化管理是在公共物品理论的基础上对农村事务进行分类(如公共物品、集体物品、可收费物品和个人物品),确定相应的治理主体和手段,优化农村事务管理的模式和策略。精细化管理强调管理工作的细化、量化、标准化、协同化、经济化和实证化,做到管理的精、准、细、严。

书稿由团队成员赵定东、龚上华、张孝廷、赵光勇、赵宬斐和我共同撰写完成。在项目的完成过程中,卢福营教授、康胜教授、彭伟斌博士、刘成斌博士分别在《社会学研究》《学术月刊》等重要期刊发表相关学术论文,宋桂全做了大量的文献整理,张旭升博士对数据进行了认真的统计与分析,他们的成果也相应被吸收到结题报告和书稿中。

在本书将要付梓之时,我的思绪又回到 2009 年的那个冬季,我和团队的伙伴们开始了国家重大招标项目的征途。无数个夜晚,团队的成员围拢在一起没有领导与被领导之分,没有权威与职称之别,有的是智慧的碰撞和坦诚的交流;无数个深夜,团队成员能够累到坐在椅子上都能睡着,累到需要在腰部贴上活血止痛膏继续战斗,累到团员之间进行并不职业的背部按摩。那时我们每个人的日常必备品是风油精、滴眼液和咖啡,从框架设计到字句推敲,都倾注了团队每个成员的汗水和心血。当时龚上华博士的小孩刚出生两个月,孝廷博士的小孩也刚满一周岁,孝廷博士的小孩还因为过敏性哮喘每周都要去医院检查,凌晨 4 点得赶赴医院为孩子挂号后再把看病的任务"无情"地甩给妻子,再搭车走一个小时多的路程参与团队的论证。他们都把团队的项目当成了自己的初生儿一般用心地呵护着。这样的团队温馨而优雅,脱俗而纯洁。

在新疆和江西调研的路上，团队艰难跋涉中经过了一个又一个乡镇，时常还没有来得及放下行囊观望路边的风景，又开始寻找起下一个驿站……幽香四溢的往事，年复一年，成为我生命中一份厚重的奢侈品，我怀着浓浓的感恩之情将之小心珍藏。

感谢新疆伊犁军分区李绍龙司令员的坚强支持，2009 年正是新疆社会秩序严重不安的时刻，在李司令的细心安排下，课题组成员一路安全顺利；感谢新疆伊犁州政协李兴华主席的一路呵护，让我们团队在新疆有了家的温暖，尤其是问卷中维文的翻译，也是他亲自完成的；感谢新疆伊犁州教育局侯处长等周到的安排，感谢新疆生产建设兵团 66 团政委、特克斯县公安局政委和局长、中国人民解放军霍尔果斯会谈会晤站的丰收大哥、伊犁州商检局副局长徐斌等的无微不至的关怀。

感谢江西省吉安市相关的区、县（市）党委、政府以及相关部门的领导和群众的支持和合作，尤其要感谢吉安县政法委张迪俊书记，青原区政府办邹鹏飞主任，他们为团队调查提供了各种帮助；此外，要感谢龚达民、龚伏逊、袁洪生、龚武庆、罗忠华、段学庆、曾澄海、阮继文、龚振吾，他们也为江西社会调查提供了各种支持。

感谢萧山区党史办沈迪云主任策划并委托我院实施的"萧山区农民思想状况调研"，该项目在国家重大课题申报前已经初步完成，近 80 万字的有关萧山区农民思想状况的调研报告也让国家规划办看到了我院课题组完成重大课题的可能性与可行性。

感谢杭州师范大学杨磊副校长让"最有科研潜力"的我院接受学校百年历史以来从未有过的申报国家社科基金重大招标课题的任务，否则国家重点课题不会花落我家，也不会形成学院团队合作、内聚力喷薄而出的"政社模式"。感谢科研处徐辉老师为项目的申报和完成所做的细致又耐心的工作。感谢杭州师范大学关心和帮助过我们的所有领导和同事们。

感谢杭州师范大学人文振兴计划对该成果出版的资助；中国社会科学出版社冯春风女士为书稿的出版付出了大量艰辛校稿工作。

科学探索从来都是从已知向未知的过渡，全面研究农民思想变迁与农村社会和谐有序发展是一项重大的研究课题，书稿的出版也只是对我们阶段性成果的认定。我们认识到尚有许多未涉及、或需要细化的研究领域，许多结论还需要通过实践来证明其合理性。团队将在东、中、西部地区分别建立长期观察点，在此基础上总结不同地域农民思想的变迁趋势，不断丰富对农村和谐有序发展道路问题的研究。

朱俊瑞
2016年10月于杭州师范大学仓前校区